安徽省社科规划基金"农业保险补贴扶贫的乘数效应研究"（AHSKY2019D089）

国外农业保险

反贫困研究

郑军 著

人民出版社

GUOWAI NONGYE

BAOXIAN FANPINKUN YANJIU

责任编辑:陈寒节

封面设计:徐　晖

图书在版编目(CIP)数据

国外农业保险反贫困研究/郑军著.—北京:人民出版社,2021.12

ISBN 978-7-01-023581-3

Ⅰ.①国…　Ⅱ.①郑…　Ⅲ.①农业保险-应用-扶贫-研究-国外

Ⅳ.①F841②F113.9

中国版本图书馆 CIP 数据核字(2021)第 137925 号

国外农业保险反贫困研究

GUOWAI NONGYE BAOXIAN FANPINKUN YANJIU

郑 军 著

人 民 出 版 社 出版发行

(100706　北京市东城区隆福寺街 99 号)

北京中科印刷有限公司印刷　新华书店经销

2021 年 12 月第 1 版　2021 年 12 月北京第 1 次印刷

开本:710 毫米×1000 毫米 1/16　印张:21.75

字数:341 千字

ISBN 978-7-01-023581-3　定价:85.00 元

邮购地址:100706　北京市东城区隆福寺街 99 号

人民东方图书销售中心　电话(010)65250042　65289539

前　言

随着世界经济的高速发展，人民的生活方式明显改善，生活水平得到了提升，然而，区域间发展不平衡、贫富差距问题也日益凸显。中国经过各方面的共同努力，圆满完成 2020 年党中央《关于抓好"三农"领域重点工作确保如期实现全面小康的意见》，精准聚焦完成打赢脱贫攻坚战和补上全面小康"三农"领域突出短板两大重点任务。2020 年 11 月 24 日贵州省宣布剩余的 9 个贫困县退出贫困县序列，中国 832 个贫困县全部脱贫，脱贫攻坚目标任务如期全面完成。2021 年 1 月 22 日，习近平总书记在十九届中央纪委五次全会上指出，目前的目标是巩固和拓展脱贫攻坚成果、全面推进乡村振兴、加速促进农业农村现代化。《政府工作报告》《"十四五"规划和二〇三五年远景目标纲要（草案）》也提出 2021 年经济社会发展要坚持以人民为中心，更好汇聚民意、贴近民心，推动社会事业不断上新台阶，加快解决发展不平衡不充分问题，中国脱贫攻坚取得胜利后，要全面推进乡村振兴，这是"三农"工作的重心。乡村振兴作为经济发展的七大战略之一，大力推动农业科技创新，引导金融信贷、风险投资进入农业领域；完善农业补贴政策，加快建立利益补偿机制。农业保险作为分散风险和减少经济损失的重要手段，应在中国巩固和拓展脱贫攻坚成果、全面推进乡村振兴、加速促进农业农村现代化的进程中发挥推动作用。

2007 年中央政府开始对农业保险进行财政补贴，《中央财政农业保险费补贴管理办法》明确中央财政补贴品种已由最初的种植业 5 个，扩大至种、养、林 3 大类 16 个；补贴区域已由 6 省区稳步扩大至全国。截至 2019 年末，中央财政共拨付农业保险保费补贴资金 265.59 亿元，较 2018 年增长 33.23%。2020 年《中央财政农业保险保险费补贴管理办法》指出，中央财政拨付保费补贴资金增至 277.48 亿元。《财政部关于提前下达中央财政农业保险保险费补贴 2021 年预算指标的通知》指出，将继续完善农业保险保费补贴政策和农村金融体系，扎实做好农业保险相关工作，引导农业保险持续健康发展，进一步发挥农业保险强农惠农的作用。2020 年，农业保险已为 2.11 亿户次农户提供风险保障，较广的覆盖面与较高的补贴金额推动农业保险保障水平不断提升。全国农业保险承保农作物品种超过 270 类，全面覆盖了农林牧渔各个农业生产领域。也就是说，农业保险在推动农村经济发展方面的作用日益增加，农业保险也必将在反贫困事业中发挥更重要的作用。①

由于政治体制不同，不同国家的反贫困手段与政治目标各不相同，不同国家的农业保险发展现状也具有明显差异。中国农业保险起步较晚，发展过程曲折。因此，中国应参考国外农业保险反贫困的成功经验，也应借鉴他们的失败教训，从而少走弯路，这无疑对我国实现农业保险巩固和拓展脱贫攻坚成果、全面推进乡村振兴、加速促进农业农村现代化的目标，无疑具有较为重要的借鉴意义。

本书在选取八个国外代表性国家的基础上，从经济学、社会学、管理学等角度，通过逻辑演绎和归纳法、纵向比较分析法、横向比较分析法研究中国与国外代表性国家农业保险发展背景、发展模式及其对反贫困影响的异同，中国已经实现全面脱贫，仍需对比总结国外农业强国的农业保险模式，归纳总结中国农业保险的不足以及需要改进的方面，从而实现巩固和拓展脱贫攻坚成果、全面推进乡村振兴、加速促进农业农村现代化。本书将重点解答以下核心问题：

---

① 数据来源：中国银保监会网站。

如何借鉴国外农业保险反贫困的经验和教训，充分发挥我国农业保险助推巩固拓展脱贫攻坚成果、全面推进乡村振兴、加速促进农业农村现代化？

本书的主要内容和结论陈述如下：

1. 法律制度的完善为农业保险反贫困事业的发展提供了保障。农业保险具有非营利性的特点，纵观在国家农业保险反贫困事业中取得了一定成果的国家，都具备一套相对成熟的法律制度体系，保证农业保险政策有序进行。农业保险立法是农险反贫困的制度保障。因此，各国应依靠倾斜性制度保护、推进政策性农业保险。

2. 财政补贴的实施是农业保险反贫困事业可持续发展的动力。农业保险作为一种准公共用品，具有外部性的特点，借助财政补贴，能够增加社会福利。但中国政府对于农业保险的财政补贴只有保费补贴。保障水平低、品种少，使得农业保险的参保率下降。因此，完善财政补贴政策有利于中国巩固和拓展脱贫攻坚成果、全面推进乡村振兴、加速促进农业农村现代化的实施。

3. 政府干预行为使农业保险反贫困水平进一步提升。农业保险作为具有政策性特征的商业活动，具有一定的特殊性，政府在参与过程中权力的规范问题十分重要。为保障农险市场的规范性，政府应对市场竞争机制的规范做出相应规定，对农业保险制度体系进行创新管理，以合理分配农业保险市场资源。

4. 多层级农业保险理赔制度加速农业保险反贫困事业推进。受国家经济发展水平的影响，不同国家农业保险的理赔原则各不相同。为最大限度地发挥农业保险的补偿功能，应在农业保险发展现状的基础上，建立多层级理赔制度，形成适用于本国的赔付模式。

5. 风险覆盖范围与费率的制定决定农业保险反贫困的效果。农业保险保障的风险承受对象是农民，较为合理、全面的风险覆盖范围的制定，可以有效提高农民应对各种风险的能力；费率的制定决定了赔付费用与赔付效果，较为合理的赔付率结合较高的赔付效率，可以有效实现保障农民损失的效果，从而达到反贫困的目的。

6. 农业保险的再保险制度是农民远离贫困的重要保障。农业保险受自然因素影响大，未知性大，保险公司在赔付过程中同样面临巨大的风险。由政府主导健全再保险机制，能够起到兜底保障的作用，从而提升整体反贫困绩效。

7. 农民的保险意识形态影响农业保险反贫困推进效果。农民的文化程度很大程度上影响对农业保险的接受程度。发达国家与发展中国家相比较，通常具有相对完善且先进的文化教育机制，国民文化素养普遍较高，对于风险的认识接受水平更高。因此，提高农民保险意识在国家巩固和拓展脱贫攻坚成果、全面推进乡村振兴、加速促进农业农村现代化路途中具有十分重要的意义。

8. 农业保险与科技创新结合为反贫困发展提供动力。农业保险科技化是目前世界农业保险的发展趋势，纵观国外农业保险发展经验，大数据与遥感技术、GIS 技术在农业保险的评估、监测方面发挥了重要作用。因此，人工智能、区块链、互联网等技术与农业保险的结合是农业保险未来的发展方向。

9. 政府与市场组织有效沟通推动农业保险反贫困事业发展。政府推进农业保险反贫困需要市场及时反馈，以确保该事业的顺利进行，市场则需要根据政府的指示，及时地调整发展战略，两者共同实现农业保险事业的推进，从而实现政策的特定目标，推进农业保险市场发展，从而实现反贫困的目的。

本书的出版旨在为中国农业保险巩固和拓展中国脱贫攻坚成果、全面推进乡村振兴以及加速促进农业农村现代化提供理论支撑和决策支持。

感谢盛康丽、李敏、周宇轩、杨玉洁、朱京、杜佳欣、杨柳、张心阳、秦妍、郭晓晴、徐天宇、王浩南、伍安琪、张琦雪、王真、陈聪聪等人在数据搜集整理及部分观点撰写等方面做出的贡献。由于作者知识水平与时间精力有限，本书可能存在不足，恳请广大读者批评指正。

目　　录

第一章 国外农业保险反贫困的研究背景和基本框架

21世纪，全球化的浪潮使得世界财富飞速增长，人类经济发展水平持续提升。然而，时至今日，发达国家与发展中国家、贫富差距的两极分化严重，贫困依然是人类面临的共同难题，是当今世界面临的最大的全球性挑战之一。根据联合国今年发布的《2020年可持续发展目标报告》，在新冠肺炎疫情的冲击下，全球贫困率首次出现回升，预计将有7100万人再次陷入极端贫困。在联合国成立75周年和进入"可持续发展目标行动十年"之际，全球减贫事业正面临着前所未有的严峻挑战。每一个国家都成为经济全球化的参与者，全球化反贫困就成为促进世界经济发展的重要途径。

在全球化的推动下，亚洲国家经济增长强劲，同时减贫效果明显。到2020年为止，按1.9美元国际标准衡量，除东帝汶、土库曼斯坦与老挝以外，亚洲大部分发展中国家贫困发生率都降低到2%以下。从某种意义上来讲，亚洲国家正在进入彻底消除赤贫的新阶段。在这样一个过程中，中国是亚洲迈向"消除绝对贫困"时代最重要的贡献者。中国的绝对贫困发生率到2016年已降0.5%，2019年已趋近于0%。① "十四五"规划提出，经济社会发展要坚持以人民为中心，更好汇聚民意、贴近民心，推动社会事业不断上

---

① 数据来源：博鳌亚洲论坛发布的《亚洲减贫报告2020》。

新台阶，加快解决发展不平衡不充分问题，全面推进乡村振兴，这是"三农"工作的重心。2020 年中国已经全部摆脱贫困，基尼系数下降至贫富差距警戒线，表明此前推进收入分配改革的一系列措施正在发挥作用。①

随着经济社会的进步，金融信贷逐渐引入反贫困机制，农业保险成为政府开发式扶贫政策的重要手段，而中国农业保险反贫困的历史经验并不丰富。因此，要探索和完善中国的农业保险机制，有必要研究世界其他国家农业保险反贫困的成功经验，完善中国的农业保险机制，并通过反思其他代表性国家失败的案例，防止中国在农业保险发展道路上走上歧途。完善农业保险体系对中国巩固和拓展脱贫攻坚成果、全面推进乡村振兴、加速促进农业农村现代化具有重要的理论价值和现实意义。

第一节　农业保险反贫困研究的全球化背景

随着经济全球化和世界一体化的发展，全球大市场、全球要素流动和跨国公司迅速形成。这些变化一方面提高了世界各国的生产力水平，另一方面也带来了负面影响，世界各国之间的发展差距越来越大，发展中国家内部贫富差距也逐步增大。贫富差距的两极分化使社会经济发展日益不均衡，世界范围的反贫困问题层出不穷，亟须解决。齐格蒙特·鲍曼在其关于福利学的著作中指出，全球化所引起的新贫困，主要可以归纳为空间占有的差异产生的不公平，针对这种新贫困应采取的对策主要为制度干预的福利政策和经济开发政策。② 其中，制度干预指对贫困者提供的福利与保障；经济开发是指给贫困者提供走出去和发展的机会。农业保险作为保障经济、分散风险的一种金融工具，理应在反贫困的制度干预中起到重要作用，并通过反贫困推动

---

① 周长城、陈云：《对全球化时代中国贫困问题的再思考》，《甘肃社会科学》2002 年第5 期。

② Sturdy A., *Zygmunt Bauman Work*, *Consumerism and the new Poor*, New Poor：Open University Press，2020，pp. 1470-1474.

全球化公平的进程。

一、全球化发展加剧地区贫困化

在发达国家的主导下，世界贸易迅速发展，全球经济迅速增长。然而，由于发达国家是世界贸易规则的制定者，它们在世界贸易中获取了相对更多的利益分配。世界经济上升的同时，发达国家与发展中国家之间的贫富差距也迅速扩大，贫富两极化问题日益严重。农业保险作为政策性金融信贷工具，有必要在全球化浪潮中推动公平问题的解决，从而实现全球反贫困的目标。

（一）全球化加剧了贫富差距的两极分化

20 世纪 80 年代开始的经济全球化浪潮推动了世界贸易的增长，提高了世界整体经济水平。从世界银行相关数据可以看出，世界贸易的增长与经济水平的提升呈现出正相关的关系，全球化程度高的国家相对全球化程度低的国家，经济增长幅度将会更大。[①] 总体上看，发展中国家的经济在逐步转型，其国民生活质量也逐步提高，世界绝对贫困人口有所减少。然而《2020 年世界经济形势与展望报告》也指出全球经济增长普遍放缓，可能破坏消除贫困、提高生活水平和创造足够数量的体面工作的进展，只有确保经济快速增加、不平等现象大幅减少，才能实现 2030 年消除极端贫困的目标，解决不平等问题需要进行重大的结构性改革。国家与国家之间的财富占有量差距大，发达国家在财富占有、资源占有、科技水平、资本存量方面具有绝对优势。这一点具体体现在贫困人口占国民总人口数的比率上：2020 年，全球贫困率首次降至 9%，国际货币基金组织制订了一个 2020 年将全球贫困率降低到 9% 的中期目标，这一目标已经实现，标志着贫困率首次降低到个位数。如果发展中国家在未来 20 年继续保持史无前例的增长速度，全球贫困率到

---

① 数据来源：世界银行数据库网站。

2030 年就会降低到 8%。由于战乱、自然灾害、就业损失及其他因素，导致人口数量不断上下波动，因此，世界银行集团把终结极度贫困定义为全球贫困率达到 3%。为了实现 2030 年的目标，发展中国家必须力争达到过去 20 年最快增长阶段的增长率。然而，2020 年来看部分发展中国家仍处于绝对贫困中。印度的贫困率高至 86.80%、南非达到 57.18%，① 发展中国家的贫困率要远远高于发达国家贫困率。需要明确的是，经济全球化并不是发展中国家贫困问题的根本原因，它加剧了贫富差距的两极分化和发达国家与发展中国家经济发展水平的两极分化，但同时也促进了全球经济的共同增长。

由于世界范围的分工和世界贸易的发展，全球贫富差距进一步加剧。截至 2019 年 6 月，世界财富主要集中在最富有的 10% 的人手中，他们坐拥财富总和的 81.7%；而 1% 最富有的人拥有 45% 的世界财富。这意味着这一群体拥有的财富两倍于世界 90% 人口（69 亿人）的财富总和。美联储数据显示，截至 2020 年 3 月底，2020 年美国最富的前 1% 和 10% 人口分别占全部家庭财富的 30.5% 和 69%，而最穷的 50% 人口仅占全部家庭财富的 1.9%，约 4000 万贫困人口，每晚至少有 50 万人无家可归；在澳大利亚，处于"金字塔"尖的富人平均财富是穷人的 90 倍，且过去 15 年富人财富升值幅度是穷人的 11 倍多。全球亿万富翁的人数和总财富继续增长，与之形成鲜明对比的是，全球较贫困人口的总财富却在缩水，全球贫富差距进一步加剧。② 世界经济论坛发布《2021 年全球风险报告》指出贫富差距和社会分化，可能将在未来三至五年里阻碍全球经济的发展，并将在未来五至十年里加剧地缘政治紧张局势。因此，发展中国家就更处于不利的地位，发展中国家缩小贫困差距的任务更加艰巨而迫切③。

---

① 数据来源：世界银行数据库网站。
② 吴雪明：《信息与通讯技术对美国生产率增长的贡献分析》，《上海经济研究》2002 年第 6 期。
③ 赵汇：《经济全球化与两极分化》，《思想理论教育导刊》2004 年第 11 期。

（二）全球化有利于发达国家经济发展、发展中国家则相对劣势

经济全球化在促进全球经济发展时，无法带动所有发展中国家实现共同发展、共同富裕。价格机制决定了市场的发展规律是强者越强，弱者越弱。在经济关系中，经济全球化即市场全球化，它所带来的发达国家相对更富裕、发展中国家相对更贫困是市场经济体制下社会分工及竞争规律的延续。①经济全球化过程中，世界贸易规则由发达国家主导制定，因此，这些规则最大限度地保护了发达国家的政治经济利益，与发达国家利益诉求相适应。这对经济发展相对落后、国际话语权相对较低的国家十分不利。②

国际多边机构是制定国际规则和标准的主要场所，但是目前世界银行、国际货币基金组织、世界贸易组织等国际组织大多由发达国家主导，它们以发达国家的政治经济利益为中心，从维护发达国家利益出发，在环境、薪资等方面提出约束以限制发展中国家相对优势产品的出口，在世界贸易中占据绝对优势。此外，发展中国家在国际事务中的参与能力同样不容乐观。世界贸易组织中，美国不仅通过"232 措施"限制钢铁和铝产品贸易，使贸易保护主义在"国家安全"的幌子下大行其道；又通过"301 措施"大面积提高关税，令沉寂多年的单边主义怪兽再次肆虐；还通过持续阻挠上诉机构成员遴选，让多边贸易体制的王冠明珠黯然失色。③ 这些不公平的规则使得发展中国家承接了更多经济发展的风险与环境代价，以反倾销为例，由于 WTO 并未给出"正常价值""产业损害"等概念的明确界定，各国对于倾销的认定各不相同。部分发达国家以反倾销为借口，遏制外国产品的进口，以维护本国产业，在国际贸易中占据有利地位。自 1979 年至 2020 年 9 月底，中国

---

① 钟超：《经济全球化对发展中国家贫困的影响分析》，《贵州财经学院学报》2005 年第 1 期。

② 张昌兵：《国际经济制度的"缺陷"——发展中国家和地区参与经济全球化的陷阱》，《高校理论战线》2003 年第 7 期。

③ 周晓虹：《正当性、合理性和现实性——世贸组织法中发展中国家的特殊和差别待遇》，《法制与社会发展》2002 年第 4 期。

遭受的反倾销案件占全球案件的近 1/4，共有 34 个国家和地区发起了 1217
起针对或涉及中国产品的反倾销、反补贴、保障措施及特保措施调查案件。
反倾销执行率较高导致中国遭受了巨大的经济损失①。这种现象的发生使得
发达国家与发展中国家贫富差距不断增大，发展中国家出现了工业化下的新
贫困。反贫困也成为发展中国家在全球化进程下的新挑战。

二、农业保险反贫困是全球化公平的必经之路

世界银行前任行长沃尔芬森曾提出，全球发展的不均衡会对子孙后代的
繁荣发展造成严重威胁，这种威胁包含了发达国家与发展中国家全体。② 因
此，要保证世界的可持续健康发展，就必须妥善解决全球化发展的公平问
题，而反贫困就是促进公平的重要途径。通过反贫困促进全球化公平，其本
质不在于全球化本身，而是制度安排所导致全球化利益分配方面的不公平。
农业保险作为金融扶贫的一种手段，是世界各国内部反贫困的重要方式。因
此，将农业保险应用到反贫困进程中，是世界各国金融扶贫的重要途径，也
是促进全球化公平，保证全球经济可持续健康发展的必经之路。

（一）发达国家反贫困——解决福利分配的公平问题

在发达国家中，经济全球化的受益面不完全均衡。资本相对于劳工处于
绝对优势地位，这使劳动密集型劳工处于相对劣势的地位，从而造成发达国
家国内贫富差距越来越大。由于新冠肺炎疫情的冲击，全球收入不平等（最
富裕家庭与最贫穷家庭之间的差距）在 2020 年进一步加剧。据统计，2020
年美国是发达国家中收入最不平等的国家，美国最富的前 1% 和 10% 人口分
别占全部家庭财富的 30.5% 和 69%，而最穷的 50% 人口仅占全部家庭财富的

---

① 数据来源：世界贸易组织网站。
② 孙芙蓉：《稳定、平衡、发展——访世界银行前行长詹姆斯·沃尔芬森》，《中国金融》
2007 年第 11 期。

1.9%，约 4000 万贫困人口。由于上半年疫情导致的深度衰退，2020 年美国全年 GDP 总体下降 3.5%，创 1946 年以来新低。2020 年 5 月以来，由于受到新冠肺炎疫情的影响，2020 年下半年贫困率上升了 2.4 个百分点。截至 2020 年底，美国的贫困人口同比增加了 2.4%，贫困人口的数量增加了 810 万人，贫困率达到 11.8%。[①] 也就是说，发达国家的贫困问题主要为相对贫困，即国内富人与穷人的贫富差距过大。要解决相对贫困，首先应保障少数贫困人口的经济收入，也就是解决国家内部福利制度。[②]

传统劳动密集型产业中，农业大多机械化生产，规模相对较大。在向资本密集型产业的转变过程中，农场主所承担的经济风险越来越大。将农业保险机制应用在集约化农业生产中，能够为农业生产者提供最基本的风险保障。通过调整社会福利分配，加大农业保险补贴力度，可以在实现反贫困目标的同时构建更适用于发达国家的福利分配机制。完善国家福利分配制度，即促进社会公平。同时，发达国家国内公平问题的妥善解决，也是促进全球化公平的重要一步。

（二）发展中国家反贫困——解决世界贸易的公平问题

由于不同资源和市场规则，市场经济可能产生不同的结果，21 世纪初在布鲁塞尔召开的联合国最不发达国家会议指出，造成部分发展中国家陷入极端贫困的主要原因是国内外的双重威胁，即贸易壁垒与内部动乱。而在这些相对不公平的领域中，政府应发挥其调控和调整的作用。有学者提出，国际贸易的健康发展离不开公平的贸易政策，实行对等的贸易自由化和公平竞争的反倾销规则是世界各国共同发展的前提。[③] 除此之外，世界贸易组织的

---

① 中国网：《美报告：美国成为发达国家中贫富差距最严重国家》，2014 年 1 月 20 日，见 http://news.china.com.cn/world/2014-01/20/content_31243296.htm。
② 王俊文：《国外反贫困经验对我国反贫困的当代启示——以西方发达国家美国为例》，《社会科学家》2008 年第 3 期。
③ 刘力：《重新认识公平贸易政策的性质与意义》，《国际贸易问题》1999 年第 3 期。

"绿箱"政策，也是对发展中国家反贫困的支持政策。

在农业领域，发达国家通过农业保险保障农业经济收入，减少可能存在的风险，将农业保险作为福利政策使用，以达到消除相对贫困，减少社会各阶层之间差距的目的。发展中国家则是通过农业保险保障贫困者的农业收入，保证农民的基本经济水平，将农业保险作为财政手段使用，以达到减少绝对贫困人口数量的目的。在此基础上减少绝对贫困人口数量，既是反贫困进程的突破，也是全球化下资源公平分配的体现。

第二节　农业保险反贫困代表性国家的选择依据

世界范围内将农业保险应用到反贫困事业中的国家众多，各国在农业保险反贫困的方式方法上都结合了各自国家的发展特色，形成了各有千秋的农业保险经营模式与反贫困机制。其中，以美国为代表的北美地区农业保险发展历史久远，体系较成熟。而以印度为代表的部分农业保险相对成熟的发展中国家，其农业保险发展模式则是公营保险。由于不同地区、不同经济水平的国家都有着不同农业保险经营模式，而这些国家的农业保险都在其反贫困进程中起到推动作用。中国已经实现全面脱贫，农业保险有助于维持社会生活的安定，对巩固和拓展脱贫攻坚成果具有重要意义。中国既要借鉴别国成功经验，也要充分吸取其失败教训，因此可以通过完善农业保险体系，从而实现中国现阶段的目标。因此，本节内容兼顾了不同国家经济发展水平的差异以及不同国家农业保险发展模式的不同，选取了美国、日本、法国、加拿大、巴西、印度、菲律宾、俄罗斯共八个国家作为研究对象。

一、国家社会经济发展水平

农业保险发展与社会经济水平密切相关。在研究借鉴过程中，坚持发达国家与发展中国家兼顾的原则、农业国与工业国兼顾的原则、绝对贫困与相对贫困兼顾的原则，有利于保证研究结果的全面性和完整性。

（一）发达国家与发展中国家兼顾的原则

要分析借鉴他国农业保险反贫困机制的优秀经验，不仅要研究发展中国家农业保险的经营模式，探讨其如何推动反贫困事业发展，而且要注重借鉴发达国家在农业保险反贫困方面的相关政策特点。因此，在本书中所选取的八个研究对象中，美国、日本、法国、加拿大四国为发达国家，巴西、印度、菲律宾、俄罗斯四国为发展中国家。

贫困是在发达国家和发展中国家都存在的现象，而发达国家与发展中国家对于贫困的定义却有所不同。对此，有学者提出，发达国家的贫困是一种"富裕中的贫困"。经济相对不发达的发展中国家的贫困大多是绝对贫困，即贫困者面对着生存问题，难以维持正常的生活水平；经济相对发达的国家的贫困问题则主要为相对贫困，即社会中不同阶层成员的收入差距较大，低收入者与高收入者差距过大导致不同社会成员的消费能力差距较大。[1] 因此，发展中国家与发达国家在反贫困进程中需要解决的问题不尽相同，所采取的反贫困政策的侧重点也有所不同。坚持发达国家与发展中国家兼顾的原则，能够在充分借鉴世界各国经验的基础上，结合自身国情，以得出因地制宜的农业保险反贫困机制改革建议。

（二）农业国与工业国兼顾的原则

对世界各国农业保险反贫困机制进行分析时，应先明确的是，该国农业保险是在怎样的背景下使用的，该国农业发展状况如何，农业保险的需求如何。而决定农业保险的经营模式的除了国家经济发展水平，还有国家农业发展状况，农业收入占国民总收入的比重等因素。因此，考虑农业在国民经济

---

① 林乘东：《论当代发达资本主义国家的反贫困政策及其实施条件》，《解放军外语学院学报》1997年第2期。

中地位的不同，本书所选取的美国、日本、法国、加拿大、俄罗斯五国为工业国，巴西、印度、菲律宾三国为农业国。

表 1-1　2019 年部分国家工业、农业产值对比

	美国	法国	俄罗斯	巴西	印度	中国
农业增加值（占 GDP 的百分比）	0.9	1.6	3.4	4.4	16.0	7.1
工业增加值（占 GDP 的百分比）	18.6	17.1	32.3	17.9	24.8	39.0
工业/农业	20.667	10.688	9.5	4.0681	1.55	5.493

数据来源：联合国统计司网站。

工业国与农业国的区分标准主要为工业、农业产值在国民生产总值中的比重以及工业、农业人口在总人口中所占比重。[①] 以美国、法国为代表的工业国，工业生产总值远高于农业生产总值，达到同年农业生产总值的 10—20 倍。而以印度、巴西为代表的农业国，工业生产总值仅为农业生产总值的 1—4 倍。中国作为世界上最大的发展中国家，也是一个农业大国，2019 年工业生产总值仅为农业的 5.983 倍。[②] 中国的农业保险与其他农业国的农业保险相对具有更多相似点，大多是以种植业为主的小农经济。因此，选取以印度为代表的农业国农业保险反贫困模式进行研究，能够更直观地借鉴他国优秀经验。而以美国为代表的工业国的农业，则大多是专业化、机械化的现代农业，借鉴该农业模式下农业保险对反贫困的应用，对中国农业转型、实现中国巩固和拓展脱贫攻坚成果、乡村振兴以及农村现代化的目标，同样具有重要意义。

---

　　① 阳勇：《毛泽东"使中国稳步地由农业国转变为工业国"战略构想论略》，《湘潭大学学报》2014 年第 2 期。

　　② 数据来源：联合国统计司网站。

（三）绝对贫困与相对贫困兼顾的原则

将农业保险应用到国家反贫困事业中，应做到对症下药。不同国家的贫困人口数量、贫困现状、国家贫困结构都有所不同。发达国家的相对贫困问题与发展中国家的绝对贫困问题是完全不同的两种贫困现象。[①] 因此，农业保险在各国反贫困中所发挥的作用也不相同。20 世纪后，英国经济学家彼得汤森提出的相对贫困理论指出，从经济学视角看，贫困可以分为赤贫（destitution）、生存贫困（subsistence poverty）和相对贫困（relative poverty）。简单起见，贫困通常被简化为两种形式，即绝对贫困和相对贫困。[②]

绝对贫困与相对贫困在不同国家对不同人民所产生的影响不同。在经济相对发达的国家，国家整体社会经济发展水平相较于世界平均水平较高，而国内不同阶层的人民贫富差距较大，造成人民消费能力差距大，生活水平差距大。减少和消除这种差距是发达地区反贫困的主要目的。在经济相对落后的国家，国家整体社会经济发展水平相较于世界平均水平较低，国家整体收入低，消费能力低，工业农业难以发展。提高人民整体经济水平，消除极度贫困的人口和地区，是反贫困的主要目的。[③]

中国作为发展中的农业国，已经实现全面脱贫。农业保险有助于社会生活的安定，对扩大积累规模，发展国民经济和提高农业产值都有重要的影响，因此可以通过完善农业保险体系促进中国现阶段目标的实现。中国既要借鉴别国成功经验，也要充分吸取其失败教训。因此，选取具有相似国情的国家进行研究，获取更直观的经验借鉴，能够为中国农业未来转型升级以及

---

① 张旭光、柴智慧、赵元凤：《典型国家和地区的农业保险发展模式概述》，《世界农业》2013 年第 1 期。
② 杨立雄、谢丹丹：《"绝对的相对"，抑或"相对的绝对"——汤森和森的贫困理论比较》，《财经科学》2007 年第 1 期。
③ 杨立雄、谢丹丹：《"绝对的相对"，抑或"相对的绝对"——汤森和森的贫困理论比较》，《财经科学》2007 年第 1 期。

未来农业保险发展方向提供指导性的建议。

由此，本书选取了美国、印度等八个国家作为研究对象，其中美国、日本、法国、加拿大四国所存在的贫困问题主要为相对贫困，俄罗斯、巴西、印度、菲律宾四国的贫困问题主要为绝对贫困。

二、国家农业保险发展模式

不同国家的农业保险发展历史不同，在各自经济社会发展水平下发展的方式也不同。在选取代表性国家农业保险进行分析借鉴时，坚持公营保险与非公营保险兼顾的原则、以赔偿为基础与以指数为基础兼顾的原则，有助于全面、准确地借鉴成功经验。

（一）公营保险与非公营保险兼顾的原则

不同国家农业保险的经营模式各异，因此，其在国家反贫困进程中所担任的角色、起到的作用也各不相同。在探讨农业保险反贫困路径时，应明确农业保险自身的经营模式，通过其经营模式对农民主体所产生的影响，研究农业保险在反贫困中的作用。因此，本书所选取的对比对象中，各个国家的农业保险经营模式都不相同，例如印度、菲律宾、加拿大农业保险为完全公营性质的保险，巴西为政府控制程度较低的商业经营农业保险，美国则是政府高度控制的商业经营的农业保险。

表 1-2　世界部分国家农业保险发展模式

模式的类型	特点	代表性国家
公营保险	经营实体在该国通常作为唯一或垄断的保险人，政府为主要或专属再保险人	加拿大：10 个省级政府农作物保险公司，部分由联邦再保险。 印度：保险公司根据国情制定相关举措办法并监督其过程。 菲律宾：由菲律宾农作物保险公司承保国家作物、牲畜保险。

续表

模式的类型	特点	代表性国家
政府高级别控制的商业经营农业保险	个别商业保险公司为业务而竞争，但政策设计保险费率的标准是由政府控制的。保险公司有责任提供适合所有农民类型和地区的农作物保险。	美国：FCIP/MPCI 方案，由 17 家私人公司实施。
政府低级别控制的商业经营农业保险	私营公司可以自由选择承保作物、地区、自然灾害和收取的保险费率，政府的主要作用是补贴保费。	巴西：政府及中央银行支持的 MPCI 计划，再保险市场面向全球开放。法国：大部分是私人、合作社共同经营并进行管理，居民具有参加的自主性。政府给予一定的保费补贴。

数据来源：MLA Mahul，O．，and C. Stutley ．"Government Support to Agricultural Insurance：Challenges and Options for Developing Countries."*World Bank Publications*，2020，pp. 1-219.

公营保险的特点是，该经营实体在该国通常为唯一或垄断的保险人，而政府则是主要再保险人。非公营保险主要为公私合营农业保险，这类经营模式中，政府对农业保险的控制程度各不相同。其中，政府控制程度高的农业保险通常具有相对统一的保费标准，以及较高程度的政府财政补贴与再保险支持。政府控制程度较低的农业保险的保费标准在不同地区不同作物中则由各保险公司自行拟定，政府主要提供保费补贴。① 中国目前的农业保险具有鲜明的政策性农业保险特征，政府对农业保险补贴力度大，同时也拥有部分商业运营的农业保险公司。因此，在保险模式方面，借鉴印度等具有公营性质农业保险的国家，将经营实体作为唯一或垄断的保险人，政府为主要或专属再保险人；在调整协调政府控制与商业经营的关系方面，借鉴美国采取政府控制的商业经营农业保险经营模式，由政府控制的保险费率的标准。通过对国外有关于农业保险体系对比反思，为中国实现乡村振兴、农业现代化和缩小贫富差距的目标而努力。

---

① 张旭光、柴智慧、赵元凤：《典型国家和地区的农业保险发展模式概述》，《世界农业》2013 年第 1 期。

（二） 以赔偿为基础与以指数为基础兼顾的原则

除农业保险的经营模式外，其核保理赔的原则是农业保险是否能对国家反贫困起到积极作用的另一影响因素。大体来看，全球范围内，以赔偿和以指数为基础而设置的农业保险制度被农民广泛接受。传统农业保险产品大多分为两种，分别是根据产量和损失作为标准对遭受农业灾害的农民提供金钱方面的补偿。两种赔偿方式的赔偿标准不同，但最终都是通过对农业的损失进行赔偿来减少农民的损失。而国家根据国情制定的新型制度，大部分制定了一个具体的、可以量化的指数。[①] 这几种农业保险对技术要求较高，主要通过预防和预警的方式减少灾害的发生，从而达到减少农民损失的目的。

本书中所选取代表性国家中，仅印度、美国、加拿大等国家指数保险规模较大，且卫星保险仅在美国、加拿大投入使用。以美国为代表的北美洲地区科技水平相对较高，是指数保险发展的成熟区域；以菲律宾为代表的亚洲地区卫星技术相对落后，传统作物保险较普遍，指数保险发展相对不完善。《中国农业保险保障研究报告（2020）》提到，2019 年，中国农业保险保障水平为 23.61%，延续了增长势头，但增速仅为 1.56%，2019 年政府对农业保险保费补贴力度有所提升，种、养两业保险的保费补贴比例分别为 74.3% 和 75.4%，从保障水平来看，中国农作物保险保障水平发展势头迅猛，保障水平领先于印度、菲律宾等发展中国家，但与发达国家相比仍有较大差距，基本处于美国、加拿大 20 世纪 80 年代初的水平，是目前美国农业保险保障水平的 1/8，加拿大的 1/6，不到日本的 1/2。[②] 因此，中国应当借鉴国外的农业保险模式和积极研发适合国情的新型农业保险产品，从而完善中国农业保险体系，巩固脱贫效果，最终全面推进乡村振兴以及加速促进农业农村现

[①] 赵元凤、张旭光：《世界农业保险发展特点及对中国的启示》，《世界农业》2012 年第 8 期。

[②] 中国农业保险保障水平研究课题组：《中国农业保险保障水平研究报告》，中国金融出版社 2020 年版，第 17 页。

代化。

因此，本书选取代表性国家的农业保险既存在以赔偿为基础的农业保险理赔原则，也包括以指数基础的农业保险理赔原则。通过借鉴发达国家相对发达的农业保险技术，引进先进保险产品，对中国农业保险推动巩固和拓展脱贫攻坚成果、全面推进乡村振兴、加速促进农业农村现代化的进程具有重要意义。

第三节　农业保险反贫困的基本概念及研究框架

农业保险是为农业生产者在从事种植业、林业、畜牧业和渔业生产过程中，对遭受自然灾害、意外事故疫病、疾病等保险事故所造成的经济损失提供保障的一种保险。反贫困是对现有无法满足生活基本需要的经济状况进行改善的行为。通过农业保险反贫困，即在农业领域保障农业的稳定发展，提升农民的经济收入，以达到减少国家贫困人口数量，落实反贫困政策的最终目的。因此，本书选取八个代表性国家的农业保险发展模式与中国农业保险发展模式进行对比，通过对比得出中国农业保险反贫困机制与别国相比的欠缺，并由此得出相关政策性建议。

一、农业保险反贫困的概念界定

本节分为三个部分，分别对反贫困的相近概念给予解释，对全书核心概念进行界定。其中，第一部分对贫困的内涵与外延进行界定和扩展，第二部分对反贫困及其相近概念进行解释说明，第三部分进一步解释农业保险反贫困的内涵、外延及扶贫机制。最后，由此明确农业保险反贫困的基本概念。

（一）贫困的概念

1. 贫困的内涵

关于贫困一词的定义，国内外许多学者从不同角度提出了不同的概念界定。世界银行（1980）[1] 和雷诺兹（1993）[2] 从"缺乏"的角度界定贫困，将物质上的缺乏扩展到社会需求上、交往需求上以及文化上的缺乏。学者屈锡华等[3] 从发展的角度界定贫困，他认为随着社会的发展，贫困将逐渐演变为严重的社会问题，而其本质仍是发展进程中的非均衡矛盾。世界银行（1990）[4] 则从贫困者本身出发，通过对其生产能力进行分析，将贫困界定为贫困者缺乏达到最低生活水平的生产能力。

随着经济全球化和世界贸易的发展，各国社会经济水平均有大幅提升，各国对于贫困标准的界定也有了新的变化。英国学者齐格蒙特鲍曼（1998）提出，经济全球化给世界带来了新贫困，造成这种新贫困的原因则是全球资源分配的不公平。[5] 我国有学者与鲍曼持有相同观点，认为贫困是由资源分配所造成的，该学者从收入分配的角度，认为收入水平低导致贫困，而权力不对等和分配的不均衡是收入水平低的重要原因[6]。与此观点相反的学者则从贫穷者自身出发，认为贫穷即能力的缺失[7]。我国学者梁树广、黄继忠也认同此观点，认为低收入的根本原因是自身能力的匮乏[8]。

2. 贫困的外延

在贫困外延的界定上，有学者通过对贫困概念内涵进行拓展，将贫困的外延划分为三个层次，分别为收入贫困、能力贫困和权力贫困。这三种贫困的拓展是随着贫困研究的深入逐渐总结出的。

首先，贫困最初的定义是从经济角度上所说的收入贫困，即收入较低而

---

① 资料来源：世界银行网站。

② Schultz, Theodore W. "Investing in Poor People: An Economist's View." *American Economic Review*, 55. 1/2 (1965), pp. 510-520.

③ 屈锡华、左齐：《贫困与反贫困——定义、度量与目标》，《社会学研究》1997 年第 3 期。

④ 资料来源：世界银行网站。

⑤ 赵妍：《全球化背景下的"新贫困"及其对策》，《社会福利》2011 年第 5 期。

⑥ 唐钧：《中国城市居民贫困线研究》，上海社会科学院出版社 1998 年版，第 7 页。

⑦ Oppenheim C. *Poverty: the facts*, London: Child Poverty Action Group, 1993, p. 13.

⑧ 梁树广、黄继忠：《基于贫困含义及测定的演进视角看我国的贫困》，《云南财经大学学报》2011 年第 1 期。

引起的贫困现象。通过不同的度量方法对各个地区进行计算推导，可以看出收入引起的贫困在世界范围内主要体现为绝对贫困和相对贫困①。关于能力贫困的概念，最早由阿马蒂亚·森提出，他认为能力贫困即人的能力被剥夺而产生的贫困。而针对这个层面的贫困应通过提高人的各种能力减轻贫困②。第三层面的权力贫困则是在能力的基础上，强调一部分人的政治、经济、文化权力的缺失。这种缺失是针对部分特定人群的缺失，同时缺失的程度也具有动态性的特点，具有难以界定的特点。

综上所述，对于贫困的外延进行分析，不论是收入贫困、能力贫困，还是权力贫困，都承认了贫困是一种由于"匮乏"而导致的较低的生活水平的状态。三者互相影响、互相牵制，共同决定了贫困的程度及影响。目前，能力贫困得到联合国发展计划署和众多学者的支持和运用，也是贫困外延的一般性解释。

（二）反贫困与相近概念

1. 反贫困

反贫困这一概念最早由缪尔达尔在其著作《世界贫困的挑战》中提出，他从治理贫困的政策层面上解释了反贫困的概念，即政府对贫困问题的政策处理。③ 目前，国内外对反贫困概念的表述可以分为四种，分别是：减少、减缓、扶持和消灭贫困。④ 这几种表述一方面是对反贫困概念的解释，另一方面反映了反贫困进程的阶段性、过程性，从减少减缓至消灭，恰好体现了反贫困的渐进过程。此外，也有学者对反贫困的内涵进行了三个层次的分析，第一层是制度化规范化的保障贫困人口基本生活水平；第二层是从宏观

---

① 郭熙保：《论贫困概念的内涵》，《山东社会科学》2005 年第 12 期。

② ［印度］阿马蒂亚·森：《贫困与饥荒》，王宇等译，商务出版社 2001 年版，第 26 页。

③ ［瑞典］冈纳·缪尔达尔：《世界贫困的挑战——世界反贫困大纲》，顾朝阳等译，北京经济学院出版社 1991 年版，第 123 页。

④ 黄承伟：《中国反贫困：理论、方法、战略》，中国财政经济出版社 2002 年版，第 17 页。

上推动分配公平性的发展，以缩小贫富差距;[1] 第三层是从主观能动性上提高贫困人口的生存发展能力。这三层含义的表述则是在释义的基础上，增加了反贫困的实践方式。

2. 扶贫

扶贫即扶持贫困，主要体现为从政策角度，由政府为主体制定和落实反贫困计划。《中国精准扶贫发展报告（2019）》中提到，从扶贫方式的角度划分，中华人民共和国成立以来的扶贫开发可以分为四个阶段，分别为救济式扶贫、开发式扶贫、综合式扶贫和精准扶贫。[2] 四个阶段中的扶贫方式不同，但扶贫作为反贫困的一种手段，其最终目的都是为了减缓贫困，直至消灭贫困。在其实践的过程中，政府是最强有力的参与主体，除政府外，部分社会主体以及企业同样能够参与扶贫。其中，前者通过政策引导、财政补助实现扶贫过程，达到脱贫目的，后者则主要通过自发的资金援助帮助贫困地区完成脱贫目标。

3. 减贫

减贫即减缓贫困，减轻一个国家或地区贫困的程度。在反贫困理论中，减贫是实现脱贫的手段和方法，减贫政策能够从宏观的角度，促进分配公平性的发展，以缩小贫富差距。20 世纪 70 年代后，人们对贫困的认识有了进一步的提高，减贫战略也相应进行了调整。经济学家 Schutz（1971）提出人力资本理论，认为生产率的提高仍然需要靠人力资本，落后国家贫困的主要原因是人力资本的匮乏。[3] 这种认知上的进步随着经济全球化的发展，贫困国家的减贫政策同样与时俱进，但总的减贫方向仍是通过提高生产率达到减缓贫困的目标。

---

[1] 王朝明：《中国转型期城镇反贫困理论与实践研究》，西南财经大学 2003 年版，第25页。

[2] 刘晓山：《中国精准扶贫发展报告（2019）》，社会科学文献出版社 2019 年版，第46页。

[3] Schultz, Theodore W. "Investing in Poor People: An Economist's View." *American Economic Review*, 55. 1/2 (1965), pp. 510–520.

4. 脱贫

脱贫即消灭贫困，指通过政策支持不断减少贫困人口，继而根除一个国家或地区的贫困问题。根据《中国农村扶贫开发纲要（2010—2020 年）》，可以得知脱贫的标准定义为稳定实现农村贫困人口不愁吃、不愁穿、义务教育、基本医疗和住房安全有保障，这一标准实际上也就反映了脱贫是贫困地区减贫、扶贫所期望达成的目标。在脱贫概念中，值得注意的是，脱贫的过程既要实现扶贫的目标，也要防止贫困者再次返贫。因此，脱贫过程中最重要的应是提高贫困者自身生产能力，使其拥有创造财富的能力，从而实现真正的脱贫。① 在脱贫的实现方式上，有学者提出应以发展共享理念引导贫困人口脱贫。② 也有学者认为从能力、权力、制度三个层次切入，能够取得更显著的脱贫效果。③ 这两种脱贫方式都强调了贫困者自身能力的提升。

（三）农业保险反贫困的内涵和外延

1. 农业保险反贫困的内涵

农业保险反贫困的内涵重点在于反贫困，即通过农业保险这种金融工具，实现反贫困目标。2020 年国家发改委等印发的《2020 年网络扶贫工作要点》中明确部署了 8 个方面 28 项重点任务，中国已经完成全面脱贫，应当总结脱贫攻坚工作，分析当前形势，安排部署巩固拓展脱贫攻坚成果同乡村振兴有效衔接工作。完善农业保险的信息服务体系，网络公益持续深化，构建起人人参与的农业保险扶贫大格局；构建为社会所有阶层群体服务的金融信贷体系，以充分发挥其在农民灾后理赔、保障收入方面的作用。④ 2021

---

① 虞崇胜、唐斌、余扬：《能力、权利、制度：精准脱贫战略的三维实现机制》，《理论探讨》2016 年第 2 期。

② 李楠、陈晨：《以共享发展理念引领农村贫困人口实现脱贫》，《思想理论教育导刊》2016 年第 3 期。

③ 虞崇胜、唐斌、余扬：《能力、权利、制度：精准脱贫战略的三维实现机制》，《理论探讨》2016 年第 2 期。

④ 夏诗园：《普惠金融助力精准扶贫的思考》，《河北金融》2018 年第 8 期。

年，中共中央、国务院发布的《中共中央关于制定国民经济和社会发展第十四个五年规划和二〇三五年远景目标的建议》中提出，① 2020 年经过各方面的共同努力，农村贫困人口全部脱贫，贫困县全部摘帽，贫困村全部退出，脱贫攻坚目标任务如期全面完成。2021 年是"十四五"规划开局之年，是巩固拓展脱贫攻坚成果、实现同乡村振兴有效衔接的起步之年。应当巩固拓展好脱贫攻坚成果的同时完善农业保险体系，对缩小收入差距具有重大意义。即通过保险扶贫机制进行社会风险管理，在防范长期性风险的同时化解短期性风险，从而提高农民的生产能力。这意味着，保险扶贫将成为未来反贫困的主力军。同时相关学者也指出，农业保险能够充分发挥政府和市场两方面的作用，在发展农村金融的同时，帮助农民解决资金融通问题，提高财政扶贫资金的精准率、使用效率和农民生产能力，从而实现保险的精准扶贫。②

2. 农业保险反贫困的外延

贫困外延主要包括收入贫困、能力贫困与权力贫困，农业保险作为一种风险防范和风险管理的金融工具，主要解决贫困问题中的收入问题和能力问题。为此，经济学家 Myrdal 提出了一套从政治、经济、文化层面上的反贫困战略。他认为，贫困国家的不平等体现在经济社会两个层面上，反贫困战略同样需要从多个角度构建一套综合多层次的反贫困战略，才有可能实现反贫困目标。③ 在收入方面，农业保险通过保险产品的灾后理赔，能够及时止损，分散风险，保障农民收入，防止因灾致贫、因灾返贫现象的出现。在能力方面，参保农户通过农业保险提高还款能力改善资信，帮助农民融通资产，提高贫困地区农户生产能力。④

---

① 杨孟：《用保险守住来之不易的脱贫成果》，《中国保险报》2018 年 9 月 6 日。
② 周才云、李伟、张毓卿：《精准扶贫视阈下我国农业保险扶贫困境与创新路径》，《广西社会科学》2017 年第 8 期。
③ 叶普万：《贫困经济学研究：一个文献综述》，《世界经济》2005 年第 9 期。
④ 朱蕊、江生忠：《我国政策性农业保险的扶贫效果分析》，《保险研究》2019 年第 2 期。

二、农业保险反贫困的研究框架

在全球新贫困问题日益凸显，中国完成全面脱贫，但为了巩固和拓展脱贫攻坚成果，实现乡村振兴、农业农村现代化的目标，中国的农业保险体系仍然需要继续改革与发展，需要持续和长期的奋斗。本书从八个代表性国家出发，探索分析其农业保险在各自社会经济水平下的发展模式及其对反贫困事业的推动作用，并从中归纳出适用于中国农业保险反贫困的政策建议，以最大限度地发挥农业保险对中国巩固和拓展脱贫攻坚成果、全面推进乡村振兴、加速促进农业农村现代化的进程。

纵观世界农业保险发展状况，梳理各国农业保险起源及发展历程，本书基于各个国家社会经济发展水平和农业保险发展模式的差异，选取了八个代表性国家作为研究对象。同时，本书主要的章节为国外各代表性国家农业保险反贫困对中国的启示。其中，第一章介绍本书的研究意义和基本框架，第二至九章分别为美国、日本、法国、加拿大、巴西、印度、菲律宾、俄罗斯八个国家的农业保险反贫困的国际经验。在具体每一章节中，通过选取合适的理论，从不同角度分析各代表性国家农业保险的发展模式和反贫困路径，最终得出借鉴经验。其中，每一章节的第一节为所选理论运用于该国农业保险的理论分析；第二至四节为该国农业保险具体经营、发展模式与反贫困实践；最后一节为该国农业保险反贫困的经验及启示。

对于选取的八个代表性国家，通过先对比、后借鉴的研究方式，不仅借鉴其成功经验，而且也要充分吸取其失败教训。最终结合中国目前国情，能够得出符合我国社会经济发展的政策性建议。

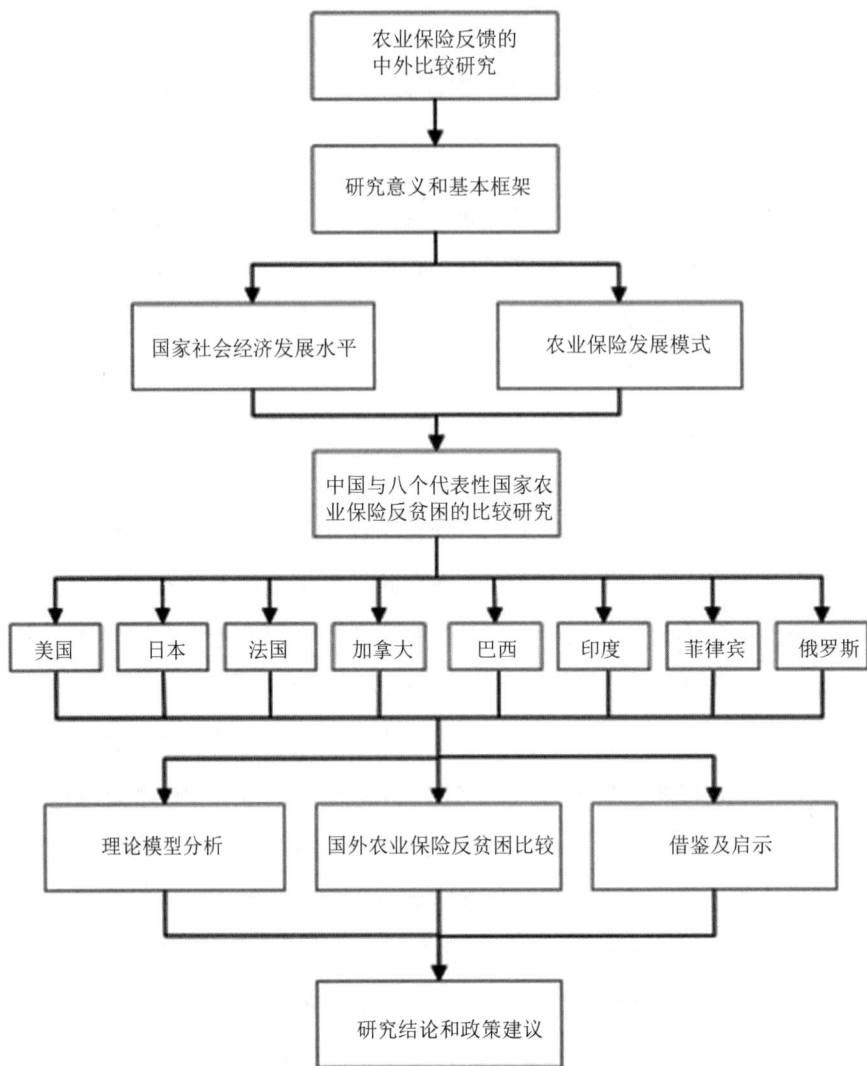

图 1-1　国外农业保险反贫困研究结构图

第二章　美国农业保险反贫困的 4E 理论分析

　　美国作为世界上最大的农产品出口国，农产品体系十分丰富，其农业保险发展年限较长，农业保险保障水平较高。2000—2019 年间，美国农业保险补贴成本不断增加，且 2019 年美国农业保险保费补贴较 2000 年将近增加了11.3 倍①。一直以来，美国政府致力于农业保险的发展，为其制定完善的法律、加大财政补贴额度、制定风险分散机制等，这些措施促进了美国农业保险反贫困的效率。"4E"评价法将政府绩效管理评价作为一切评价的基本原则，并在国内外有广泛的应用。该评价方法最初来源于"3E"评价法，在"经济性""效率性""效益性"的基础之上，增加"公平性"这一评价指标。本章节将新公共管理理论中的"4E"评价法作为理论基础，从美国农业保险的经济性、效率性、效益性以及公平性四个方面，构建农业保险反贫困效益的指标体系，以此分析美国农业保险反贫困效果的优势与不足。同时，基于美国农业保险的成功与不足，针对中国农业保险的经济性、效率性、效益性、公平性等方面，提出有助于提高中国农业保险保障水平以及巩固和拓展脱贫攻坚成果的政策建议。

---

　　①　资料来源：美国农业部。

第一节 农业保险反贫困的 4E 理论分析

农业保险作为一项重要的政策性金融手段，在农村反贫困工作中扮演着重要角色。2021 年 1 月 22 日，习近平总书记在十九届中央纪委五次全会上指出，我国已经实现全面脱贫的艰巨任务，要不断巩固和拓展脱贫攻坚成果、全面推进乡村振兴、加速促进农业农村现代化。"4E" 评价法则是通过经济性、效率性、效益性和公平性这四个方面，对政府工作效果进行评估。因此，本节将在分析 "4E" 评价法中 4 个一级指标理论背景的基础上，同农业保险的主要概念相结合。并且，对当前已有的农业保险反贫困的理论研究进行梳理，作为农业保险反贫困绩效 "4E" 评价法的相关二级指标的理论支撑。

一、"4E" 评价法的理论概述

20 世纪 80 年代起，西方国家为了适应全球化的发展趋势，进一步提高政府工作的行政效率，开始兴起新公共管理理论。在新公共管理理论的基础上提出了 "3E" 评价法（Economy，Efficiency and Effectiveness）。"3E" 评价法是从经济性、效率性与效益性三个方面对政府行政工作的效果进行评价，它更加强调将私人部门的管理方法引入政府行政工作中（Fenwick，1995）[1]。后来，新公共行政学派又提出了社会公平价值观。1997 年学者福林[2]将 "公平性" 这一指标加入评价政府行政工作的效果中，来评估个人或者团体所接受的待遇是否是公平的、有价值的，"3E" 评价法发展为 "4E" 评价法。

---

[1] *John Fenwick. Managing Local Government*，London：Chapman and Hall，1995，p. 97.

[2] ［英］简·莱恩：《新公共管理》，赵成根译，中国青年出版社 2004 年版，第 49 页。

（一）"4E" 评价法的起源："3E" 评价法

20 世纪中期以来，政府绩效评估作为一个新的学术领域，在公共行政与公共管理等学科中受到广泛关注。在管理学中，绩效定义为从过程、结果和对目标结果的比对，从而对最终的输出结果进行比较。到了 20 世纪 60 年代，美国审计总署对政府审计的方向做出重大改变，将工作重心从经济性审计转型为经济性、效率性和效益性并重的多重审计方向。这被认为是 "3E" 评价法的雏形①。在 "3E" 评价体系中，"经济性" 侧重于对成本降低程度的衡量；"效率性" 则是反映政府工作成果与工作期间相关资源支出的比值；"效益性" 是用于测量政府在多大程度上完成预先制定的工作目标。综上所述，可以看出 "3E" 评价法中的 "经济性" 强调成本的节约，"效率性" 侧重完成的数量，"效益性" 则更加重视质量。

但是，在政府绩效的实践中。由于政府所期望的 "平等""民主" 等理念同 "3E" 评价法中对 "经济""效率""效益" 的强调相矛盾。鉴于此，福林将 "公平性" 这一新的评价指标加入 "3E" 评价法中，提出了全新的 "4E" 评价法。"公平性" 这一新的评价指标，更加侧重个人和团体接受的待遇是否公平，特别是一些需要被照顾的社会弱势群体②。这一改进，使得原始的 "3E" 评价法更加科学、有效。

（二）"4E" 评价法的理论依据

科学的研究方法通常是建立在一定的理论基础之上的。"4E" 评价法的理论依据可以从新公共管理理论和政府绩效理论中借鉴、分析。

1. 新公共管理理论

人类对于公民权利的探索由来已久。古希腊哲学家亚里士多德首先提出

---

① 张小玲：《国外政府绩效评估方法比较研究》，《软科学》2004 年第 5 期。
② 黎民：《公共管理学》，高等教育出版社 2003 年版，第 114 页。

了"公民权"这一概念（亚里士多德，1965）①，卢梭认为政府是为了执行与公民之间的契约而设立的②，美国总统林肯更是提出了"民有政府、民治政府、民享政府"的理念。纵观公共服务理论的发展历程，该理论经历了社会政策学派与公法研究，公共经济学研究和新公共管理研究这几个主要发展阶段。

新公共管理最初是由于西方国家公共行政改革而产生的。西方学者认为，新公共管理应当明确绩效的标准与衡量依据，同时注重产出控制和单位的分散化③。不仅如此，新公共管理理论还注重结果与管理者的责任，更加关心服务效率、效果和质量方面的成果④。因此，国内的学者认为新公共管理理论是将管理主义的思想移植于公共部门，并且以"3E"理论作为其基本价值观⑤，强调经济、效率和效益。

2. 政府绩效理论

西方学者认为，政府绩效理论是对政府业绩执行效果的评估。早在第二次世界大战期间，美国地方管理学会已经开始涉足政府绩效领域的研究，之后的学者对政府绩效测量系统及相关问题进行了较为深入的研究。国内学术界对于政府绩效研究的时间较短，且主要是针对西方政府绩效理论和实践成果的介绍，以及立足中国国情下，对政府绩效指标的设计和实践模式的探讨。国内学者认为，政府绩效主要包含了3个方面的内容，即经济评估、效率评估与效益评估⑥。不仅如此，政府绩效评价体系设计应当从主体、维度

---

① ［古希腊］亚里士多德：《政治学》，吴寿彭译，商务印书馆1965年版，第327页。
② ［法］卢梭：《社会契约论》，李平沤译，商务印书馆2011年版，第216页。
③ Hood，Christopher. "A Public Management For All Seasons?" *Public Administration* 1991，p. 69.
④ ［澳］欧文·E. 休斯：《公共管理导论》，张福成等译，中国人民大学出版社2008年版，第107页。
⑤ 陈振明：《评西方的"新公共管理"范式》，《中国社会科学》2000年第6期。
⑥ 蔡立辉：《西方国家政府绩效评估的理念及其启示》，《清华大学学报》（人文社会科学版）2003年第1期。

和指标这几个方面进行设计①。

绩效指标的构建在政府绩效理论中扮演重要作用。在绩效指标的构建中，逻辑模型是有效工具之一。逻辑模型强调事物的因果关系，并将因果关系划分为 4 个层次，即目标与影响之比、目的与作用之比、产出与结果之比和投入与措施之比。在"4E"评价法中，"经济性"指标更加侧重产出与结果之比、"效率性"侧重投入与措施之比、"效益性"侧重目的与作用之比。

二、农业保险反贫困绩效的解读

国内外学者对农业保险反贫困有一定深度的研究，由于农业保险本质上有为农民提供的风险保障、维护农民收入稳定、减少贫困发生率的功能②③。可见，农业保险在农村反贫困工作中扮演着重要的作用，但是，运用新公共管理理论的"4E"评价法研究农业保险反贫困的文献并不多。

（一）农业保险反贫困绩效的研究方向

在农业保险反贫困绩效的研究方向上，国外学者主要是以发展中国家的贫困问题为研究对象，认为农业保险等农村金融服务有利于减缓贫

---

① 吴建南：《政府绩效：理论诠释、实践分析与行动策略》，《西安交通大学学报》（社会科学版）2004 年第 3 期。

② 张伟、黄颖、易沛、李长春：《政策性农业保险的精准扶贫效应与扶贫机制设计》，《保险研究》2017 年第 11 期。

③ 王倩、王艳、朱莹、薛鹏：《中国农业保险、农业贷款与农民收入耦合协调发展研究》，《世界农业》2021 年第 1 期。

困①②③④。目前，国内外学者在研究农业保险反贫困效果时，通常采用计量
与检验的方法研究反贫困效果的推动因素，或者从反贫困战略角度和政府财
政补贴角度分析农业保险的反贫困效果。在计量方法上，为了评价农业保险
的扶贫效果，有学者提出将社会总产出、贫困动态、结构变迁以及资金效率
作为评价指标，发现贫困地区农业保险的扶贫效果取得了较好的结果⑤；从
财政补贴的角度，农业保险保费补贴的力度一直是影响农业保险反贫困效果
的重要因素⑥⑦；在反贫困绩效的战略角度，"3E"评价指标过于重视"经
济性"这一指标，"4E"评价指标则同时兼顾了硬性评价指标和软性评价指
标，将社会大众对于政府政策的评价考虑评价体系之中，更加体现公平性原
则⑧⑨。另外，在研究中有学者认为，农业保险的效率是影响农业保险实际
反贫困成果的主要因素，基于此，我国在农业保险反贫困效果的相关研究仍
有很大的提升空间⑩⑪。不仅如此，还有学者在评价农业保险精准扶贫效果
中，加入了作用机理、功能价值以及比较优势等指标，更加体现了农业保险

---

① Burgess, Pande. "Do Rural Banks Matter? Evidence from Indian Social Banking Experi-
ence", *American Economic Review*, Vol. 95, No. 3 (2005), pp. 780–795.

② Alemayehu Geda, Abebe Shimeles, Daniel Zerfu. "Finance and Poverty in Ethiopia: A
Household-Level Analysis", *Wider Working Paper*, 2006.

③ 郑军、杜佳欣：《农业保险的精准扶贫效率：基于三阶段 DEA 模型》，《贵州财经大学
学报》2019 年第 1 期。

④ 刘汉成、陶建平：《倾斜性农业保险扶贫政策的减贫效应及其差异》，《湖南农业大学
学报》（社会科学版）2020 年第 6 期。

⑤ 张衔：《民族地区扶贫绩效分析——以四川省为例》，《西南民族大学学报》2000 年第
3 期。

⑥ 肖卫东、张宝辉、贺畅、杜志雄：《公共财政补贴农业保险：国际经验与中国实践》，
《中国农村经济》2013 年第 3 期。

⑦ 邵全权、柏龙飞、张孟娇：《农业保险对农户消费和效用的影响——兼论农业保险对
反贫困的意义》，《保险研究》2017 年第 10 期。

⑧ 张小玲：《国外政府绩效评估方法比较研究》，《软科学》2004 年第 5 期。

⑨ 郑军、杜佳欣：《中美农业保险保障水平和反贫困绩效的"4E"比较》，《沈阳工业大
学学报》2019 年第 3 期。

⑩ 任金政、李士森：《我国农业保险绩效评价研究综述及展望》，《管理现代化》2016 年
第 6 期。

⑪ 志章、郝蕾：《日本反贫困的实践及其启示》，《世界农业》2019 年第 6 期。

应用于扶贫事业的重要性①。

（二）农业保险反贫困绩效的研究方法

针对反贫困绩效的研究方法，国内学者更倾向采用适宜的经济学、管理学等学科的相关理论为支撑，做实证分析。常见的理论有福利经济学理论、区域差异理论和运筹学理论。在以福利经济学理论为基础的相关研究中，有学者运用三阶段 DEA 模型，测算全国 31 个省农业保险财政补贴对农村反贫困工作的绩效影响②③。还有通过 DEA-Tobit 模型，以农民人均纯收入、农业保险综合赔付率和农业保险平均费率等为指标，探究农业保险对农民生活改善程度的实际效果④；在以区域差异理论为基础的相关研究中，运用数据包络法中的 CCR 模型，测算全国东、中、西部地区农业保险支农的实际绩效⑤；在以运筹学相关理论为基础的研究中，有学者通过 AHP 层次分析法对农业保险的反贫困绩效进行测度⑥；以福利经济学为基础，采用柯布道格拉斯函数，对农业保险扶贫的福利溢出效应进行研究⑦。

（三）农业保险反贫困"4E"评价法的可行性

根据上文的理论分析，农业保险反贫困绩效的评价不仅要考虑经济性等

---

① 许飞琼：《论我国的农业政策保险》，《经济评论》2004 年第 5 期。

② 钱振伟、张燕、高冬雪：《基于三阶段 DEA 模型的政策性农业保险补贴效率评估》，《商业研究》2014 年第 10 期。

③ 郑军、杜佳欣：《农业保险的精准扶贫效率：基于三阶段 DEA 模型》，《贵州财经大学学报》2019 年第 1 期。

④ 冯文丽、杨雪美、薄悦：《基于 DEA-Tobit 模型的我国农业保险效率及影响因素分析》，《金融与经济》2015 年第 2 期。

⑤ 陈俊聪、汤颖梅、刘奇：《我国农业保险支农效率研究——基于区域差异的视角》，《价格理论与实践》2017 年第 12 期。

⑥ 王韧：《基于 AHP 方法的湖南省农业保险补贴政策扶贫效率评价研究》，《湖南商学院学报》2016 年第 2 期。

⑦ 郑军、章明芳：《农业保险扶贫的福利溢出效应研究》，《云南农业大学学报》（社会科学版）2019 年第 4 期。

硬性指标，还要兼顾公平性等软性指标，要将社会公众对政府相关政策的评价加入评价体系中，最大可能地体现公平性。因此，可以运用"4E"评价法从上述四个方面做出科学评价。其中，经济性评价侧重于经济资源的流动。美国的综合国力与经济发展水平一直都处于世界首位，这会对美国农业保险赔付以及财政补贴等指标产生影响；效率性评价反映了资源与服务之间的比例关系。美国在投保率与赔付率上的变化也会造成不同时期农业保险效率的差异；效益性指标反映实际的效益水平，可以用美国的风险抵抗能力、保障水平来反映；公平性指标指农业保险的有效需求者的需求是否得到满足，可以从美国农业保险的保障对象和保障措施的精准性来衡量。

综上所述，本章的研究目的是通过"4E"评价法，对美国农业保险的反贫困绩效进行分析。同时，探索美国农业保险在制度建设和产品设计上的经验，以期对中国农业保险在巩固和拓展脱贫攻坚成果建设方面提供借鉴。

第二节　美国农业保险反贫困的经济性评价指标

经济反映了社会利用稀缺资源生产有价值商品的过程，它可以体现商品在不同个体之间的流动过程①。资金在保险公司与农民之间的流动可以用农业保险的赔付反映，而财政资金补贴支出又正好体现了财富流动于国家与农民之间的过程。这两者体现了政府和农业保险经营者的投入，特别是政府对农业保险的重视程度。农业保险的赔付与农业保险的补贴这两个指标说明美国对农业保险反贫困，在经济层面的制度构建和投入上的现状。因此，可以用农业保险赔付与政府财政补贴评价美国农业保险反贫困的经济性。

---

① ［美］保罗·萨缪尔森：《经济学》，萧琛译，人民邮电出版社 2008 年版，第 3 页。

一、美国农业保险赔付作用反贫困效果分析

美国长期以来的发展政策都是管理农业保险赔付风险，调整农业保险补贴额度，分析美国农业保险的赔付现状，可以探究美国农业保险在赔付上的得失，以此评价农业保险反贫困效果的经济性。所以，本部分将根据"4E"理论的经济性指标的评价，对美国农业保险的赔付的优缺点进行分析，了解美国农业保险赔付过程的不足，以便学习美国农业保险反贫困的成功经验。

（一）美国农业保险赔付支出影响反贫困效益

1. 美国农业保险赔付支出变化历程

美国作为世界上较早实施农业保险制度的国家，自从 1939 年美国实施政府农作物保险计划以来，农业保险的经营状况一直在不断更新与发展。美国的农业保险先后经历了试办经营、加速发展、混合经营和"单轨"经营。而随着农业保险的不断发展，美国农作物保险的承保面积正在不断增大。20世纪 30 年代到 20 世纪末，美国农业保险的总体经营都面临着较大压力，农业保险的保费收入经常呈现入不敷出的状况。直到 1996 年施行"私营和政府共同管理"的政策以后，美国农业保险的经营效率才开始有所提升。美国农业保险业务的经营主要以国内私营农业保险机构为主，这些公司以政府制定的农业保险计划为保障基础，各自经营的农业保险业务。2010 年来，美国农作物保险赔付支出如图 2-1 所示，总体上为平稳下降趋势。以 2018 年为例，美国在 2018 年农业保险覆盖玉米种植面积的 92%、棉花种植面积的98%、大豆种植面积的 95% 和小麦种植面积的 93%。并且全美农作物保险共实现保费收入 980 亿美元，赔款支出却仅有 29.94 亿美元①。

① 资料来源：美国农业部。

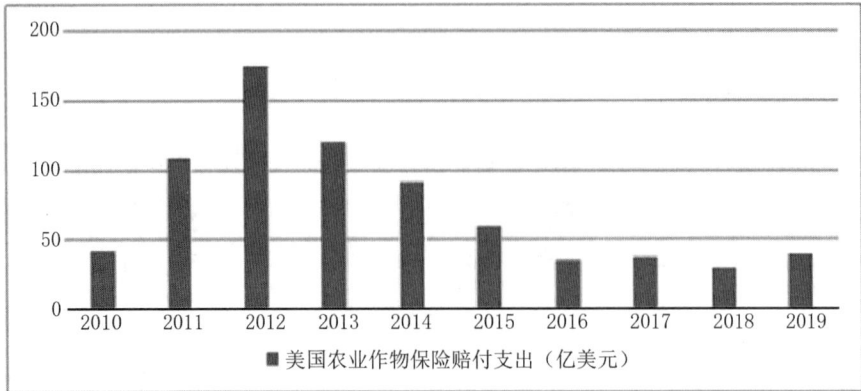

图 2-1　2010—2019 年美国农作物保险赔付支出额度变化情况

2. 政策完善险种丰富促进美国农业保险反贫困

赔付支出促进美国农业保险发展主要表现在完善的法律政策与多种类农业保险险种两个方面。在完善的法律政策方面。1938 年，美国联邦政府颁布了《联邦农作物保险法》，此后便以此法律为基础，在全国范围内开展农业保险试点工作。2014 年的农业法案《食物、农场及就业法案》继续推行农作物保险，使农作物保险部分的预算支出占到农业法案总预算支出的 8%，并推出了累计收入保险计划和补充保险选择。2018 年末颁布了《农业提升法案》，农业保险项目支出占比从 2014 年农业法案规定的 8% 上调至 9%，法案还提出对热带风暴或飓风保险、质量损失保险、柑橘保险等新产品进行研发。在多种类农业保险险种方面。以美国农作物收入保险为例，美国现行农作物收入保险产品种类繁多。按照不同的保险标的和保险单元，美国农作物收入保险可以分为很多种类（见表2-1）①。以区域保险为例，该保险与投保农场的实际收入无关，而以所在区域的平均收入为参照标准，对农户给予赔偿。

----

①　资料来源：美国农业部风险管理局。

表 2-1 美国农作物收入保险的分类

划分依据	农作物收入保险
以作物为标的	附加收获价格期权条款的收入保障保险、剔除收获价格期权条款的收入保障保险等
以农场为标的	以被认证的实际历史收入为依据的农场收入保险、堆叠收入保险、附加收入保险等

资料来源：美国农业部。

3. 道德风险逆向选择影响美国农业保险反贫困

赔付支出影响美国农业保险的缺点主要表现在道德风险以及逆向选择。美国拥有十分庞大的农业保险体系，除巨灾保险之外，还有产量保险计划和收入保险计划。为了更好地发展农业保险，美国政府对保费补贴政策不断改进，高额的补贴与丰富的险种逐步筑牢了农业保险在美国农业安全网中的重要地位，而在灾害定损以及赔偿机制方面，美国庞大的保险体系不仅无法杜绝逆向选择与道德风险问题，反而会提高农业保险的赔付支出。以棉花灾害赔偿为例，2015 年美国棉花种植面积达到 125.4 万公顷，但由于干旱的影响，棉花产量只有 609.2 万吨。美国保险公司在对农户赔偿过程中，未准确衡量各农户棉花种植面积，多数农户存在多量种植面积的情况，农业保险赔付支出较 2014 年多出 10.3 万美元①。

（二）美国农业保险赔付风险影响农业保险反贫困效益

1. 美国农业保险赔付风险变化历程

现阶段美国农业保险的赔付层级可分为三层。第一层为联邦农作物管理公司，即风险管理局；第二层为有经营农业保险资格的私营农险公司；第三层为农业保险代理人及核保人。当联邦农作物保险公司资金不能保证农险赔付支出时，可以先向农业部申请，使用商业信用公司的资金对赔付支出进行

---

① 资料来源：美国农业部。

补贴。若资金仍有空缺，可向财政部申请发行财政债券取得资金。当前，美国农业保险的主要赔付风险包括自然风险和市场风险两部分。自然风险包括洪涝、旱灾、水土流失和土壤污染等。就自然灾害而言，有数据显示，2017年，洪涝、旱灾和冰雹等各类自然灾害给美国造成的经济损失高达3060亿美元[1]。对此，美国也从法律层面上对这些风险进行防范，如制定了《联邦农业保险法》《洪水灾害防御法》等法律。以农业土地风险为例，1986年美国开始实施一项土地保护性储备计划（CRP），该计划将国内重要的环境保护区域和水源地都纳入计划之中，还包括动植物栖息地的保护、植被破坏和恢复项目等。这一计划对防治水土流失等农业土地问题产生了积极作用[2]。市场风险主要存在于农产品的生产与销售过程中，当市场供求关系失衡导致农产品价格发生波动时，便会对农户造成一定的经济损失。这一类的赔付风险由于逐步落实农业保险体制建设的政策性而相应减少。

2. 独特保险体系与风险分散方式促进农业保险反贫困

赔付风险促进美国农业保险的优点主要体现在独特的农业保险组织体系与完善的风险分散方式上。在农业保险组织体系方面。美国农业保险的赔付与其独特的农业保险组织运行体系有关[3]。历经70多年的改革与发展，美国农业保险已基本由传统农作物保险成功转向了现代风险管理模式[4]。在该模式下，美国农作物保险体系构成包括联邦农作物保险公司、私营保险公司和保险代理人三个层次。在完善的风险分散方式方面，美国再保险、灾害援助和融资以及巨灾风险证券化等巨灾风险分散的方式，能够帮助农业生产者在受灾后及时获得恢复所需资金，以尽快实现继续生产，这大大降低了各层次的赔付风险，也有利于分散风险。

---

① 资料来源：美国国家海洋和大气管理局网站。

② 安兵：《美国农业自然风险和市场风险管理研究》，《世界农业》2015年第5期。

③ Chen，Mcaneney，Blong，et al.，"Defining area at risk and its effect in catastrophe loss estimation：a dasymetric mapping approach"，*Applied Geography*，Vol. 24，No. 2（2005），pp. 0-117.

④ 周建农：《我国农业保险模式分析及国外经验借鉴》，《农村经济与科技》2011年第5期。

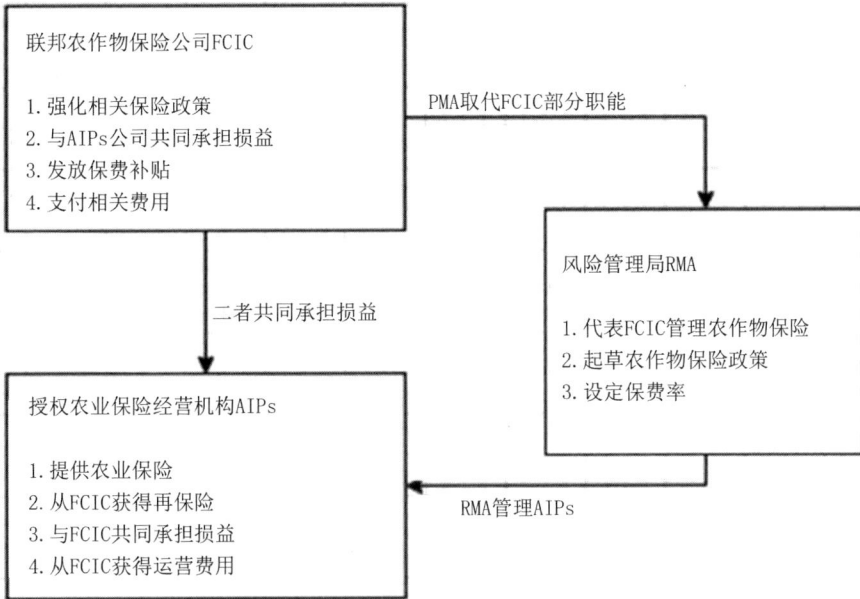

图 2-2　美国农业保险组织框架体系

3. 损益共享影响美国农业保险反贫困

　　赔付风险影响美国农业保险的缺点主要体现在美国共享损益的分摊机制上。收益共享和损失分摊的机制会对保险公司造成压力。以再保险为例，美国 1947 年便颁布了《标准再保险协议》（SRA），FCIC 依据 SRA 为商业保险公司出售的合格作物保险合同提供补贴和再保险。由于再保险机制的存在，在发生风险时保险公司存在的损益也有所不同。随着赔付率的提升，FCIC 所需要负担的赔偿比例会相应升高，当赔付率超过 500% 时，FCIC 负责 500% 以上的全部赔偿。这无疑加大了联邦农作物保险公司的财政压力。

表 2-2　2018 年 FCIC 承担损失份额

赔付率	损失承担额
100%—160%	15%—25%
160%—220%	35%—40%
220%—500%	50%—85%
500%以上	100%

资料来源：美国农业部。

二、美国农业保险的财政补贴作用反贫困效果分析

财政资金补贴支出是政府财富流向农户的经济行为，政府通过农业保险财政补贴，进一步提高农作物产量，增加社会福利，以此提高农业保险反贫困效果。因此，本部分将从美国农业保险的补贴政策和补贴效果对美国农业保险反贫困的经济性进行分析，评价补贴政策与补贴效果对农业保险反贫困效果的影响。

（一）美国农业保险补贴政策影响反贫困效益

1. 美国农业保险财政补贴政策发展历程

美国对农业保险补贴政策的探索开始于 20 世纪 30 年代。美国国会于 1980 年对《联邦农作物保险法》进行了再次修订，规定在全国范围内大力推行农业保险制度，随着农业保险承保范围的不断扩大，政府财政补贴政策的基本框架逐渐开始形成。而 1994 年，美国政府又对《联邦农作物保险法》进行了大幅度的修改完善，并颁布了《克林顿农作物保险改革法》。1995 年，美国政府为了鼓励更多商业性的保险公司大范围开展农业保险业务，政府给予开展农业保险的商业性保险公司的保费补贴率达到了 31%。2000 年制订的《农业风险保障法》再次提高保费补贴率。2008 年的《食品、保护和能源法》又提高了以企业或全农场为保险单位保单的补贴率。2012 年，美

国新的农业法案《农业改革、食品与就业法》将农业保险保费补贴的区域进行了重新划分，将原有可投保的农作物由 30 种增加到 47 种，从而使农业保险的投保率大大提高。2014 年，奥巴马政府对《2014 年新农业法案》进行了签署，使农作物保险能全方位并全覆盖地为农民收入提供保障，为实现乡村振兴中农民生活富裕提供条件。2018 年，美国总统特朗普签字生效了《2018 年农业提升法案》，虽然农业保险在农业支持政策中的地位没有发生改变，但这项法案降低对农业保险的财政支持预算。

2. 多形式补贴促进美国农业保险反贫困

补贴政策促进美国农业保险的优点主要体现在经营管理补贴与再保险补贴上。在经营管理费补贴方面，美国政府会以一定比例补贴农业保险公司的经营费用，如经营管理等方面的支出。美国政府《标准再保险协议》中规定了保险公司经营管理补贴的相关数额，其中团险经营管理费用的财政补贴比例是巨灾定损费用的一倍。为农业保险公司提供经营管理补贴，可以降低保险公司在困难时期的运营成本，帮助农业保险公司渡过难关。在再保险补贴方面，美国政府会对受财政补贴支持保险公司的农业保险产品价格和承保理赔标准进行明确。再保险的财政支持包括州级和国家级支持两个层面。首先，中央分别计算每个州的基金自留业务，随后分别统计出各公司在各州的净承保损益，最后再核算经过再保险支持后政府应分担的承保损益。在州级层面上，保险公司与政府按照分层赔付率进行不同比例的收益共享或损失共担。

表 2-3　2018 年美国农业保险支持政策

风险程度	州级再保险支持方式	再保险比例
高风险	风险转移基金	85%
低风险	自由保障基金	小于 70%

资料来源：美国农业部风险管理局。

3. 差异化补贴影响美国农业保险反贫困

补贴政策影响美国农业保险的缺点主要是差异化补贴存在无法满足农民个体需要的情况。以纯保费补贴为例，美国政府依据保险险种、保险单位以及保障水平对农户实行差异化补贴政策。差异化的纯保费补贴政策虽然有助于农业保险政策的公平性，但美国现行的补贴政策使产量保险的保费补贴多，收入保险补贴少，团体险补贴多，个体险补贴少，这导致农业保险无法满足个体的需要。并且，美国农业保险的保费补贴比例同农业保险险种的保障水平负相关[①]。不仅如此，在纯保费的保险单位差异化补贴方面，美国农民在投保农业保险时会事先选择保险单位。一般地，一个保险单位所囊括的耕作面积越小，作物品种越多，越利于风险分散，也就会获得越高的保费补贴。

表 2-4　2018 年美国差异化补贴

风险保障水平	50	60	70	80	90
个体险	67	64	59	48	32
团体险	–	–	59	55	44

资料来源：美国农业部风险管理局。

（二）美国农业保险财政补贴效果影响反贫困效果

1. 美国农业保险财政补贴效果变化情况

1980 年以前，美国农作物保险费率普遍偏高，80%的农户都不愿意购买农业保险，这导致美国联邦农作物保险公司的业务在很长一段时间都处于较低层次，农业保险扶贫的效果并没有达到政府的预期。1980—1996 年，虽然多种灾害性农业保险（MPCI）依然是常见的保险方式，但 1980—1996 年美国的 20 多种保险险种，覆盖的农作物达到 123 种，产品体系十分丰富。为

---

① 余洋：《基于保障水平的农业保险保费补贴差异化政策研究——美国的经验与中国的选择》，《农业经济问题》2013 年第 10 期。

了提高美国农户农业保险的投保率，美国政府于 1980 年对《联邦农作物保险法》进行了大幅度的修改与完善，并规定将采用农业产量保障水平来衡量农业保险的保费补贴，通过对保障水平的划分规定保费补贴额度，并以此实施农业保险保费补贴政策。2019 年，美国农业保险项目总保额达到了 1271.3 亿美元，其中收入保护计划、真实生产历史保险和单产保护计划分别占 69.1%、12.8%、8.5%，三个项目的保额合计占比达 91.4%。此外，整个农场总收入保险和边际保险等产品保额占到总保额的 13.6%[①]。为了保障保险公司的运行，美国农业部风险管理局按照保险公司农业总保费收入的 15% 来发放补贴，用于弥补保险公司在管理、运营过程中的成本支出。为了提升商业保险公司经营农保的积极性，美国联邦政府会按照亏损情况给予 15%—55% 不等的补贴。随后，在美国总统特朗普上任后，2018 年特朗普开始降低农业保险的预算支出，农业保险保费补贴也相应减少。

2. 补贴力度大促进美国农业保险反贫困

补贴效果促进美国农业保险的优点是美国的农业保险补贴力度大，补贴效果好。从补贴政策效果总体上来看，财政补贴使得农业保险的参保率提高，减轻了农业保险公司的财务状况。根据美国国家农业统计服务数据库的普查数据显示，美国农作物耕地面积的投保率达到 90% 左右[②]，是世界上自主农业保险投保率较高的国家。不仅如此，农业保险公司的财政状况也因此得到了改善。基于图 2-3，从总体上来看，美国农业保险补贴的总额一直较为稳定。2011 年更是接近 74 亿美元，此后补贴的总额略有减少，2019 年和 2018 年较 2017 年减少了 1000 百万美元。近年来，美国农业保险财政补贴数额如下图所示：

3. 财政压力提高影响美国农业保险反贫困

补贴效果影响美国农业保险的缺点是补贴力度太大造成政府的财政压

---

① Congressional Research Service：Federal Crop Insurance：Program Overview for the 115th Congress. *CRS Report Prepared for members and committees of congress*，2018.

② 数据来源：美国农业部网站。

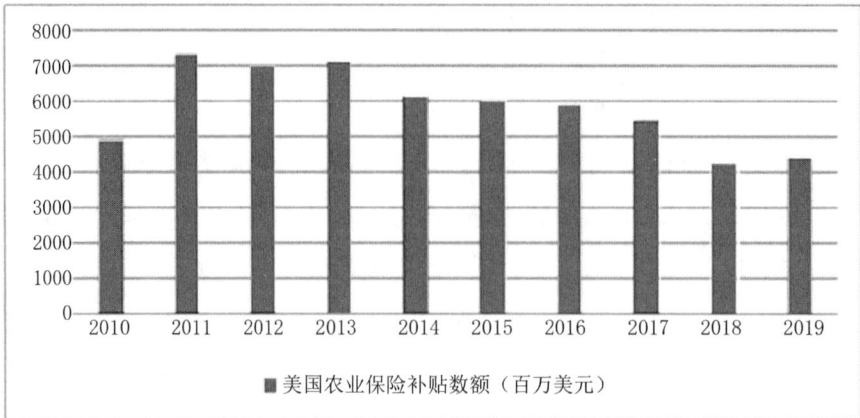

图 2-3　2010—2019 年美国农业保险补贴数额

力。农业保险补贴也使得相关公共补贴成本逐年增加。基于图 2-4，美国农业保险保费补贴成本逐年增加，2014 年达到了 322.4 万美元，随后开始呈现降低趋势，但 2017 年又开始呈现上升趋势。不仅如此，财政补贴还造成了畜牧保险投保数量的较大波动，补贴比例的细微变化也可能造成投保数量成倍的变化。

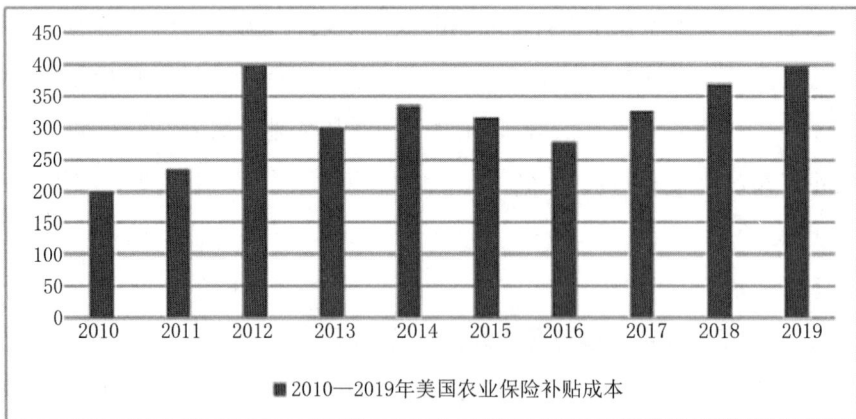

图 2-4　2010—2019 年美国农业保险补贴成本

第三节　美国农业保险反贫困效率性评价指标

曼昆将效率的本质看作资源交易行为剩余总量的最大值，如若进行资源交易的双方存在部分好处未实现的现象，则表明资源的配置是缺乏效率的①。效率性指标主要反映资源与服务之间的配比关系，而在农业保险反贫困进程中，投保率正好体现了农户参与农业保险的比重，赔付率反映保险公司和政府所面临的赔付额度。在农业保险反贫困效果的研究中，美国农业保险投保率体现了农业保险市场需求变化以及运作效率，而赔付率则体现了资金由政府与保险公司流向农户的情况。因此，以投保率与赔付率反映农业保险反贫困的效率性。

一、美国的农业保险投保率作用反贫困效果分析

美国农业保险的投保率受美国人口素质与农业保险发展阶段的影响，在农业保险发展的不同阶段，农业保险的投保率往往不同。分析美国的农业保险投保率，可以理清美国农业保险需求市场的现状，以此探究美国农业保险反贫困效果。因此，本部分将从农业保险投保率的变化情况和优缺点入手，以期发现美国农业保险投保率作用农业保险反贫困效果的成功经验和不足，为中国农业保险反贫困提供参考和借鉴。

（一）美国农业保险投保率变化历程

1994 年，美国国会制定了《联邦作物保险改革法案》，为了吸引更多的农场主投保农业保险，美国政府提高了保费补贴额度，同时要求一些指定的农业项目必须投保。为了提高民众对农业保险的认识，美国农业部于 1996

---

① ［美］曼昆：《经济学原理》，梁小民译，北京大学出版社 2012 年版，第 137 页。

年成立风险管理局。在严格的管理制度下，美国农业保险的保费补贴不断提高，覆盖率越高的保险项目，其保费补贴提升的比例越高，而原来没有补贴的覆盖率为85%的保险项目，其保费补贴也达到了13%。就在政府高补贴政策的推动下，美国农业保险的投保率进一步提高。为了进一步提高参保率，2000年美国国会通过了《农业风险保护法案》，再次提高不同农业保险覆盖率项目的保费补贴，将覆盖率为55%、65%、75%、85%的保险项目保费补贴率分别提高到64%、59%、55%、38%，此后，农业保险参保率稳步提升①。2008年投保超过2.72亿英亩的农田，到了2013年，美国农作物保险保障超过2.94亿英亩，此时美国农作物保险保障水平已经覆盖农作物种植面积的89%，投保农作物也达到了128种，农业保险收入更是达到了1240亿美元②。2014年，《美国农业法案》签署后，农业保险参保率升高。到2019年，美国农业保险参保率达到了64%③。

（二）较高投保率促进美国农业保险反贫困

投保率促进美国农业保险的优点主要是较高的投保率保障了农民的利益。一直以来，美国农业保险的保费补贴都采取科学合理的原则。美国通过精算手段科学地测定保费承担水平，实现农业保险保费补贴的可持续性的同时，防止出现欺诈等道德风险④，这也大大提高了农业保险的参保率。这种科学性较强、注重质量的提高农业保险投保的政策对于中国农业保险的发展有一定的借鉴意义。美国农业保险参保率的提高，政府与保险公司承担大部分风险，使农民的收入得到更严格的保障。参保率提高，政府的保费收入增加，由于美国保险体系复杂多样，不同险种的保险收入可以构成美国风险机

---

① 数据来源：美国农业部网站。
② 数据来源：美国农业部网站。
③ 数据来源：美国农业部网站。
④ 赵长保、李伟毅：《美国农业保险政策新动向及启示》，《农业经济问题》2014年第6期。

制的保障金，当发生风险时可以降低政府财政压力。依据 2018 年美国农业部对玉米种植的调查报告，玉米种植个体农户的投保率在 76.8% 左右，农场主的投保率几乎是 100%，这大大保障了风险灾害的同时，也保障了农民的个人收入①。

（三）财政压力与管理难度升级影响美国农业保险反贫困

在美国农业保险投保率的缺点方面，较高的农业保险投保率与较低的农业保险率都会加大政府财政的压力，加大保险机构的管理难度。在发生巨灾以及极端天气灾害时，农业保险投保率越高，保险公司赔付额度也就越高，对于一些经营状况并不是很好的保险公司来说，这无疑是雪上加霜，虽然政府会给予保险公司经营管理补贴，但在巨灾以及极端天气灾害的影响下，政府需要额外给予补贴。2018 年美国加州森林大火的发生，对美国养蜂业造成了巨大影响，在高投保率的影响下，美国保费赔付高达 90 亿美元②。而对于一些损失紧急援助项目较低的农业保险投保率则无法保障农民的收入，而政府财政一部分也来源于保费收入，投保率低，政府财政收入也会受到影响。

二、美国的农业保险赔付率影响反贫困效益

农业保险赔付率可以通过农业保险收入与农业保险赔付的比值反映。本部分将结合农业保险赔付率的变化情况，分析美国农业保险反贫困效果，从而解释农业保险反贫困效果的效率性。

（一）美国农业保险赔付率变化历程

当前，美国的农业保险制度比较完善，但也是经过了漫长曲折的发展。美国农业保险的赔付率变化大致可概括为三个不同的发展阶段。第一个阶段

---

① 资料来源：美国农业部。
② 资料来源：美国农业部。

是从 20 世纪 30 年代开始到 80 年代，美国联邦农作物保险公司基于"国营单轨式"的农业保险制度，直接经营农业保险。此阶段美国联邦农作物保险公司的经营成本很高，大部分年份的农业保险赔付率都超过了 100%，因此农业保险反贫困效果并不是很明显。第二个阶段是从 1981—1997 年，美国联邦农作物保险公司基于"公私合营双轨"的农业保险制度，与私营企业共同经营农业保险。此阶段并没有降低联邦农作物保险公司的经营成本。据有关数据显示，从 1981—1992 年这 11 年间，赔付支出是保费收入的 2 倍，如若计算保险公司运营的各项费用，保险公司的累计赔付率达到了 244.9%[①]。第三个阶段是 1996 年以后，美国联邦农作物保险公司基于"私营经营和政府扶持"的农业保险制度，农作物承保面积大大提高。数据显示，1997 年农作物的承保面积为 1.822 亿英亩，2004 年已经超过了 2.21 亿英亩，8 年增加了 21%。到 2018 年，美国农作物承保面积已经超过 2004 年[②]。进入 21 世纪以来，美国农业保险的赔付率总体呈下降趋势，基本可做到盈亏平衡。近年美国农作物保险赔付率如图所示：

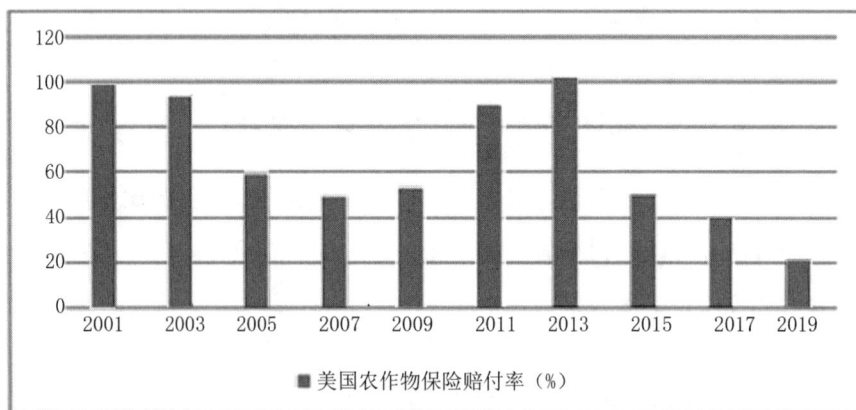

图 2-5　2001—2019 年美国农作物保险赔付率变化情况

① 资料来源：美国农业部。
② 数据来源：美国环境工作组网站。

（二）高效的信息采集系统促进美国农业保险反贫困

赔付率促进美国农业保险的优点主要体现在其高效的信息采集系统。无论是在耕地数据还是农业产量方面，美国农业市场都能有效地进行信息采集与数据积累。美国政府要求农业生产者建立农业生产数据库，实时记录耕地的产量以及其他基础信息，并且对每一块耕地进行编号，根据这些编号，对土地的使用情况、面积等基本信息进行监测与收集。截至 2018 年 10 月，美国农业部的统计调查，美国农业生产数据库基本涵盖了全国 75% 的农户，完善了已有用户的地址通讯等基本信息，并对土地使用情况与土地种植面积进行了详细的测量与登记①。正是因为美国农业的信息采集与数据积累很有效，因此在费率厘定方面，美国政府可以基于每块耕地的采集数据，准确地进行费率厘定，保障美国农业保险的赔付。

（三）赔付机制存在缺陷影响美国农业保险反贫困

在农业保险赔付率缺点方面，美国农业保险赔付机制存在部分缺陷影响了农业保险的反贫困效果。相比美国其他的农业支持政策，美国农场保险的赔付标准设定得都比较宽松，甚至未对关键的操作环节设置界限②。首先，美国农场保险缺乏对农场主足够的背景调查和限制，导致有实力的农场主获得更多的农作物保险补贴费用。据有关调查报告显示，2018 年，美国棉花种植小农场主得到的保费补贴是大农场主的 1/3，政府给予小农场主的农业保费补贴有时并不能满足农场主正常经营的需求③。其次，美国农场保险只注重保费补贴比例的设定，却没有考察保费补贴总量，导致单个农场补贴不限

---

① 资料来源：美国农业部。

② 张海军、刘婧：《美国农业保险实务操作经验对农业保险高质量发展的启示》，《中国保险》2020 年第 1 期。

③ 资料来源：美国农业部。

制补贴总量。最后，美国农场保险由于缺乏对赔付金额的总量限制，在保险赔付时，会导致部分农场主在农作物歉收年份的收入反而高于正常经营年份，这反而增加了政府与保险公司的成本。

第四节　美国农业保险反贫困效益性评价指标

马克思和恩格斯将效益比作物品是否能被生产的行为[①]。农业保险的风险抵抗能力正好是美国农业保险实际社会效益的体现，农业保险的保障水平也正好可以反映农业保险对农业生产者提供的风险保障程度，它是美国农业保险发展水平与农业保险政策效果的集中体现。因此，本节采用农业保险风险抵抗力与农业保险保障水平分析美国农业保险反贫困的效益性。

一、美国农业保险风险抵抗能力作用反贫困效果分析

基于农业保护理论，可以得出农业生产是一个极具风险的过程，而完善的农业保护政策与农业保险机制正是分散风险的主要方法。分析不同时期美国农业保险的机制和相关保护政策，探究美国农业保险风险抵抗能力作用农业保险反贫困效果的程度，以此研究农业保险反贫困效果的效益性。

（一）美国农业风险的保护政策影响反贫困效益

1. 美国农业保险保护政策变化情况

美国在农业补贴政策方面的政策始于 20 世纪 30 年代，到了 1996 年，美国对原先的农业政策做出改革。取消了部分农业的国内价格支持，变为对农民收入的支持。1998 年又因国际市场农产品价格下跌而推出农作物保险计划和市场损失补助。随后，《农场安全和农村投资法》为了详细化农业保险保

---

① 中共中央马克思恩格斯列宁斯大林著作编译局：《马克思恩格斯文集》第 3 卷，人民出版社 2009 年版，第 405 页。

护政策，对"贷款差额补贴""固定直接补贴""反周期补贴"等指标做出详细的规定与划分。为了进一步扩大农业保险保障程度，美国政府颁布了《粮食、保护与能源法》，扩大了农业保险补贴的品种。在关税及配额政策方面，美国对从最惠国进口的农产品征收的平均关税为 8.9%，比非农业部门关税税率水平高出超过 2 倍。不仅如此，关税、配额、公共卫生壁全和动植物技术壁全等措施也是重要的保护措施。2012 年，美国新的农业法案《农业改革、食品与就业法》将农业保险保费补贴的区域进行了重新划分，再次扩大了农业保险可投保种类。2014 年，奥巴马政府对《2014 年新农业法案》进行了签署，使农作物保险能全方位并全覆盖地为农民收入带去保障，为实现乡村振兴中农民生活富裕提供条件。2018 年，美国总统特朗普签字生效了《2018 年农业提升法案》，稳定了农业保险在农业支持政策中的地位。

2. 管理体系促进美国农业保险反贫困

保护政策促进农业保险的优点主要是美国注重法律的完善以及农业保险的管理。在法律的完善上，从 1938 年颁布《联邦农作物保险法》之后，根据农业保险发展状况不断对该法案进行调整、修改、补充，逐步形成了完备的农业保险法律体系（见表 2-5）。在农业保险的管理上，美国确立了由联邦农业保险公司、私营保险公司、投保人和农业保险勘察核损人共同参与、相互协作、各司其职、高效运行的农业保险管理体系。此外，联邦政府通过保费补贴、业务费用补贴、提供推广和培训费用、再保险支持、免税等措施，给予农业保险大力支持，这是美国农业保险产业发展壮大的重要原因。

表 2-5　美国农业保险发展阶段及相关法律

时间	政策概况	相关法律
1938—1980	农业保险保费普遍较高，保费赔付率较低，参保率长期保持在较低水平	《农业调整法案》《联邦农作物保险法》
1980—1993	开始实施保费补贴政策，各州根据实际情况开展分类补贴并鼓励私营保险公司经营农业保险业务	对《联邦农作物保险法》进行修改完善

时间	政策概况	相关法律
1993—2019	进一步提高保费补贴、扩充险种并建立多层次的保险体系	《联邦农作物保险改革法》《农业风险保障法》《环保、食品与能源法案》《农业提升法案》

3. 政策制定缺陷影响美国农业保险反贫困

保护政策影响美国农业保险的缺点主要是美国部分农业保险政策的制定也存在部分问题。2014 年，美国修正并通过了新的农业法案，法案中规定减少对农业的直接补贴，取而代之的是对农业收入保险更高的保费补贴。更高的保费补贴虽然提高了投保率，在更大程度上保障了农民收入，但保费补贴的制定缺乏实地调查经验，反而无法从根本上满足农户的需要。以美国农场保险为例，美国农场保险在制定的过程中，没有对农场主进行充分的背景调查，以致在保险赔付时有实力的农场获得了最多的保险补贴，而有些经营情况窘困的农场主反而没有得到保险补贴。据有关调查报告显示，2018 年，美国棉花种植小农场主得到的保费补贴是大农场主的 1/3，政府给予小农场主的农业保费补贴有时并不能满足农场主正常经营的需求①。

（二）美国农业保险体制影响反贫困效益

1. 美国农业保险体制的变化情况

从总体上出发，美国农业保险体制最主要的特征体现在层次丰富、高技术含量以及生命力三个方面。在层次丰富的保险组织形式上，美国的农业保险体系由农业风险管理局、商业保险公司和各类民间组织组成。美国农业部风险管理局和联邦农作物保险公司在人员分配上几乎保持一致，它们不仅共同制定农业保险相关政策，也会提供农业再保险相关的工作。在高技术含量上，美国农业保险体制的发展得益于其先进的农业金融科技，先进的农业生

---

① 资料来源：美国农业部。

产技术大大提高了农业生产量。在生命力上，完善的法律制度保障了美国农业保险体制的发展。美国的相关法律经过长期发展，不断成熟完善。继《农业调整法》之后，美国政府相继修改和颁布了一些农业保险相关的法律。下表展示的是 1938 年以来，美国农业保险相关法律和主要内容：

表 2-6　美国农业保险主要法律及主要内容

时间	法律名称	主要内容
1938	《联邦农作物保险法》	对农业保险的性质、目的和经办机构等做出规定等
1980	《联邦农作物保险法修正案》	对农业保险进行保费补贴，鼓励私人保险公司参与 FCIC 农作物保险与再保险计划等
1994	《克林顿农作物保险改革法》	取消"特别灾害救助计划"；建立农作物巨灾保险计划；提高农业保险保费补贴率等
2000	《农业风险保障法》	拨款 82 亿美元用作农作物保险计划；再次提高农业保险补贴费率等
2008	《农场法》	调低法定赔付率；提高农业保险公司经营管理费用补贴；支持农作物保险研发活动等
2014	《新农业法案》	扩充农业保险的可保险种类；可按照遵守土地保护计划情况，获得农业保险保费补贴等
2018	《农业提升法案》	降低农业保险在财政支出中的预算等

2. 合理的调节机制促进美国农业保险反贫困

保险体制促进美国农业保险的优点主要体现在美国政府的大力支持和合理的调节机制上。在政府的大力支持上。以美国农业收入保险为例，农业收入保险具有的独特优势，自推广农业收入保险以来，该险种发展十分迅猛。美国政府通过立法、财政补贴以及再保险的方式对农业收入保险进行扶持（见图 2-6）。在合理的调节机制上。农业收入保险的条款和费率均由 FCIC 统一制定，在整个行业内均执行统一标准，保险公司及其代理人均不能擅自修改。各参与保险公司则依据相关规定开展农业收入保险的运营。同时，每个参与的保险公司必须对其员工及保险代理人进行培训，以确保完全按照

FCIC 的规定操作相关业务。而为了防范道德风险，在农业收入保险运营过程中，美国政府通过实施"松紧结合设上限"的调控机制，以此达到风险管控的目的。

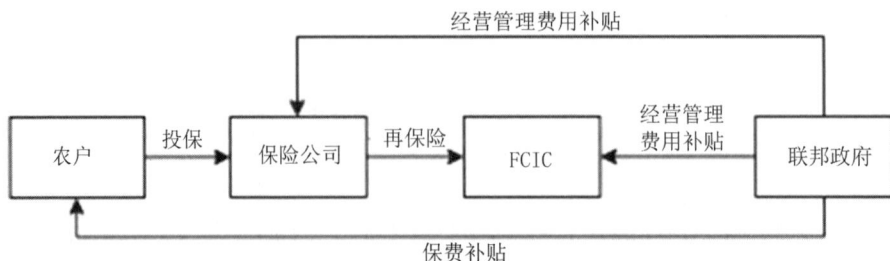

图 2-6　政府支持农业保险路径图

3. 投保期限影响农业保险反贫困

保险体制影响农业保险的缺点在于对于不同保障水平的农险产品，费率会随着保障水平的不同而变化，对于投保时选定的保障价格，它的投保期限受到严格的限制，农业生产者只能在一定时间进行投保。例如美国的荞麦作物，FCIC 规定种植荞麦农户的农户应当作物种植前 2 个月进行种植面积投保，若农户种植荞麦发芽再投保，保险公司将不予承保，若当年发生自然灾害农民将自行承担后果①。这种限定了农民投保期限的险种，使农民选择范围大大缩小，投保率也会相应降低。同时，每个农场和农场主的基本信息均会在农业部农业风险管理局的信息管理系统上录入，如果农业生产者对于自身的信息或者其拥有的耕地信息有所隐瞒或者谎报，其失信行为就会被记录在征信数据库中，一旦这种失信行为被记录在册，那么农业生产者在以后的生产过程中就会遇到诸多麻烦，从而影响其农业生产的正常进行。

---

① 资料来源：美国农业部风险管理局。

二、美国的农业保险保障水平作用反贫困效果分析

农业保险保障水平能够衡量农业保险扶贫的功效，美国农业保险财政补贴的显著特点也是按照保障水平实施差异化的保费补贴。美国学者的研究表明，提高农民参保率不能过分依赖于保费补贴比例的提高，保障水平与补贴比例的有效配合能够使保费补贴发挥最大效用[1]。本部分将从美国农业保险保障广度和保障深度入手，分析美国农业保险的保障水平作用农业保险反贫困的效益性。

（一）美国农业保险保障广度影响反贫困效益

1. 美国农业保险保障广度的现状

农业保险保障广度是农业保险对某一地区农业生产面积以及农作物种类的覆盖程度。一般以农业保险的承保面积（数量）和农业生产规模的比值为计算标准。可见，农业保险的承保面积（数量）相对其生产规模越大，农业保险保障广度就越大，说明有更高比例的农业生产获得了农业保险的风险保护。根据美国农业部风险管理局的统计，美国 2018 年承保的动植物（绝大多数为作物）达到 164 种，有 57 种农作物的面积承保率已经超过了 50%，甚至有 12 种农作物的承保率超过 90%，其中以大田作物的承保率最为突出，其承保面积达到了 95%[2]。目前，美国农业保险的平均保障广度已经超过 90%[3]，其中棉花、花生和玉米是保障广度位列前三的农作物，水稻和甜菜的保障广度也超过了 90%。下图显示的是 2010—2019 年美国主要农作物的保障广度情况：

---

① Wang, H. H., S. D. Hanson and J. R. *Black Efficiency Cost of Subsidy Rules for Crop Insurance*, *Journal of Agricultural and Resource Economics*, 2003, 28（1）：116—137.

② 张玉环：《美国、日本和加拿大农业保险项目比较分析》，《中国农村经济》2016 年第 11 期。

③ 数据来源：美国农业部风险管理局网站。

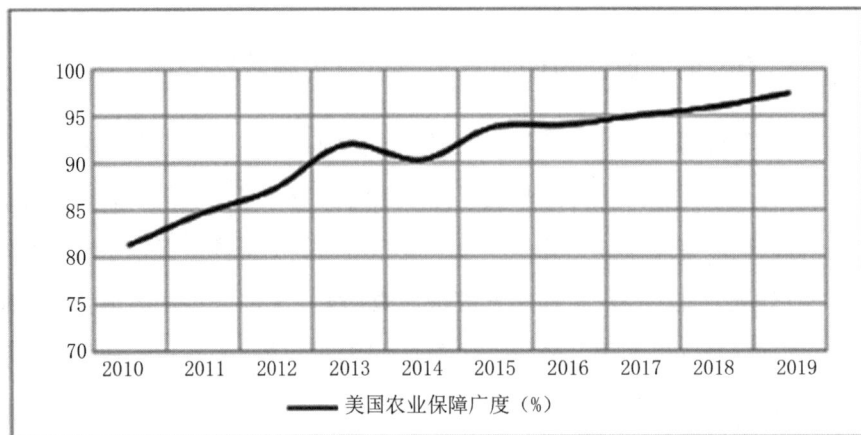

图 2-7　2010—2019 年美国农业保险保障广度变化

2. "保险+期货"促进美国农业保险反贫困

保障广度促进美国农业保险的优点主要在于，美国"保险+期货"的形式，为农业保险提供了新的定价的方法，增大农业保险覆盖面积与覆盖种类。在美国的农业收入保险中，期货与农作物保险之间的关系有着稳定的作用机制。当农作物的产量大增时，收获期的价格可能大跌，保险公司可能面临极大的赔付风险，此时保险公司可以在期货市场上进行以相关农作物的价格作为标的卖出套期保值操作，以防范农产品收货价格下跌带来的偿付风险。2019 年棉花的覆盖广度几乎接近 100%（见图 2-8），保费收入达到101.23 亿美元，较好地发挥了农业保险服务农场主收入保障的作用。

3. 风险程度加大影响美国农业保险反贫困

保障广度影响农业保险的缺点在于随着农业保险广度的提升，农业保险运行机构承担的风险加大，政府分散风险与降低风险的难度加大。农业保险风险管理涉及的主体较多，农业生产者、政府部门、农业保险与再保险供给机构等各主体之间的相互关系与权利义务范围依赖明晰的法律界定，各地区差异化的政策及保险安排也需要统一的法律条文加以规范。巨灾保险就是一个明显的例子，巨灾保险的种类也有很多，衡量标准的不同造成保障赔偿、

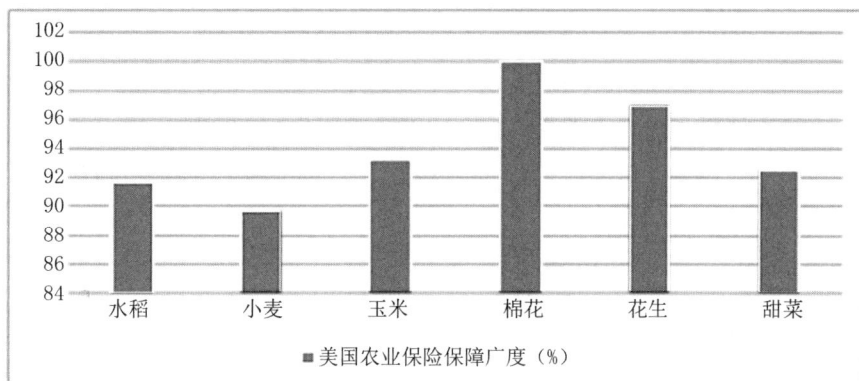

图 2-8 2019 年美国主要农作物保障程度

保费补贴、保障风险的程度各不相同，政府要分散各种风险的措施以及难度也会有所不同。目前，美国已有将近 120 种粮食作物和经济作物被农业保险覆盖，农业保险覆盖面积越来越广，涉及的种类也越来越多，每一种农作物都需要制定相关的风险保障机制，大大加大了美国农业保险分散风险与降低风险的难度。

表 2-7 美国巨灾保险种类

衡量指标	巨灾保险种类
产量	产量保护保险、实际历史产量保险、区域产量保险、美元计划保险等
收入	收入保障保障、实际历史收入保险、区域收入保障、堆叠收入保障计划等

（二）美国农业保险保障深度影响反贫困效益

1. 美国农业保险保障深度的现状

农业保险保障深度可以从已经承保的农产品的产值角度出发，考察农业保险的风险保障程度。一般以农业保险单位保额和单位农产品的比值作为计算标准。可见，农业保险的单位保额相对于单位农产品产值越大，农业保险的保障深度就越高，也从侧面反映了农业保险对已承保农户农业收入的保障水平越高，对稳定农户收入风险保障的作用和贡献越大。目前，美国较多农户与农场主种植小麦、玉米和棉花，而这三类农作物的保障广度也是位列美国农业保险农作物保障的前三名，虽然花生、甜菜等农作物种植面积相对较小，但保险深度也基本保持在60%以上①。下图显示的是2010—2019年美国主要农作物的保险深度情况：

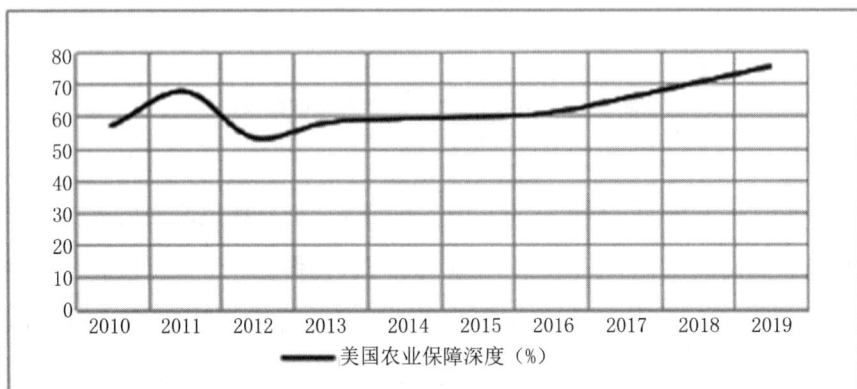

图 2-9　2010—2019 年美国农业保险保障深度变化

2. 价格与收入保障促进美国农业保险反贫困

保障深度促进美国农业保险的优点主要体现在随着保障深度的提高，农产品的价格以及农民的收入得到了保障。以美国棉花产业为例，美国政府针对棉花推出了一项全新的保险政策，即叠加收入保护计划。叠加收入保护计划是专门为棉花种植提供80%保费补贴的保障计划，它主要是针对那些低于联邦农作物保险公司制定赔付标准的农作物，它针对不同预期收入区间，以此划分农作物赔偿机制。2014年，美国颁布了《食品、农场及就业法案》，在此法案中，棉花保险成为农业保险的重中之重。农业保险保费补贴与政策法律保障了承保面积内的单位产值，保障了农民的收入，有利于提高农业保

① 中国农业保险保障水平研究课题组：《中国农业保险保障水平研究报告》，中国金融出版社 2017 年版，第 37 页。

险反贫困效果。2019 年，美国棉花农业保险的保障深度超过 90%，仅次于小麦与玉米。

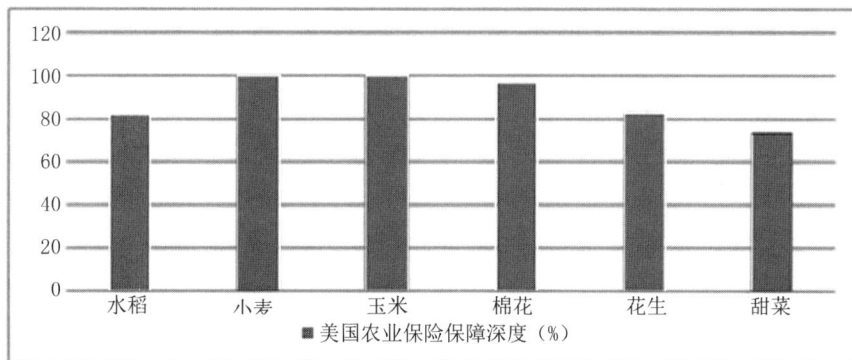

图 2-10　2019 年美国重要农作物保险深度

3. 极端天气与巨灾影响美国农业保险反贫困

保障深度影响农业保险的缺点主要是在极端天气与巨灾面前，农业保险的深度会受到一定的影响。被称为"黑色飓风"的沙尘暴可以说是美国农业保障产生与发展的直接原因，也是美国农业资源保护制度的历史诱因。在 1934 年的沙尘暴灾害影响下，玉米、小麦、燕麦、大米、大豆及棉花的收获面积从 1932 年的 13.09 亿亩减少到 1934 年的 10.32 亿亩[1]。1970 年美国农作物参保面积仅 1.2 亿亩左右，占比不足 10%。1998 年参保面积增加到 10.93 亿亩，占农作物播种面积的 75%。再到 2018 年，美国农作物参保面积已经达到 174.2 亿亩[2]。随着美国财政赤字问题的加重，越来越多的政府官员呼吁减少农业保险的预算。2018 年，《农业提升法案》虽然降低了农业保险的财政预算，但农作物保险的地位并未下降。在灾害面前，虽然美国农业保险财政预算很高，但美国政府财政支出越来越多，高额的保费赔付已经无法全面赔偿农户的种种收入。

---

① 数据来源：美国农业部。
② 资料来源：美国农业部。

第五节　美国农业保险反贫困公平性评价指标

公平一直以来都是社会公众追求的政策目标，公平并不是绝对的，它在很大程度上受到个人主观感受的影响①。关于公平的内涵，可以将公平分为客观公平和主观公平②。农业保险制度与政策的精准性反映了农业保险的客观公平性，而农民对农业保险公平性的主观满意程度正好是农业保险主观公平性的体现。分析美国农民对农业保险的主观认可度的不同造成主观公平性的差异，可以反映农业保险反贫困效果的公平。

一、美国农业保险客观公平性作用反贫困效果分析

（一）美国农业保险客观公平性的体现

美国自 20 世纪 80 年代起，开始探究农业保险保费补贴政策，逐渐扩大农业保险补贴范围与力度，一步一步稳定美国农民的农业生产收入。依据美国政府统计资料，2011—2016 年间，美国农场的平均收入高于美国家庭的平均收入，甚至很多农场主拥有的财富值已经超过了美国普通家庭收入总和的一半③。美国政府 2005—2015 年为投保的农户纯保费补贴率为 58.73%，其中 2011 年和 2012 年的补贴总额超过 70 亿美元。而到达 2019 年农户纯投保率已经超过了 76.3%④。美国政府对农业保险产品的差异化补贴，也体现了农业保险补贴政策的公平性。在保费补贴方面，美国的农业保险保费补贴政

---

① Adams, J. S., *Inequity in social exchange. In L. Berkowitz, Advances in experimental social psychology*, New York: Academic Press, 1965, p.49.
② 邹翔：《完善中国养老保险制度的公平性》，《中国社会保障》2012 年第 7 期。
③ Mitchell, Matthew D., "Ending Farm Subsidies: Unplowed Common Ground." *Social Science Electronic Publishing*, Vol.11, No.7 (2014), pp.12-19.
④ 数据来源：美国农业部。

策是按照保障水平比例不同，实施的差异化政策。在保费补贴政策设定之初，美国政府将保障水平分为 3 个不同层次，并对这 3 个不同层次的保障水平设置了相应的保费补贴标准。美国政府为了大幅提高保障水平和补贴比例，1994 年将原来 3 个层次的保费补贴划分政策细化到 9 个层次，这一政策的施行，大大提升了农民的参保率。之后，美国政府不断调整细化保费补贴率的划分，使之更贴合农民的实际需要，操作性更强，农业保险的政策效果也不断提升。以种植业保险为例，农业保险的保障水平越低，政府的补贴比例则越高。虽然美国的巨灾保险项目（CAT）的保障水平较低，只对农户 4 年以上平均产量的 50% 提供保障，但政府对此实行全额保费补贴。

（二）险种丰富与大力度补贴政策促进美国农业保险反贫困

客观公平性促进美国农业保险的优点是美国农业保险丰富的险种、大力度的保费补贴以及法律的不断完善。在农业保险险种上，根据美国农业部风险管理局统计，2019 年美国财政支持农作物保险品种已有 150 多种，基本覆盖了所有农作物，其中小麦、大麦、玉米、棉花等 10 种农作物的面积承保率已经超过了 90%[1]。在大力度的保费补贴上，2014 年《新农业法案》再次确定了差异化的财政补贴机制，将保费补贴比例提升到了 25%—45%[2]。而《联邦农作物调整法》也是经过 42 年共计 12 次的修订，才成为发展比较完善的农业保险补贴政策。在法律完善上，比如 1994 年该法案修订要求建立农业巨灾保险计划，这一举措一方面是为了提高投保率，增加农户的有效需求；另一方面，巨灾保险赔付可以弥补美国"特别灾害救济计划"对散户以及农场主造成的不公平现象。

---

[1]　资料来源：美国风险管理局。
[2]　饶祎平：《中美农业保险的经营模式与财政补贴政策比较研究》，《世界农业》2017 年第 4 期。

（三）投机现象影响美国农业保险反贫困

在农业保险客观公平性的缺点方面，美国农业保险险种丰富，补贴力度、补贴标准都不相同，会有投机情况的出现。至今，美国收入保险的产品新增10多个品种，主要包括农作物收入保险、收入援助、集体风险收入保护等①。在保费补贴方面，美国的农业保险保费补贴政策是按照保障水平比例不同，实施的差异化政策，让农户有更多选择。但此类政策计划会助长农户的投机性，降低农作物保险的参与率，对农业保险的公平性有不利影响。以美国樱桃投保项目和核桃投保项目为例，农户种植樱桃则以75%的保障水平与85%的偿付指数计算得失，种植核桃则以85%的保障水平与90%的偿付指数计算得失②，由于樱桃与核桃的市场交易价格不同，农户会依据往期价格选择种植种类与承保面积，以此最大化自身利益。

二、美国农业保险主观公平性作用反贫困效果

（一）美国农业保险主观公平性的体现

农业保险对农民生产生活的实际影响可以从侧面反映美国农业保险反贫困效果的主观公平性。自美国1939年试办农作物保险以来，多种灾害性农业保险一直占据农业保险发展的主流方向，但是此类保险只能保障农作物的基本生产价值。而在政府采取的以资源参保方式中，纯保费部分并没有设定政府补贴项目，这对一些中小农场主来说显然是不公平的。这也影响了美国"大危机"期间的农产品价格，农产品价格急速下降，农业保险保障水平也呈现明显的下降趋势，农民收入得不到保障，这降低了农民对农业保险的主观公平性的认知。而20世纪80年代以后，美国政府允许私人保险公司经营

---

① 资料来源：美国农业部风险管理局。
② 数据来源：美国农业部风险管理局。

农业保险，私人保险公司对购买了作物保险的农业生产者提供相应的保费补贴，满足了大部分农业生产者的生产需求。为解决长期困扰农业生产的巨灾损失问题，美国政府还设立了农业风险管理局和联邦作物保险集团，二者共同协调管理农业保险项目，负责制定保险条款与保险费率等政策，同时二者还会向农场主提供保费补贴项目、支持保险公司的运营管理补贴以及为具体承担保险的保险公司提供再保险等责任。2016—2019 年，美国农业保险政策出现了明显的市场化特征，很多保险公司开始运用期货价格手段为农户提供农产品价格保障。

（二）期货期权市场促进美国农业保险反贫困

主观公平性促进美国农业保险的优点在于期货期权市场能稳定价格。美国市场经济所建立起来的衍生市场，很少有联邦政府主动干预的困扰，市场功能在期货和期权市场得到较为完善的发挥，使得保险公司和农民乐于也善于运用期货来对冲农产品未来价格风险，并且基本不会受到市场内价格工具短缺的阻碍，很好地达到了稳定农产品价格的目的。而且新的期货或期权产品在合规范围内都可以比较自由地选择上市，这也确保市场中期货或期权产品充足的供应。此外美国农业保险的各种险种、"保险+期货"的形式以及风险分散体系，保障了农民的收入，体现了农业保险的客观公平性。而在农产品价格稳定的情形下，2017 年和 2018 年全美农作物净投保面积已连续两年突破 3 亿英亩，2018 年净投保面积达 3.35 亿英亩，主要农作物投保率达 87%①。

---

① 数据来源：美国农业部。

表 2-8　2012—2018 年联邦农作物保险运营情况

年份	承保面积（千英亩）	保费（千美元）	赔付率（%）
2012	282941	11116979	157
2013	295423	11807740	102
2014	294468	10072455	91
2015	295263	9767970	65
2016	290201	9328217	42
2017	311653	10072797	54
2018	335042	9896365	70

数据来源：美国农业部。

（三）标的不同分类复杂影响美国农业保险反贫困

主观公平性影响农业保险的缺点在于，繁多的农业保险险种政府机构管理难度。按照不同的保险标的和保险单元，大致归纳为 11 类。按照保险标的不同，划分为以作物为标的和以农场为标的 2 大类产品，而以作物为标的的保险产品又可以划分为以农场平均单产和以区域平均单产为基础的产品。种类繁多的农业保险种类也加大了政府机构管理的难度。以全农场收入保障项目为例，此保险项目适用于任何负债不超过 850 万美元，经营范围为从事种植业、养殖业或种养结合的农场，保险标的为整个农场的收入。在计算赔付指标时，农场收入数据根据美国税务局（IRS）提供的连续 5 年生产者税收申报表和当年农场收入报告确定。拥有 1 种商品的农场根据选择的不同保障水平，可获得基本的联邦政府保费补贴；若拥有 2 种或 2 种以上的农作物，就可获得全农场保费补贴（见表 2-9）。农民投保率越多、农作物投保面积越大、保险种类越复杂，政府管理难度就越大。

表 2-9 全农场收入保障项目保费补贴比例

农场投保作物种类	保障水平			
	50	60	70	80
1 种	67	64	59	—
2 种	80	80	80	80
2 种以上	80	80	80	71

资料来源：美国农业部。

第六节 美国农业保险反贫困的启示

本节将在综合前面几节内容有关美国农业保险发展经验的基础上，结合当前中国农业保险所面临的问题，提出未来的发展方向，以期促进中国农业保险更好地实现防止因灾返贫的效应，达到缩小相对贫困的目的。通过对美国农业保险的"4E"分析，可以看出美国农业保险在经济性、效率性、效益性和公平性等方面存在的成功与不足。纵观中国农业保险发展的历程可以看出，相较美国等发达国家，有"起步晚、发展较慢、过程跌宕起伏"的特点。针对美国农业保险反贫困的成功经验与不足，对中国农业保险的未来发展提出以下建议。

一、完善保险赔付与保费补贴，提高农业保险经济性

美国农业保险经济性指标主要体现在保险赔付与财政补贴上。在保险赔付方面，美国完善的法律、健全的农业保障体系以及多形式的风险分散方式促进美国农业保险的发展，而道德风险、逆向选择以及共享损益的机制也影响了农业保险的发展。在财政补贴上，经营管理性补贴与再保险补贴促进了农业保险的发展，而差异化补贴有时无法满足农户需要。

因此，在提升我国农业保险经济性时，应当完善保险赔付与保费补贴机

制。一是，健全农业保险法律法规。需要针对农业收入保险对《农业保险条例》进行相关补充解释说明，从立法层面进行完善，逐步健全农业收入保险的法律环境。二是，改进农业保险补贴方式。我国政府应在当前对投保农户进行差额保费补贴政策的基础上，积极开展对保险公司经营管理费用补贴的政策，并逐步完善对农业收入保险的再保险补贴机制，同时，在进行差异化补贴时应尽量公平公正，力争最大范围满足农户需求。三是，完善农业保险组织体系。中国要加强农业保险制度运行中相关的立法设计、保险宣传以及保险人才与产品创新，不断加强对保险人才的培养、保险产品宣传方面的资金投入，完善中国农业收入保险的运行体系。四是，注重赔款环节，防止逆向选择与道德风险。赔偿应该快速高效，保证风险补偿资金足额发放，以确保农户的基本生活和再生产的顺利进行，防止道德风险与逆向选择。

二、合理化投保率与赔付率， 提高农业保险效率性

美国农业保险的效率性指标主要体现在投保率与赔付率上。在投保率方面，美国较高的投保率保障了农民的利益，但也加大了政府的财政压力与管理难度。在赔付率方面，美国高效的信息采集系统促进了农业保险的运行，但赔付机制存在的欠缺、实地考察问题影响了农业保险的发展。

因此，在提高我国农业保险效率性时，应当合理化投保率与赔付率。一是，加大财政补贴力度，提高参保率。调整我国农业保险补贴结构，加大补贴力度，并且要新增地区特色农产品以及与轻工业相关的农产品的补贴，以此提高农业保险参保率。二是，加强农户基础数据收集和大数据建设。在加强农产品基础数据积累和大数据建设方面投入更多的人力、物力和财力，让农业收入保险在定价的过程中有详细的农产品产量与价格数据作为参考，使农业收入保险的定价更加准确合理。三是，制定相关政策应当考虑实地情况。对地区差异化补贴进行相应改进，要将东、中、西部地区差异、南北差异、内陆和沿海气候等因素考虑在内，重视补贴对象的科学安排，适当降低

其他领域的农业补贴而增加农业保险补贴。

三、加强风险抵抗与保障水平，提高农业保险效益性

美国农业保险效益性主要体现在风险抵抗力与保障水平上。在风险抵抗力方面，政府的大力支持与合理的调节机制促进了农业保险的发展，而投保期限的限定影响了农民的投保率。在保障水平方面，"保险+期货"的形式稳定了农产品的价格，而巨灾影响了农业保险保障深度。

因此，在提高我国农业保险效益性时，应当加强风险抵抗能力与保障水平。一是，建立合理的调节机制。借鉴美国农业保险的分层管理办法，由中央层面制定农业保险发展的整体规划，地方层面则结合当地的物力与财力开展相关农业保险保费补贴政策。二是，完善"保险+期货"的农业保险模式。政府要充分发挥主导作用，统筹政策制定与补贴运营管理机制，协调各部门实施"期货+保险"的农业保险保障模式，稳步形成具有中国特色的农业保险保费补贴机制。三是，建立完善的农业巨灾风险保障机制。在对不同层次农业风险施行不同强度的风险抵御措施时，也要考虑保险的期限规定，适当延长农业保险投保期限，力争在巨灾发生时，最大化保障农民利益。

四、改善客观与主观因素，提高农业保险公平性

美国农业保险的公平性主要体现在客观与主观两个方面。在客观公平性方面，多类型多种类以及高额的保费补贴促进美国农业保险的发展，而不同类别以及差异化补贴也会造成农户的投机行为。在主观公平性方面，期权与期货市场的发展，对稳定农产品价格起到了至关重要的作用，而政府为了公平性制定的繁多补贴条例加大了相关机构的管理难度。

因此，在提高农业保险公平性时，中国要改善客观与主观因素。一是，创新更多农业保险类型。政府要充分鼓励商业保险公司持续创新，发挥它们在产品设计、市场营销、服务等方面的优势，以此来推动农业收入保险的发

展。同时在创新新产品时，也要制订合理的价格，尽量避免投机行为的产生。二是，善于利用期权与期货市场稳定农产品价格。政府要宽松化期货市场的政策环境，为稳定期货市场发展、加快期权期货产品创新、提升市场运营效率、稳定产品价格提供基础，进一步保障农民生产收入。三是，建立更全面的管理机制。建立更全面的管理机制，将农业保险的实施过程细化到每个部门，详细规定每个部门的责任与义务，以便后续政府实施奖惩机制。

第三章　日本农业保险反贫困的马克思理论分析

日本的农业保险形成了完善的制度框架和运行机制，农业保险起到了反贫困功能[①]。因此，在马克思的反贫困理论框架的基础上，本章从日本农险的技术、制度、成果三个方面出发，通过具体分析法律政策、产品、理赔等环节，考察日本农险的反贫困效果。日本的农业保险模式提高了农业保障水平，但也有一些不足值得反思。并且，本章通过借鉴日本农业保险的成功经验和失败教训，对中国的农业保险提出相关的改进建议，使我国农业保险真正发挥巩固和拓展脱贫成果的作用。

第一节　农业保险反贫困的马克思视角理论分析

当前，中国的反贫困事业已经发展到新的阶段，而解决反贫困问题对于政府与市场的关系是非常看重的，由于中国经济社会的性质正在转型，反贫困的形势变得越来越复杂，因此要以新的全面的视角整体地认识中国贫困问题的本质规律。2020年，习近平总书记指出，我国脱贫攻坚已经取得了决定

[①] 郑军、汤轩、王晓芳：《日本农业保险的制度演变与运行机制》，《宏观经济研究》2016年第5期。

性成就。自党的十八大以来，政府把脱贫攻坚摆在治国理政突出位置，并完成了脱贫攻坚这个任务。但是，与此同时，也要继续巩固扶贫成果，防止返贫问题。农业保险作为农村劳动人口的重要保障之一，可以有效地防止因灾返贫的发生。

在国外发达国家反贫困理论的基础上，构建中国特色的反贫困理论框架，在政府财政补贴的情况下，以经济发展和社会安全网为主要方面，既要实现资源配置的公平也要实现资源配置效率的双重目标来指导中国反贫困事业的实践问题。①。因此，本节通过分析反贫困理论的发展，进而具体介绍马克思反贫困理论在农业保险反面的应用，完善中国农业保险反贫困体系。

一、反贫困理论观点的梳理

在历史的长河中，贫困问题的研究是在"二战"之后，才被作为特定的经济现象被人们纳入理论研究的领域。"消灭贫困"一词在 1945 年联合国成立时才被写进《联合国宪章》，世界各国才开始重视贫困问题，但是，现如今世界贫困人口的规模仍然很巨大，贫困问题也很严峻。所以，为了消灭贫困，很多专家学者研究了反贫困的课题，这不仅对于中国乃至世界来说，都是一个紧迫的课题。本节主要对国外和中国的反贫困理论进行概括介绍。

(一) 国外的反贫困理论

"反贫困"的发展可以看作是人类不断同贫困作斗争，促使人类由落后走向繁荣的历史。而这个概念是由瑞典的一位学者最早提出来的，冈纳·缪尔达尔早期是专攻社会平等问题，在此基础上研究了发展中国家的贫困问题，进而提出了反贫困的概念②。之后随着认识的不断深入，目前从反贫困

---

① 闫坤、于树一：《中国模式反贫困的理论框架与核心要素》，《华中师范大学学报》(人文社会科学版) 2013 年第 6 期。

② ［瑞典］冈纳·缪尔达尔：《世界贫困的挑战——世界反贫困大纲》，顾朝阳等译，北京经济学院出版社 1991 年版，第 123 页。

的过程来看对反贫困的表述主要有三种：减少贫困、减缓贫困和消除贫困，分别强调减少贫困人口的数量、减缓贫困的程度和反贫困的最终目标。而贫困问题也已经由最初的收入贫困，进一步深化和发展到现如今的能力贫困了，由于随着经济社会的发展，物价水平的上涨，人类的最低生活支出也随之上涨，因此，绝对贫困是无法消除的，在反贫困地这条道路上需要人类不断地研究反贫困理论。

国外的专家学者对于反贫困问题的研究，可以总结以下三种理论：一是以庇古、罗尔斯和阿马蒂亚·森等的观点为代表的，应用福利经济学理论研究反贫困问题，从基数效用的角度，考虑效用和收入的绝对水平，强调政府通过财政补贴的再分配提高资源配置的效率，实现收入分配的公平，提高社会福利水平，对反贫困的重要作用，另外还提出了能力贫困的概念，指人类获得收入的能力被剥削；二是以罗格纳·纳克斯、纳尔逊、哈维·莱宾斯坦和舒尔茨等的观点为代表的，应用发展经济学理论研究反贫困问题，从经济的结构和人力资本的角度，强调通过经济的平衡增长以及经济结构的转型来促进经济的增长，发挥对反贫困的重要作用。另外相关的专家还针对反贫困问题，提出了自己的理论观点，如贫困恶性循环理论、低水平均衡陷阱理论、临界最小努力理论和人力资本理论；三是以马克思在《资本论》中的观点为代表的马克思贫困理论，从国家的社会性质的角度，强调资本主义私有制，导致无产阶级在生产条件的匮乏，是造成贫困问题的根本原因，只有通过一系列社会措施，才能消灭贫困，实现共同富裕，使得无产阶级摆脱贫困。

（二）中国特色反贫困理论

不同的国家对"贫困"的界定可能不大相同，贫困定义的表达方式也很多，中国的专家学者对于贫困的理解，主要可以概括为以下三种。第一种：

贫困是指低收入者缺乏基本物质、服务和发展机会，造成社会落后的一种状况①；第二种：贫困是指人们不能合法地获得基本物质、活动的机会，导致不能维持人们的最低生活水准的一种生存状态（康晓光，1995）②；第三种：贫困是人类由于自然环境的贫困和人文面貌的消沉，导致物质和精神生活的贫困的一种文明社会现象③。

中国特色反贫困理论大致可以分为三类：一是毛泽东反贫困理论，从1949—1958年这不到10年的短短时间里，以毛泽东为代表的中国共产党人先后采用了三种不同的路径和实践模式来试图较快地解决中国最大的难题——消除贫困，实现人民经济上的幸福。首先科学分析了中国贫困问题存在的根源，认为只有建立社会主义制度，才能使得中国摆脱贫困问题。其次，对中国消除贫困目标进行了大胆设定，让中国人民过上比较富裕的生活，把中国建设成为一个社会主义工业化强国，实现四个现代化。最后，对消除中国贫困问题进行了战略思考，制定了一个反贫困战略，即重工业的发展在前，农业和轻工业的发展在后，并由前者的发展带动后者的发展；二是邓小平反贫困理论，邓小平从两个层面阐明了反贫困的价值目标，一是国家兴旺、人民富强，即发展国家的经济来富国强兵；二是人民共同富裕，即消除贫困，实现共同富裕。他认为：帮助农村特别是少数民族地区农村摆脱贫困是中国反贫困的着力点；要探索一条通过改革开放，制定并实施由政府主导的扶贫开发战略，大力发展农业，先富带后富，发达地区帮助落后地区的反贫困道路；全国人民必须坚持中国共产党的领导，不忘初心、坚定不移地走中国特色的社会主义的反贫困道路；三是习近平反贫困理论，他强调反贫困是社会主义的本质要求及全面建成小康社会的必要条件，要政府、社会、市场协同推进反贫困的进程，通过创新发展、协调发展、绿色发展、开放发

---

① 童星、林闽钢：《建立中国农村贫困监测体系研究》，《农业经济问题》1994年第10期。

② 康晓光：《中国贫困与反贫困理论》，广西人民出版社1995年版，第8页。

③ 高长江：《反贫困文化：中国乡村跨世纪发展战略》，《中国农村观察》1996年第3期。

展、共享发展的反贫困路径，开展精准扶贫、精准脱贫的举措。

二、马克思反贫困理论视角下的农业保险

马克思在《资本论》中谈到过人们需要保险。在《资本论》中，马克思明确指出，为了应付意外的偶然的事故，保障自己的生命，保险是必不可少的。而农业保险的内涵就是为了应付自然灾害等意外的偶然的事故，保障农业生产者在生产过程中所遭受的经济损失的保险。日本的农业保险就是顺应社会的生产而发展起来，中国的农业保险也要顺应社会的需要。

马克思在《资本论》中指出反贫困理论，旨在提高人民群众的生活水平。因此，马克思的反贫困理论可以将其概括为三个要点：第一，在制度决定层次上，资本主义国家的贫困问题是其制度的必然产物，资本家和无产阶级的贫困差距已是不争的事实，而且在危机发生的时候贫困现象更为严重。资本主义欠发达国家贫困问题更为严重，因为其不能很好地运用社会福利政策缓解贫富差距；第二，在技术基础层次上，当不变资本增多，可变资本减少，也就是资本有机构成提高的时候，劳动者就业必然变得困难，新增的就业人口大于退出的就业人口，使得失业工人遭遇贫困的情形；第三，在表现形态层次上，对流动的形式、潜在的形式和停滞的形式，三种过剩人口情况进行了总结，分别是指工作不稳定的工人、农村的过剩人口和为城市加工在家里干活的城乡居民，过剩人口使得家庭生活贫困和发展不平衡、不充分。由上可以总结出马克思在《资本论》中是从以上三个不同的层次对反贫困理论进行了分析，这也是马克思反贫困理论的内在逻辑体系所在①。马克思主义反贫困理论对贫困问题的解决做出了最科学正确完整的理论阐述（华正学，2012）②，马克思关于消除贫困、追求人的全面自由发展的反贫困理论

---

① 陈锋正：《试用马克思贫困理论分析中国贫困问题》，《贵州财经学院学报》2007年第4期。

② 华正学：《胡锦涛同志对马克思主义反贫困理论中国化的新贡献》，《毛泽东思想研究》2012年第3期。

对于正确认识、解决当今社会的贫困问题仍然具有重大意义①。因此，社会制度应当主动地对农民的财产起到一个保障的作用，才能更好地防止农民陷入贫困或者返贫。应当与中国社会主义公有制的先进制度相结合，给予广大农业劳动者充分的尊重，才能真正实现消除贫困②。

贫困问题长期以来都是国内外政府面临的一个重大社会问题，有关农业保险反贫困绩效的研究一直都是相关专家学者的研究重点。国外有学者研究发现，美国政府如果为农户提供足量的财政补贴，就能带动整体农险的保障功能，这样能起到更好地防止农民返贫的效果③；另外，有学者认为，农业保险和储蓄、信贷等的基本效用是相同的，是为了分散风险，减少农户陷入贫困的可能性④。这些普惠金融的措施，在一定程度上的定量分析中，被证明可以显著提高农业生产力⑤。另外，有学者通过在美国的埃塞俄比亚北部一个干旱多发地区进行研究，发现保险需求随着补贴的减少而迅速下降，且与时间和风险偏好无关。并且建议保险计划应该包括有助于确定鼓励农民而采用的机制。在进行农业保险补贴的同时，还需要在保险的设计、推广和捆绑技术方面采取其他补充战略⑥。

在中国，习近平扶贫论述是在新时代和新矛盾中对马克思反贫困理论的坚持和创新。习近平扶贫论述的理论特质充分体现在实践基础、价值原则、

---

① 王朝明：《马克思贫困理论的创新与发展》，《当代经济研究》2008 年第 2 期。

② 孙咏梅：《马克思反贫困思想及其对中国减贫脱贫的启示》，《马克思主义研究》2020 年第 7 期。

③ Babcock, Bruce A. and Hart, Chad E., "A Second Look at Subsidies and Supply", *Iowa Ag Review*, Vol. 6, Iss. 1 (2015), pp. 35−46.

④ Morduch J., "Income Smoothing and Consumption Smoothing", *Journal of Economic Perspectives*, Vol. 9, No. 3 (1995), pp. 103−114.

⑤ Peprah, JA; Koomson, I.; Sebu, J.; Chei, B., "Improving productivity among smallholder farmers in Ghana: does financial inclusion matter?", *Agricultural financial review*, 2020.

⑥ Ho Lun Wong, Xiangdong Wei, Haftom Bayray Kahsay, Zenebe Gebreeziabher, Cornelis Gardebroek, Daniel E. Osgood, Rahel Diro. "Effects of input vouchers and rainfall insurance on agricultural production and household welfare: Experimental evidence from northern Ethiopia", *World Development*, 2020, 135.

时代创新和科学思维等方面，展现了马克思主义普遍性、客观性、体系性和逻辑性的科学理论品质①。目前，国内已经有大量的文献资料研究马克思主义反贫困理论，但是大多数都集中在思想和经济的指导意义上，对于运用马克思反贫困理论解读农业保险的保障水平和反贫困绩效方面的文献资料是比较少的。我国学者从不同角度针对贫困问题与反贫困策略进行研究，提出了不同的见解，在对连片地区贫困与反贫困问题的研究中，研究方法的使用各有差异，但更多地侧重于定性分析。一方面，目前集中连片特殊困难地区已成为我国扶贫攻坚的主战场，片区贫困问题的研究对于扶贫工作的进行具有重要的指导意义，然而集中连片特困地区的扶贫开发研究仍处于探索阶段，还没有引起国内学者足够的重视；另一方面，我国学者对集中连片特困地区的扶贫研究集中在定性分析层面，定量实证分析的缺乏，使反贫困政策建议的提出缺乏针对性与说服力②。

对于农业保险的反贫困绩效的发展研究，众多学者均提出，应从健全农业保险体系，优化相关法律法规，加大财政支持力度，建立风险分担机制等方面来改善中国的反贫困机制，发挥农业保险的脱贫带动效应③④⑤，其中，一方面有学者通过模拟不同的政府财政补贴的方案下，农民对农业保险的购买与否与保障水平的高低，来分析农业保险对农民收入的影响，进而发现农民的收入水平，在一定程度下，是随着保费补贴比例和保障水平的提高而提高的⑥。

由上述分析得出，农业保险对于防止农民陷入贫困有较好的效果，但是

---

① 王小琼、陈根来：《习近平扶贫论述的理论特质分析》，《中共天津市委党校学报》2021年第1期。

② 徐满厚：《山西吕梁山区生态环境与经济贫困综合研究》，2019年。

③ 刘京生：《构建多层次农业再保险保障体系》，《中国金融》2006年第11期。

④ 徐志明：《中国贫困农户产生的原因与产业化扶贫机制的建立》，《农业现代化研究》2008年第6期。

⑤ 庹国柱：《中国农业保险制度的改革与发展》，《保险研究》2017年第9期。

⑥ 邢鹂、黄昆：《政策性农业保险保费补贴对政府财政支出和农民收入的模拟分析》，《农业技术经济》2007年第3期。

需要农险具备良好的制度。本章将从三个方面展开论述：其中，制度决定为技术基础和表现形态提出原则性的要求和方向，众多学者认为日本的政治体质特点和根本属性，是制度决定的重要内容；农业保险的风险覆盖范围以及针对不同农业保险产品的理赔方式体现了技术基础的重要内容；农业保险的保障水平和赔付率则体现了表现形态的重要内容。本章的研究目的是通过介绍日本农业保险的现实情况和为日本农险反贫困做出的贡献，来梳理农业保险反贫困机制。并且，在分析过程中，本章探讨了日本农业保险反贫困的不足。2020 年的中国正处在巩固脱贫成果的关键时期，借鉴和反思日本农险机制可为中国农业保险真正起到反贫困的效果。

第二节　日本农业保险助力脱贫攻坚的制度决定

马克思主义反贫困理论指出一个国家贫困问题的根本原因是制度问题，阻碍农业保险发展的根本原因就是农业保险制度的不适应①。农业保险的国家发展战略反映了资本主义国家和社会主义国家对通过发挥农业保险的功能进行产业脱贫重视程度的不同；农业保险的法律政策环境反映了国家从立法角度对农业保险发展的支持及政府对农业保险发展做出的举措，这两个指标说明国家对建立完备的农业保障体系进而消除贫困的本质要求不同。因此，这两个指标可以体现出政府对农业保险制度建设的重视程度。日本政府从制定规章、法律、声明以及用财政补贴的方式鼓励农民进行投保。本节主要从整体的发展战略和政策环境两部分展开说明。

一、日本农业保险的反贫困战略制度

日本作为一个农业大国，由于地理位置的原因，自然灾害发生的频率

---

① 《资本论》第 3 卷，中共中央马克思恩格斯列宁斯大林著作编译局译，人民出版社 1975 年版，第 589 页。

高，范围大。农作物遭受的风险极大。一旦发生自然灾害，农民损失将会极大，很容易掉入贫困陷阱。由农业保护理论可知，由于粮食安全需要、农产品生长周期的特殊性以及解决就业等原因，在国民经济发展过程中，政府必须要采取一系列保护措施，使农业经济与其他国民生产经济相适应。农业保护政策则是政府介入农产品市场，通过提高价格或降低生产成本的方式，使农业劳动者受益①。近年来，为有效保障农民利益，防止农户返贫，日本为实现由原先"保守型"向"开放型"农业发展战略转变的目标，在 2018 年制定了《农业共济制度》，确定了日本农业保险的政策方向："强化农业经营主体培育，促进农业稳定、发展和农业技术推广，提升农民收入，提高农业市场竞争力。"

（一）日本农业保险反贫困的国家发展战略

1. 政府大力完善农业保险的反贫困功能

日本农业保险战略强调主动出击和逐步完善，在更大的损失到来之前开展行之有效的措施应对，这也正是其优势所在。在造成农民更大的损失之前，积极主动地对农险进行调整，以期望获得一个更大的反贫困效果。2010 年到 2021 年这十多年间，日本政府根据市场局势变动和农业管理不善的地方进行了农业保险政策的相关调整。2013 年日本政府已初步提出设立农业收入保险的提案，并最终于 2019 年开始实施。该保险广泛地补偿了农民在农业生产经营中无法避免的收入下降，包括自然灾害导致的产量和价格下降。目标收入是农民自己生产和销售的农产品的全部销售额。同时制订了实施农业收入保险后的追踪方案，对应计划，修订"农业保险法"，并加以实施。同时制订了监督方案，计划在该保险实施后进行调整。2015 年 3 月，在日本农林水产部长会议上发布了由内阁决定的第四次"粮食·农业·农村基本计划"，提出了未来五年全国农业发展的施政基本方针、粮食自给率目标以及

---

①　速水佑次郎、神门善久：《农业经济论》，1986 年。

综合施政策略等。从 2000 年开始第一次提出该计划，日本政府每隔五年会根据农民以前的生活情况提出新的目标来保障粮食的安全、改善农业结构和提高农民的生活水平。2017 年 1 月，日本首相安倍晋三在第 193 届国会中指出相对贫困率指数近 15 年一直呈增加的趋势，但 2017 年该指数出现了下降，尤其儿童的相对贫困率下降了两个百分点，降至 7.9%①。因为日本资源极端匮乏，自然灾害频发，而且人口密集，所以日本为了追求国家的经济发展，非常重视农民的生活水平的保障，在 2019 年实施收入损失保险，使得每个农民的收入都有保障。日本作为资本主义国家，虽对农业保险的补贴力度非常大，但是其农业保险发挥的扶贫功能非常有限，主要是为了提高市场效率，避免市场失灵，保险扶贫只是其副产品。

自新冠肺炎疫情暴发以来，日本政府采取了一些财政补贴项目，以期望帮助农业管理组织和农民渡过难关。2021 年 1 月 1 日起执行的《紧急保障农业劳动力目标期限的延长》，是针对由于新冠病毒感染的影响而导致劳动力减少的农业管理机构，雇佣替代人员的时候，政府补贴额外要交的保险费用。该政策延长了政府提供财政补贴的期限，由原来的 2020 年延长至 2021 年 3 月。补贴项目包括保险费、交通费、住宿费以及劳务费。

表 3-1　2013—2021 年日本农业保险的相关政策文件的梳理

时间	部门	文件名称	主要内容
2013 年 10 月	农林水产省	《设立收入保险制度的通知》	保证大米和蔬菜等农产品价格大幅下跌的时候的农业的稳定经营
2015 年 3 月	国会	《粮食·农业·农村基本计划》	完善了养猪农业和果树农业的振兴计划的基本方针
2016 年 8 月	国会	《TPP 中的农民收入保险制度的草案》	如果发生进出口产生农业产品的价格问题，日本政府会保证农民的收入大概能达到他们近 5 年的平均收入的 8 成。

---

① 数据来源：日本首相官邸网站。

时间	部门	文件名称	主要内容
2017 年 1 月	国会	《农业竞争力强化支援法案》	制定了对农业的保护政策，特别是制定了对无人农机的推广
2018 年 4 月	国会	《农业收入保险制度》	制定了农业经营收入保险，同时国库将负担保费的一部分
2019 年 1 月	农林水产省	《农业经营收入保险合同指南》	宣布农业经营收入保险的正式实行，并表明了收入保险的投保流程，保险范围，注意事项等
2021 年 1 月	农林水产省	《紧急保障农业劳动力目标期限的延长》	针对由于新冠病毒感染的影响而导致劳动力减少的农业管理机构，雇佣替代人员的时候，政府补贴额外要交的保险费用

资料来源：农林水产省官网。

2. 政策的主要目的是经济发展而不是反贫困

尽管日本农业保险战略与政府行动高度一致，但由于政体原因，农险起到反贫困的作用并不是十分明显。日本是资本主义国家，资本主义的实质是资本家通过无偿占有劳动力生产的剩余价值积累财富，而劳动者只能获得所必需的生活资料。随着资本主义社会的发展，资本家也就是资产阶级会越来越富裕，而劳动者也就是无产阶级却越来越贫困，贫困是资本主义制度的必然趋势。这一点可以从日本的基尼系数和贫困率看出。日本的基尼系数在1999 年为 0.472，在 2017 年升至 0.5594。由此看出日本的贫富差距正处于一个不断扩大的阶段。日本政府对此采用了规模较大的再分配方式，就是向高收入者收取高税率，然后通过财政补贴等形式帮助低收入者解决困难。1999 年的再分配收入基尼系数为 0.381，2017 年为 0.3721，与 1999 年相比反而有稍微的降低，这说明主要是政府的再分配工作起到了作用，而不是如农业保险政策等其他模式。2020 年，日本农民的年收入约为 300 万日元—600 万日元，平均约为 450 万日元。日本人的年收入约为 420 万日元，因此农民的年收入与平均水平大致相同。而日本的贫困率在 2018 年达到了 15.7%①，相比于发展中国家贫困率很低，但在发达国家中并不突出。

造成这一现象的主要原因是，日本在成为经济大国后最新的战略目标是成为政治大国，日本长期以来实行的都是以经济为中心的发展战略，主要追求 GDP 的增长，所以日本农民的贫富差距非常大，对于农民的贫困问题日本政府仅仅发挥临时救助的功能，因此农业保险发挥的扶贫功能是非常有限的，主要是用于提高市场效率和弥补市场失灵。

（二）日本农业保险反贫困的制度

1. 建立了完善的三级农业保险组织体系

日本农业保险之所以能起到反贫困的作用，与三级组织体系的运营密不可分。日本农业保险的制度，最初是效仿仓储设置的公共救济制度，然后在上述基础上完善了农业保险立法制度的运行和设立了监管部门，最后发展到现如今的在政府支持下的，以共济、保险、再保险为主体的三级组织体系。三级组织体系也随着日本农业保险制度的发展，也在不断完善优化中。日本农业保险三级组织体系指的是，政府不直接参与经营，而是间接地给予政策上的补贴支持，主要结构是由以市、町、村为一级的农业共济组合（第一级）、以都、道、府、县为一级的农业共济组合联合社（第二级）和农业共济再保险处在的农林水产省（第三级）。三层组织相互联动，形成三重风险保障机制。

日本政府对农业保险的财政补贴也分成了三个部分。第一，纯保费补贴是对购买保险的农民提供的补贴；第二，业务费用补贴是对联合会和共济组合的经营费用补贴；第三，再保险支持补贴是针对联合会再保险组织的经费补贴。下图展示了近五年内日本政府对农业保险的补助预算②。由数据可得

---

① 数据来源：日本厚生劳动省官网。
② 刘晓丹：《日本农业保险财政补贴机制研究》，《中国保险》2018 年第 9 期。

知，日本政府对经营农业保险的主体的补贴逐年减少，从 2016 年的 8800 万日元下降到 2020 年的 8400 万日元①。而农业保险国家补贴和农业互助事业办公费用补贴这两项维持稳定的水平。这可能是因为保险经营主体的运营已经从起步逐渐走向成熟。

另外，如图 3-1 所示，这种以农户与合作社、联合社、政府相互协作形成的日本农业灾害补偿体系，保障了日本农业保险的快速发展。第一级农业共济组合，也就是合作社，是由许多农户自发组成的，农户向其缴纳共济金，其再以保险费的形式向联合社缴纳，当农户发生保险事故时，其从联合社申请保险金，再以共济金的形式向农户返还；第二级农业共济组合联合社，也就是联合社，其将从合作社收取的保险费，以再保险费的形式转移给政府，政府再以再保险金的形式返还给其，其再以保险金的形式返还给农户；第三级农林水产省，也就是政府，政府为合作社和联合社提供保险事物

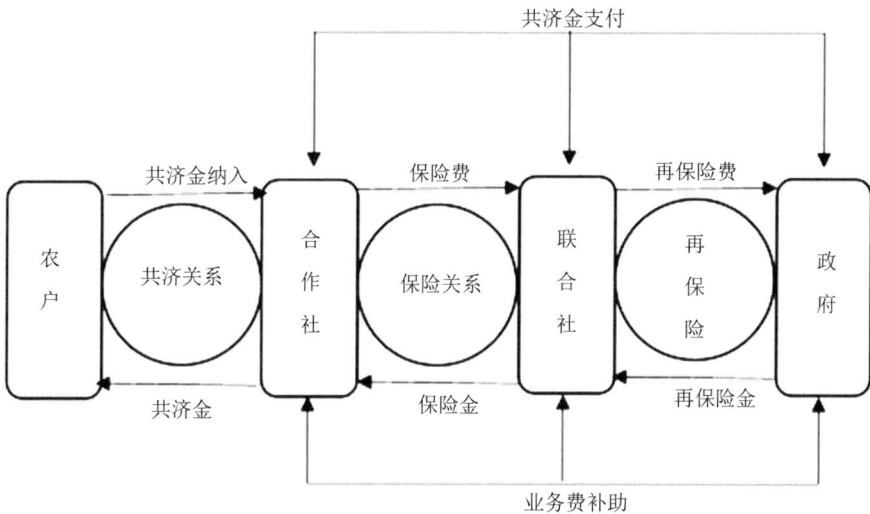

图片来源：日本农林水产省网站。

图 3-1 日本农险三级风险分散结构

---

① 数据来源：农林水产省网站。

补助费用，因此相当于农户缴纳的保险费时，是受到政府的财政补贴的。由上述分析可知，农业的风险是由农民、合作社、联合社和政府一起承担的，减轻了农民的负担，为农民投保农业保险给予保障，此外，日本政府对于农业保险的投保，部分农产品和农民是采取强制投保的，保障了日本农业保险三级组织制度的稳定性。

2. 老龄化导致农业保险共济制度效用减弱

然而，由于日本社会人口构成的变化，日本农业灾害补偿体系出现了参保人数减少的问题。灾害补偿体系的第一级，农业共济组合构成的关键因素在于农户。由于日本老龄化现象逐渐严重，且工业化导致农村劳动力向城市流动，这两大原因造成了农业经营主体的减少，农业人口的急速减少可由统计数据反映出来。根据农林水产省的调查显示，2010 年的"农业劳动人口"约为 260 万人。但是，自那时以来，该数字每年继续减少约 1 万人—5 万人，到 2019 年已降至 168 万人，2020 主要农业工作者人数仅为 136 万人。在 136 万人中，有 70% 的人，就是 65 万人年龄在 65 岁以上。在日本农业劳动人口中，自雇的核心农业工人人数在 2010 年约为 205 万，而在 2019 年约为 140 万[1]。尽管日本政府已经提供了补贴力度较大的农村养老保险政策，但并没有阻止农村劳动人口的减少。

保险的特殊性决定了其参保数量越多，控制风险和均摊损失的能力越强。而农户数量的减少，会直接影响整体参保人数下降，降低保险的风险分摊能力，因此影响了农业共济组合的运行。

二、日本农业保险反贫困的政策法律

（一）日本农业保险的法律环境

1. 建立了完备的农业保险法律

当前在世界反贫困领域内不同程度地存在政府失灵、市场失灵的现象，

---

① 数据来源：日本农林水产省网站。

贫困差距有进一步扩大的趋势。日本在反贫困领域便是如此。而日本的农业保险虽然主观上是为了提高市场效率，避免市场失灵，但客观上发挥了一定的扶贫功能和作用，所以为了更好地发挥农业保险的机制，日本政府特别注重法律政策环境的建设。由于农业保险不具营利性，依靠倾斜性制度保护，推进政策性农业保险对日本来说是非常重要的，所以立法先行是日本农险成功持续健康推行的重要前提①。

　　20世纪日本政府开始重视农业保险的相关法制和监管建设，到现在已经形成了一个非常完备的保险制度体系。1929年日本颁布了《家畜保险法》，主要加强了牛、马、猪等家畜的保险保障；1938年颁布了《农业保险法》，主要加强了小麦、水稻等农作物的保险保障；第二次世界大战战后的1947年，日本政府通过对上述两部法律的合并与修订，颁布了《农业灾害补偿法》，该部新法规定了农业保险实施的相关细则，扩大了保障对象的范围，并启动了农业灾害补偿计划，是目前日本农业保险的主体法律；1952年颁布了《农业共济基金法》，该部法律建立了农业共济基金，主要为了应对灾损赔偿金不足的情况②。2017年，在《农业灾害补偿法》的基础上增加了农业收入保险和加强农业管理安全网两个项目，并更名为《农业保险法》，并于2019年开始执行。为了保证农业保险政策的有序运行，日本政府会对农业保险的法律政策不断地修改完善，提高农户投保的积极性和主动性，说明了日本政府对农业保险制度建设的重视，使得农民的生活保障有法可依，在一定程度上保障了农民的剩余劳动价值不被他人所占有，进一步缩减了贫富差距，提高了市场效率，进而客观上促进了日本在反贫困领域的建设。

---

　　①　黄博琛：《日本农业保险发展研究》，《世界农业》2017年第6期。
　　②　鲍文：《中日农业保险体系比较与借鉴》，《理论探讨》2013年第2期。

表 3-2   20 世纪以来日本农业保险的相关法律文件的梳理

时间	发文单位	文件名称	主要内容
1929 年	国会	《家畜保险法》	宣布对家畜的保险保障
1947 年	国会	《农业灾害补偿法》	启动了农业灾害补偿计划
1952 年	国会	《农业共济基金法》	规定建立农业共济基金
1961 年	国会	《农业基本法》	改进农业结构，实现农业生产技术现代化
2018 年	国会	《农业收入保险制度》	修订目前的农业保险体系，改变强制保险制度
2019 年	国会	《农业保险法》	在《农业灾害补偿法》的基础上增加农业收入保险和加强农业管理安全网

2. 法律的保障思想是互助共济而不是补偿

日本的农险体系要想起到真正的反贫困的作用，应当做的是在农民遭受损失时给予及时的补偿，以避免其陷入贫困。但是，日本农险的基本立场是互助共济而不是收入补偿，这大大减少了其反贫困的效能。目前的法律体系整体上是对日本农业互助组织起到一个规范作用。但是，由于日本目前的农业工作者中，老年人和兼职农民占了较大的比例。例如，2020 年，70%的农民都是 65 岁以上的老人[①]。这部分人群大多不具备农业生产风险管理的能力，经营意愿比较低，因此农业保险的互助共济意识就逐渐淡化了。尽管 2019 年日本政府开始实施农业收入保险，但还是以共济的思想为前提。道德风险和逆选择威胁着包括收入保险在内的农业保险。农业保险法律应该适当适应国家农民群体的变化和意识。日本农业灾害补偿制度应该纳入收入补偿体系而不是互助共济。

（二）日本农业保险反贫困成就的法律成因

1. 立法完备，机制稳定，费用界定严格

日本农业保险三级组织制度的成功实施，分散了农业面临的风险，降低

---

① 数据来源：日本厚生劳动省网站。

了农业灾害的损失，保障了农户的收入，减缓了农户的贫困①。因此，接下来从三个层面分析日本农业保险反贫困成就的法律成因。

首先，日本的农业保险立法是比较完备的，立法先行是日本农业保险制度成功实施的重要保障。日本有关农业保险的法律是出现较早的，现在发展也较完备，比如上述日本农业保险反贫困的法律环境的介绍中《家畜保险法》《农业保险法》《农业灾害补偿法》《农业共济基金法》等。日本农业保险法律体系的成功之处，在于其规定了日本的农业保险是政策性保险，经营农业保险的组织是不以营利为目的，相反以维护农户的利益为最主要的。虽然是政策性农业保险，但是政府的定位非常准确，政府不直接参与农业保险的经营，而是对合作社和联合社给予补助和监督②。日本农业保险立法的完善是被专家学者公认的，有很多专家借鉴日本农业保险的经验来完善中国农业保险的发展③④⑤。

其次，日本的风险分摊机制是稳定的，日本的灾害补偿体系是以合作社、联合社和政府构成的三级组织机构，比如上述介绍的日本农业保险的制度结构，政府为合作社和联合社提供保险事物补助费，帮助农户分摊农业灾害的风险。根据《农业灾害补偿法》的安排，日本政府补贴负担的比例均在50%以上，其中农作物保险中基准保险费率大于3%的部分，国库会负担55%的比例，这说明农业的灾害损失将在全国范围内消化，保障了农户的收入，防止其陷入贫困，为农业风险分摊机制的稳定运行打下基础⑥。以2011年日本东北大地震为例，正是因为日本稳定的风险分摊机制，帮助日本从灾

---

① 路瑶：《日本的互助合作农险模式》，《中国金融》2012年第8期。

② 刘燕妮：《日本的农业灾害补偿制度简介》，《中国保险》1996年第6期。

③ 张玉环：《美国、日本和加拿大农业保险项目比较分析》，《中国农村经济》2016年第11期。

④ 郑军、汤轩、王晓芳：《日本农业保险的制度演变与运行机制》，《宏观经济研究》2016年第5期。

⑤ 马丽华：《国外农业保险巨灾风险分散模式及其启示》，《世界农业》2017年第4期。

⑥ 焦必方、林娣：《由日本东北大地震看日本现行的农业灾害补偿制度》，《现代日本经济》2011年第4期。

后恢复。

最后，日本的保险费和事物费的界定是严格的，保险费是由合作社向农户收纳的共济金构成的，事物费是政府为合作社和联合社的补贴。按照《农业共济基金法》的规定，联合社收取的保险费只能用于投资增值，不得用于事物费中，而获得的增值可以为农户提供防灾防损的服务；事物费来源政府的补贴和手续费等。日本农业保险的相关资金运用是非常合理的，首先，保障了灾后损失的资金流向的稳定，其次，减少了农业灾害损失的发生，最后，提高了农户投保的积极性和主动性[①]。根据《农业共济基金法》，对农业保险资金的运用有详细规定，而且随着日本的发展，该法也在不断完善，在一定程度上保障农业保险经营的稳定性，使得农业保险组织机构不敢滥用保险资金。

2. 未根据现实因素进行法律调整

尽管日本农险的法律出现时间早，并且制定详细规范，但日本农险的法律并未考虑时代老龄化的出现而进行调整，这将降低日本农险反贫困的功能。近年来，随着日本人口老龄化、过疏化等问题的出现，为提高农业共济组合的运营效率，出现了农业共济组合合并的现象，导致农业共济组合数量减少。从 2013 年到 2020 年，日本的农业共济联合的数量从 38 变为 3，农业共济组织的数量从 241 变为 67[②]。共济组织的减少意味着风险分摊能力变弱，这增加了农民贫困的风险。日本国会应充分考虑农业共济组织减少的问题，由此对目前存在的法律进行适当调整。

第三节　日本农业保险助力脱贫攻坚的技术基础

贫困问题一直都是困扰一个国家发展的主要问题，马克思主义反贫困理论指出贫困与一定的生产力发展水平相联系，因此对农业保险发展水平影响

[①] 郭永利：《日本的农业灾害补偿制度》，《中国保险》2007 年第 8 期。

[②] 数据来源：农林水产省网站。

因素的研究意义就非常重大①。农业保险的风险覆盖范围保障农业保险经营的稳定性，体现了农业保险的保险责任范围以及社会风险管理的功能；农业保险的理赔方式体现了国家以及保险组织或者机构的发展水平，以及发挥保险的经济补偿功能，解决贫困问题的能力。因此，这两个指标体现了农业保险在技术基础方面对反贫困机制的作用。

一、日本农业保险反贫困的风险覆盖范围

（一）日本农业保险反贫困的对象

1. 反贫困对象精确完善

日本的农业保险与一般的商业性保险不同，政府会对农业保险实施再保险，而且保险责任范围包括全国范围内的农作物和家畜，其中具有一定规模的农户要求强制性投保，经过几十年的发展，在推动日本现代化农业建设中发挥了很重要的作用。从农业保险的风险覆盖范围来看，农业保险的保险责任范围都是一切险，其农业保险的经营是非常成功的。从农业保险的风险管理方面来看，伴随着农业保险的保障范围及覆盖面在近年的发展中不断扩大，农业保险虽然主观上是为了提高市场效率，弥补市场失灵，但是在客观上发挥扶贫的作用也很大②。

日本农业保险的扶贫对象较为精确完善，同时保险业务种类齐全，而且还仍在完善补充当中。日本农业保险最初保障的农业作物只有农作物和家畜，但随着农业和经济的发展，农民需求的变化，日本农险的保障对象和业务范围也在不断扩大和完善。20 世纪 70 年代，日本政府开展了新保险计划，新增水果、园艺等新作物的保险内容。1985 年又继续扩充主要农作物的范围，放宽水稻的进入标准，并进一步对园艺保险这类新项目的保障对象进行

---

① 李少荣：《马克思主义反贫困理论的发展及其指导意义》，《理论探讨》2006 年第 1 期。

② 邓道才、郑蓓：《中国"合作社式"农业保险模式探究——基于日本农业共济制度的经验》，《经济体制改革》2015 年第 4 期。

了扩充与完善（见表3-3）。

表3-3　日本农险的保险对象

业务分类	保障对象
农作物方面	水稻、小麦、旱稻等作物
家畜方面	牛、猪、马等家畜
水果、果树方面	常见水果或者果树
经济作物方面	大豆、油菜等经济作物
园艺设施方面	温室大棚、农业设备、园艺设施

资料来源：日本农业共济协会网站。

2019 年，日本推出了新的农业保险方式——农业收入保险。之前，在农业共济制度下产生的众多农业保险，主要应对的是天气等自然灾害造成的损失。但是当面临的是经济风险而不是自然风险时，农户就得不到保障。农业收入保险应运而生。这类保险主要保障的是农业生产者因为自然或者经济的原因造成的收入的减少。目前，农业收入保险是自愿参保的。日本政府限制了参加此类保险的对象，只有当农业生产者达到一定规模时才被允许参保。

2. 缺乏农业保险反贫困功能的组合保险

日本农作物保险的保障对象范围极广，从水稻、小麦到果树家畜都有涉及。但是，其中存在一个比较严重的问题，那就是单个保险产品的保障对象单一，缺乏农业保险的组合产品。例如果树类的保险只保障果树，旱田作物的保险只保障种植作物。21 世纪生态农业发展势头良好，多种农产品组合生产具有较大的经济效益和生态效益。从农林水产省的作物统计来看。农作物中，2020 年，大豆种植面积为 141700 公顷，小豆种植面积为 26600 公顷。而果树种植中，果园占地 268100 公顷，占总耕地面积的 6.1%。牧场占地 595100 公顷，占总耕地面积的 13.6%[①]。畜牧业和果树种植已经开始占据耕

---

① 数据来源：日本农林水产省网站。

地面积中一个不可忽视的比例。而生态农业最容易把果树种植和养殖业相结合。因此，农业保险组合产品的设计和推行是有较大需求的。日本有不少农户进行着多种农产品的生产活动，要求对农业保险的保障对象范围较大，现行的农业保险制度无法满足这种保险需求。

（二）日本农业保险反贫困的保险产品

1. 提供了完善的多种农业保险产品

日本的农业保险制度是以保险合作社、农业保险组合联合会和政府为中心的三级组织机构，并且构成了三重风险保障，这为农险反贫困提供了防灾防损支持。日本的农业保险具体产品种类包括：农作物保险产品、畜牧业保险产品等（具体详细见下表 3-4），保险责任范围都是一切险。日本农业保险产品的保险费率是由农林水产省根据受灾率情况设定基准费率，各个合作社再根据自身的情况以基准费率为基础设定适合本地区的保险费率。日本农业保险制度的实施，分散了农业生产者生产过程中遇到的风险，稳定了农业生产者对农业生产经营的能力，最大程度地降低了农业遭遇灾害的经济损失，而且还有利于减轻政府救灾的财政负担，在一定程度上提高了市场效率，弥补了市场失灵。

表 3-4　日本农业保险的保险产品

农作物保险产品				温室保险	林业保险
多风险农作物保险	指定险	农作物收入保险	指数保险		
有	有	无	无	有	有
畜牧业保险产品					水产养殖保险
一切险	死亡保险	流行疫病险	其他	指数保险	
有	有	有	无	无	有

资料来源：日本农林水产省网站。

2. 农业保险产品中出现了功能重复问题

尽管日本农业保险的种类比较完备，但是产品中出现了重复问题，可能产生道德风险。因为这可能对个别想从中不当牟利的投保人来说是有利的，但是会破坏整体农险机制的运行，总体来说对农险反贫困有害无利。农业保险产品中，2019 年新出现的收入保险与农作物保险可能存在一定的功能重复问题，保险产品补偿收入功能的重复会产生道德风险问题。

对农作物保险和收入保险比较发现，只有在产量较高的时候，作物保险才不提供保险金，在产量低的同时，无论价格高低，作物保险和收入保险都将支付保险金。通常价格随着收益率的上升或下降而与收益率相反，因此需要考虑担保水平。在很多情况下，即使收成不好，支付的保险金也不会太大。相反，如果产量低且价格下跌，它将对农业管理产生巨大影响，但是收入保险可以通过支付大量保险金来确保一定水平的收入。当收益和价格较低时，收入保险是最有效的。作物保险中只有农作物保险是强制要求加入的，而其他农作物保险和收入保险都是自愿参加的。由于保险产品的赔偿特点，二者存在重复投保的交叉点。

表 3-5　日本作物保险和收入保险比较

	作物保险	收入保险
高产量，低价格	不支付保险金	因价格下跌而导致收入减少的情况下可能会支付保险金
低产量，高价格	保险赔款是根据收益率的下降程度和承保时确定的保证价格计算的	考虑由于价格上涨而导致的收入增加，因此保险金可能少于农作物保险的钱
低产量，低价格	保险赔款是根据收益率的下降程度和承保时确定的保证价格计算的	除了产量下降外，还将为因价格下降而导致的收入下降支付保险

资料来源：日本农林水产政策研究所网站。

二、日本农险反贫困的理赔情况

（一）日本农业保险反贫困的理赔方式

1. 完善的三级灾害赔偿体系

日本中央省厅下设农林水产省，统筹管理日本农业的灾害预防和救助事物，代表国家为日本农业共济体系制定政策和计划，并保证其正常运行。日本的农林水产省和农业共济组合、农业共济组合联合会共同构成了日本农业灾害补偿体系，为日本农业共济体系的有序运转提供了强有力的外部保障，从而提高了农户生产经营的效率，弥补了风险损失，进而提高市场效率，避免市场失灵[①]。

日本在农业保险产品的灾后理赔等方面的规定是比较完善的，主要是因为日本的农业灾害补偿体系包括三级机构。当投保农户在农业生产经营过程中发生灾害损失，首先，向基层的农业共济事业的农业共济组合提交灾害损失的申请。其次，农业共济组合人员确认灾损后，向农业共济组合联合会报告。最后，如果损失较小，由农业共济联合进行定损，如果损失大，就由农林水产省复杂定损；然后，确定损失额度后，再反过来一层层地传递转达给投保农户，投保农户根据此额度获得保险赔偿金。在日本的农业保险的三级组织结构中，农业共济组合是代表农户的利益的，因此，农户在获得保险赔偿金的整个过程中，都是非常公平公正的。需要特别说明的是，日本农业保险的损失赔偿金与投保方式有关，具体的见下表 3-6。日本在农险理赔上有着详尽完善的规定，这很好地保护了农民的财产安全，使其可以在灾后获得及时赔偿，进而保证了农民与资产阶级的贫富差距不再进一步扩大，稳定了日本市场的运行和国家的经济发展。

---

① 邓道才、郑蓓：《中国"合作社式"农业保险模式探究——基于日本农业共济制度的经验》，《经济体制改革》2015 年第 4 期。

而 2019 年新实行的农业收入保险则有着较为特殊的承保方式。农业收入保险的实施主体是全国农业互助协会联合会（成立于 2018 年 4 月）。该类保险的保障对象是农民生产农产品总销售收入，保障范围是过去五年的平均收入。如果出现收入低于这个平均数这种情况，则最多支付少于该金额的90%。保费支出是保险金额的 1.08%（国家财政补贴 50% 之后）。并且如果参保农户没有收到保险金，保险费率将会降低。另外如果农户支付不起保费，可采取免息贷款的形式向农协分期支付保费①。

表 3-6　日本农作物保险承保方式表

承保方式	对象农作物	内容
田地为单位进行承保	水稻 陆稻 麦类	若每单位的减产量超过 30%，对多出的减产部分支付保险赔偿金
半抵承保	水稻 麦类	减产量合计超过平均产量的 20% 时，对超出部分支付保险金
全抵承保	水稻 麦类	减产量超过平均产量的 10% 时，超出部分支付保险金
灾害收入保险方式 质量保险方式	麦类 水稻	产量低于平均产量并且减产量超过 10%，对超出部分付保险金

资料来源：日本农林水产省网站。

2. 理赔效率有所欠缺

以三级机构为基本格局的理赔方式，尽管稳妥，却在理赔效率方面有所缺失。农业共济组合、农林水产省和农户之间信息的层层传递影响了理赔过程的效率。农业生产与其他的经济活动的不同之处在于，在发生自然灾害前后，损失的大小很大程度上与灾前风险管理和灾后及时补救相关。理赔效率低就意味着增大了损失程度和二次损失的可能性。

举例来说，日本水稻共济金的理赔流程如下：首先，收到理赔请求后，

—————————————————

① 数据来源：日本农林水产省网站，《关于收入保险的实施情况》。

农业互助协会审查提交的内容，准备承保通知，然后将其提交给联合会。联合会将审查承保通知书为每个工会进行汇编，准备再保险承保通知书，并将其提交给中央政府。

然后，开始定损。农业互助协会对被农民报告为受害的所有稻田进行调查。此后，损害评估委员会的成员将对每个地区进行抽样调查，以检查每个地区的评估中是否存在偏见，并确定工会内部互助产量的降低。收到此报告后，联合会由损害评估人员和联合会员工进行抽样调查，检查每个工会的评估是否适当，召开损害评估会议，并证明每个工会的互助收益降低。向县政府（农林水产省）报告。之后，官方损害赔偿额将通过国家批准程序确定。

最后，保险金支付。确定损害赔偿金额后，农业互助协会将要求联邦赔偿损失。联邦将向国家收取再保险费用。为回应此要求，政府将向联合会支付再保险金，而联合会将向农业互助协会支付保险金。农业互助协会将向受损农户支付互助金，受损农户将获得互助金①。

由理赔过程的介绍可知，日本农业保险的赔偿流程总体上来看较为烦琐，农民很难及时得到赔偿，资金的周转不灵加大了农民破产和贫困发生的可能。

（二）日本农业保险反贫困的赔偿能力

1. 国家共同承担的风险分摊模式

日本根据地理位置不同，将农业产地划分为不同的风险区。每个风险区有着属于自己的一套保费费率体系，以此来保证不同地区间的公平。为了求出更为精确的基础费率，日本统计局统计了 20 多年的灾损数据，并且以三年为周期进行调整。日本的农民可以根据自身的农产品种植情况来选择自己的承保方式，以此来降低风险，增加收入。若参保后遭受灾害，造成农产品损失，可以报告组织机构——共济组合，再由其上报至上级部门。之后会有

---

① 资料来源：NOSAI 日本农业共济协会网站。

灾害评估员及共济组合的工作人员通过历年来的数据进行比较，从而确认受灾农户的损失，并以此作为索赔依据来办理索赔手续。如果灾害影响范围过大，联合会继续上报，由最高级的部门来组织索赔工作的相关事宜。可见，日本的农户在农业保险中属于主导者，降低了处理事务中可能出现不必要纠纷的可能性。同时日本的保险统计以及补偿制度，通过对多年数据统计分析增强了科学性，相比于他国更加的完善。

若农户并未参保农险，或是组织机构化解风险的能力不足，则会导致农民遇到自然灾害时的收入难以获得保障，他们的日常生活将会受到重大影响，农业生产也将陷入瘫痪状态。利用三重组织结构的优势对局部灾害的风险进行分散，使其由全国范围共同承担风险，降低了每个农户的平均风险，保障农民生活的需求和农业生产。由日本内阁颁布的《防灾白皮书》中记载了 2019 年和 2020 年中的防灾保险预算，具体数值见下表所示。

表 3-7　2019—2020 年日本大地震、农业、渔业保险预算 （单位：亿日元）

保险类型/预算金额		2019 年	2020 年
地震再保险		201088	123809
农业保险		97879	96804
渔业保险	渔业灾害互助	10413	10654
	渔船损害保险	7867	7608

数据来源：日本内阁府灾害管理网站。

日本农林水产省保险管理科在进行农业保险管理时，通过农险履行防灾防损、农业互助和损失补偿这几大功能。以 2020 年 10 月 7 日出文的 14 号台风应对措施为例。首先，为防止 14 号台风来袭对农产品造成损害，农业互助协会将提供农民详细的技术指导。其次，要求协会向工会成员提供指导。此外，发生损坏时，农民应及时掌握损坏情况，无遗漏并加快速度地报告损失情况。农业互助协会负责及时，适当地评估损失，建立互助金早期支付系统以及收入。最后，保险农业司法互助协会等在管辖范围内尽力提供过桥贷款，以帮助灾后重建。

2. 农业保险的赔偿条件比较复杂

尽管由国家共同承担风险的保障模式使农民在遭受灾害时能获得足够的理赔额，但理赔条件较为复杂，农民在很多情况下不能获得赔偿或得到较少赔偿，这增大了农民损失和贫困的风险。

举例说明，在农林水产省会的官网有这样一个案例。2020 年为了抵御台风暴雨等灾害，打造抗灾园艺设施，"为防灾、减灾、抗灾增效""三年应急措施"，有必要大力促进农用房的加固和园艺设施的参与互助。与生产和运输组织等组织的一组生产小组委员会等达成协议，并与农业互助协会等商定，以安排加强农业温室并加入该小组的园艺设施互助中。但是，在这次互助中，重点表明了注意事项，其中包括：（1）赔偿范围不包括 20 万日元以下的小额赔偿。（2）使用寿命大大超出的设施可能不包括在承保范围内。这些注意事项意味着，农民如果获得较小损失或者设备比较陈旧，在灾害到来时根本无法弥补损失。那么，由于日本发生自然灾害的频率比较高，多次发生的小规模损失也容易导参保致农民的贫困。

第四节　日本农业保险助力脱贫攻坚的表现形态

马克思主义哲学指出，社会形态是在一定生产力水平情况下的经济基础和上层建筑的组合[1]。保障水平可以反映农险保障农民的程度。赔付率的变化规律及分布反映了一个国家的风险状况的大致信息和保险公司的经营状况，是资金在保险公司和农民之间流动的表现。

---

[1]　阮瑶、张瑞敏：《马克思反贫困理论的经济伦理特质及其在当代中国的价值实现》，《北京师范大学学报》（社会科学版）2016 年第 1 期。

一、日本农业保险反贫困的保障水平

农业保险保障水平的大小，反映了其为农业生产者所提供的风险所能达到的保障程度，保障程度的高低是由保障水平的大小来决定的，提高市场效率、弥补市场失灵是日本农业保险保障水平的重要体现。根据日本近些年的数据统计可以看出，日本的农险保障水平较高，其保障深度大于保障广度。日本的农业保险保障深度较为稳定，但在 2002 年后，日本农险保障深度下降，导致总体保障水平出现下跌的情形。

（一）日本农险反贫困的保障主体

1. 日本农协的保障能力较强

虽不及美国的农险保障水平，日本的农业保险保障水平相对于发展中国家还是较高的。这说明日本政府对农业保险实行的举措，极大地促进了农业保险的发展，提高农户抵御风险的能力，保护农民的利益，客观上促进了日本反贫困事业的发展。

在以日本政府设立的农业保险法律系统的基础上，各地设立有独立的农业互助协会，通过农民自愿参与互助的模式，实现对农业的保障。其中已经有组织通过合并的方式加强对农业的保障能力。2020 年 4 月 1 日，佐贺县农业互助协会获得合并许可证，将县的农业互助工会（7 个工会）合并为一个新工会。合并的目的，一是加强农业保险功能，例如向县内的农民提供统一的补偿，并在县内分散风险。二是建立组织结构，通过合理化组织和提高运营效率来增强财务实力和治理。总之，合并的目的是为了增强保障能力。合并后，工会会员的人数将达到约 30000 人，而互助金额将达到约 4780 亿日元，这表明补偿规模的进一步扩大。具体保障能力如下表所示。

表 3-8　2020 年佐贺县农业互助协会共济金分类

种类/共济金额	（总）477971
水稻、小麦	21944
大豆	4085
家畜	18708
果树	167
园艺设施	16194
农业设备	416873

资料来源：日本佐贺县政府网站。

2. 农协数量的不断减少导致保障能力减弱

日本农业保险主要通过政府以及其他保险相关组织来分散风险，并且通过立法来对如水稻、小麦这些对国民生活有着重大影响的农作物进行法定保险。要求农户的耕种面积达到一定规模后强制参保，没有达到规模的也可以自愿参保。正是这样，造成了日本农产品生产的耕种规模相对固定，保障的广度得不到提升，日本农业产值占 GDP 比重急剧下滑。年轻农业人口涌向城市，弃耕严重，导致农业生产成本不断加剧，最后导致农业衰落的恶性循环，以致农业保险深度下降，使得日本农险的总体保障水平下降。2018 年日本的保险深度为 40%，而日本农协的数量在近百年里经历了一个急剧的减少。2020 年，日本农协组织的数量为 67，而农业组合联合会的数量仅为 7个。但是在 1947 年，日本农协组织的数量为 10541，而农业组合联合会的数量为 46 个①。农协数量的减少意味着农协保障能力的减弱。农协的力量衰弱对日本农险的反贫困功能起到了反向的作用。

---

① 数据来源：日本农林水产省网站。

表 3-9　2016—2020 年日本农业协会数量变化

年份	2016	2017	2018	2019	2020
农协组织（个）	178	141	127	109	67
农协联合（个）	24	17	16	12	3

数据来源：日本农林水产省网站。

（二）日本农业保险反贫困的保障方式

1. 多种农业保险实现了广覆盖

日本农业保险的保障方式是，强制保险和农业保险并行，坚持多种农业保险的高投保率的模式。这种保障模式加强了对农业的保障能力，减少因灾导致农民陷入贫困的可能性。首先是农险的模式有强制和自愿两种方式。对大宗农产品采取强制投保，对其他产品采用自愿投保。在日本，为了确保本国农产品，尤其是粮食的稳定供给，国家对水稻、早稻、麦类作物实施强制保险，即主要对种植面积达到一定量的农产品提供保费补贴，在都、府、县内种植面积在 20—40 英亩（北海道种植面积 30—100 英亩）以上的水稻种植户，在都、府、县内种植面积在 10—30 英亩以上（在北海道种植面积 40—100 英亩）以上的早稻和麦类种植户，都必须加入农业保险范围）。而对牲畜、果树、园艺设施等采取自愿投保。并且通过财政补贴的模式鼓励农民投保。

另外，日本的多种农业保险都有较高的投保率。从 2019 年日本各共济类型投保率来看，日本农业保险覆盖范围较为全面，几乎包括了所有农业生产活动。并且除果树外，投保率均高于 50%。农作物和畜牧业都达到了 90%以上。这种大范围的农业保险模式，大大降低了灾害到来时农民损失得不到补偿的概率，为反贫困事业做出了重大的贡献。

表3-10　2019年日本各共济类型投保率统计

共济类型	投保率
农作物共济	水稻83.3%，小麦96%
畜牧共济	奶牛91.8%，肉牛90.9%
果树共济	收获24.1%
田间作物共济	79.4%
园艺设施共济	59.5%

数据来源：日本农林水产省网站。

2. 多数农业保险因自愿投保模式实际保障率较低

日本农业保险对象的种类虽然广泛，但大多都是自愿保险，只有粮食作物保险才被列入强制保险的范围内。众所周知，日本自然灾害发生频繁，范围广，破坏力强。仅仅依靠单一农险的强制保险显然无法为农民应对自然灾害的到来。对于日本种植范围较大的经济作物，如果林、渔业都采取的是自愿保险，这显然与日本农险的保障初衷相违背。

由2019年日本农险的投保率可以看出，农作物的投保率已经达到了90%以上，但园艺设施共济的投保率只有59.5%，而果树共济的投保率更低，只有24.1%。与2018年果树共济投保率23%相比，有稍微的提高，但仍不足以应对风险①。拿果树来说，水果生产较容易受到恶劣天气的影响，洪灾、冰雹、雪灾都有可能导致果农遭遇严重的损失。然而，在自愿投保的保险模式下，投保率极低。这不仅影响了共济组合的保障能力，同时也增加参与果园种植的农民的风险。缺乏农险保障的大多数果农极容易因为自然灾害返贫。

---

① 数据来源：日本农林水产省网站。

二、日本农险反贫困的赔付情况

(一) 日本农险反贫困的赔付率

1. 较高水平的农业保险赔付率保证了农户利益

农业保险赔付率的变化规律及分布反映了日本农业的风险状况的大致信息以及日本农业保险组织的经营状况，从而可以采取对应的措施促进农业保险的发展（余洋，2013）[1]。因为日本农业保险实行"三级式"的经营体系，农业保险风险分散比较完善，而且日本政府对农业保险的财政补贴力度也非常大，所以对农户、农业保险组织和机构的保障水平是非常高的。

2019 年，日本农业保险的农民保费收入为 478 亿日元，而全年保险金支付为 967 亿日元，简单赔付率为 203.6%[2]。赔付率高的主要原因是，政府在其中支付了一半的保险金。如果遇到特大灾害的情况，日本政府会承担保险赔款的 80% 到 100%，这就说明政府兜底保证了农业保险的发展。日本农业保险的赔付率基本都是维持在很高的水平。根据日本农业保险的相关法律规定，除农业共济组合的赔偿金外，日本政府还会为农业保险提供再保险，为农险再次上了一道保障。为了稳定农业保险的发展，对灾害损失进行合理补偿来防止巨灾风险事件的发生，所以日本农业保险赔付率的水平相对来说是比较高的，侧面也反映了日本农户得到了较全面的保障。由于经营日本农业保险的共济合作组织是非营利的，这样的制度使得农业保险的实行更加顺利，再加上有政府的两级再保险和农业共济基金做保障，使日本的农业保险在提高市场效率，避免市场失灵方面取得了很好的绩效，客观上也发挥了很好的扶贫功能。

---

① 余洋：《基于保障水平的农业保险保费补贴差异化政策研究——美国的经验与中国的选择》，《农业经济问题》2013 年第 10 期。
② 数据来源：日本农林水产省网站。

2. 农业保险赔付尚未形成自由市场

日本赔付率是建立在完善的政府再保险机制下的，而这一机制增加了政府承担的财政压力。日本《农业灾害补偿法》对联合会再保险的比例做出了明确的规定。联合会有不同的层级，市町村为较低层级，这一层级的联合会保费自留30%，都道府县是较高层级，这一层级的联合会承担剩下的70%，最后中央农林水产省再保险承担较高层级的联合会总保费的10%的保险责任。对于联合会的再保险组织，政府部门直接经营管理，并且承担该组织全部的经费，充当了最终再保险人的角色。这种再保险机制中，政府起到的作用是比较大的，证明了日本还未形成独立的再保险市场。

根据日本自民党农林水产业研究小组发布的数据称，在未来，2050年日本农业人口将减半至100万人，并且农业人口中有三成将为高龄老人①。曾经庞大的农协组织可能因为农业人口的急剧减少而失去原有的功能。如果一味地要求政府的财政补贴作为赔付的后盾，可能会由于组织自身而带来更大的赔付问题，而赔付能力不足对老年人口偏多的农民群体而言，可能会导致贫困。

（二）日本农业保险反贫困的赔付支出

1. 体量较大的农业保险赔付支出提高了保障水平

不同的保险险种决定了日本农险的赔偿金计算有不同的计算模式。而且赔偿金额还会根据受灾情况进行调整。农户想要通过组合投保方式来获取大量保险金赔偿是不现实的。所以对于农户来说不存在哪种方式划算的问题。因为农业保险的保费是根据多年的数据进行计算分析得出的，保险公司会将保费设置为与保险金的期望值相一致水平上。在农险赔付补偿上，日本农险不对轻微灾害进行赔付，这样既能解决道德风险的问题，又可以提高灾损的评估效率。随着日本农业保险的发展，近些年来日本农业保险赔付支出的波

---

① 数据来源：日本农林水产省政策研究所网站。

动幅度是非常大的，经历了先降后增再降再增的趋势，可见其呈反复波动趋势。总体来说，根据最新统计，2019 年日本农业保险赔付支出的互助金中，政府负担和农民负担基本持平，互助金总量高达 967 亿日元。通过政府的大力财政支持，日本农险既让农民支付了比较少的保费，同时有力地保障了农民的利益，促进了反贫困事业的发展。

表 3-11　2019 年日本农业保险赔付支出

购买人数（千）	互助金额（亿日元）	互助金（亿日元）		
		总量	国库负担	农民负担
1294	34243	967	488	478

数据来源：日本农林水产省网站。

2. 农业保险赔付给国家造成了较大的财政压力

日本农业保险的赔付不仅仅是由保险公司和共济组织组成，而是在国家和地方政府较大规模的财政补贴下进行的。赔付支出数额较大无疑增加政府的财政压力。这也说明日本农业仍需要补贴的帮助，而不是完全能够独立运营。日本政府的补贴情况如下说明：日本农业共济金的国家补贴原则上承担比例为 50%，但水稻最高补贴可达到 70%，且早稻补贴可达到 80%。另外，日本政府除了给予农民保费补贴以外，同时还对保险经营机构的保险业务费用给予补贴。

在自然灾害等灾害发生的时候，如果考虑只以单方面地向政府申请财政支援，实有失社会公平正义原则。日本农险的国家补贴预算如下表所示。

表 3-12 2016—2020 年日本共济保险补贴预算（单位：百万日元）

补贴预算	2016 年	2017 年	2018 年	2019 年	2020 年
农业共济补贴	88589	88235	86950	85322	84208
农业保险国家补贴	50110	50110	50110	50110	50110
农业互助事业办公费用补贴	38025	37689	36404	34773	33680

数据来源：日本农林水产省官网。

第五节 日本农业保险反贫困的启示

纵观中国农业保险发展的历程可以看出，相较日本等发达国家，有"起步晚、发展较慢、过程跌宕起伏"的特点。农民作为国家重点帮扶对象，中国农业保险应该继续完善，协助国家巩固脱贫攻坚成果的任务，让农民在面对自然灾害时不至于返贫。日本的农业保险已经发展了近百年，但仍存在反贫困效果一般，过度依赖国家财政补贴等问题。通过借鉴日本农险的优势和缺点，中国农险在战略、法律、理赔、风险分散机制、保险产品设计和农业保险公司等方面是有待完善的。

一、服务国家战略发展，完善农业保险法律政策环境的建设

日本农业保险的法律环境相对来说是比较完善的，《农业灾害补偿法》的多次修订和完善为日本农业保险的发展奠定了基础。但日本法律的宗旨是为了维护经济秩序而不是反贫困。另外，日本法律未考虑因日本老龄化带来的农业生产风险升级的现状。

尽管中国于 2013 年已经正式出台并实施了《农业保险条例》，但仍急需完善，从而更好地保护农民利益，助力农村巩固脱贫成果。首先要对政府在农业保险监管行为做出明确的规定；其次，切实充实和加强监管力量，监管

力量的不足以及监管机构设置和监管需求的不适应都限制了监管活动的实施。当监管能做到全方位立体式时，就可以为农业保险提供一个公平有序的市场来发挥出自己的作用。

根据日本在农业保险方面的经验和不足，中国应逐步建设和完善农险在扶贫方面的法律制度，要善于随着当前形势发展对其进行不断的修正。在当前，应当注重以下几点：第一，在制定法律时要树立以公平优先，同时兼顾效率的原则，由政府主导保护农民农险利益精准扶贫的新理念。第二，法律中需要将农业保险扶贫的开展机制进行精确的定位。要确保农险扶贫是有各级政府主导、市场为辅的运行机制。第三，在法律中，要做到将各级政府的工作角色进行明确的安排，对市场的资源配置进行有效协调，尽可能环环相扣，减少工作中出现互相推避责任的现象出现。第四，要对农险巩固脱贫成果的过程中的各个主体，如农民，保险机构的权利与义务进行严格的划分，避免出现钻空子的现象，降低实际过程中的效率。第五，要对农险业务中的各项指标，诸如：费率、承保范围、理赔方式等有严格的规定，确保整套农险扶贫体系运行得更加科学、严谨。第六，应根据中国农村劳动人口老龄化而导致的投保率下降问题进行费率和承保范围的调整，以帮助鼓励人口返回农村和增加农险投保率。

二、增强农业保险风险分散水平，扩大风险覆盖范围

根据日本的三级保险组织运行机制，可以看出日本注重通过再保险和共济基金等形式来分担农险投保者的风险。日本农业保险的三级组织结构形成了三重风险保障体系，在全国范围内分担农业灾害的损失。与此同时，日本的农险中只有农作物保险是强制保险，其他农险都是自愿保险，农险中缺乏组合类保险。由于农村劳动人口的减少，可能造成尽管农险种类多但实际覆盖程度不足的问题。

鉴于中国与日本在农业生产方面有着人均土地少、自然灾害频发、小农

经济的相似性，基于中国的行政结构和基本国情，应尽快建立形成中央、省、市、乡镇的四级结构。最上级的中央，要让保险经营机构参与进来，与农业部、财政部、证监会共同负责制定扶贫政策，利用统计数据分析，设计出国家农业巨灾风险基金的方案，保费补贴方案，指导实施农险业务经营。下一级的省市机构，则要建立起本地的农险的信息服务系统，将本地农险发展现状及时汇报上级机构，以便中央可以实时跟进各地诉求，从而形成一个联系紧密、操作严谨的农险体系。

另外，根据风险分散机制的原理，建议中国农业保险实行强制保险和自愿保险并行的政策，从而提高风险覆盖范围。但是在强制保险的划定范围时，不仅仅只看粮食作物，而是要考虑我国农民种植或者养殖的程度。要统计哪些农业生产是属于农民大规模生产或者多数农民选择生产，从而制定强制保险的范围。这样才能更好地起到巩固脱贫成果的作用。并且，在此基础上，政府要大力宣传农业保险的优点，以便于扩大各类农险的投保率，保证风险分散机制的政策的良好运转。

三、推行更适当的理赔方式，提高农业保险经营效率

日本农业保险的理赔是通过农业保险互助合作社对受灾的农户进行理赔，因此日本农业灾害赔偿和督查体系是较为完善的，但日本的三级运行机制导致理赔流程较为烦琐和复杂，这可能会降低理赔效率。

中国的农业保险公司应学习日本在乡镇成立农业保险互助合作社，对农村的代理人员进行专业化的培训，提高农业保险的理赔质量，进而保证农业保险的经营效率，最终保障农民根本利益。

中国目前在险种设置、费率厘定的问题上缺乏了科学依据的支撑，具有较大的盲目性。所以应当建立起全国范围的农业保险统计体系，为各风险区提供科学厘定费率和险种设置打下基础，成为目前最迫切需要做的事。另外，为了更好地巩固脱贫成果，确保农民在灾害发生之时能够及时地得到补

偿,从而避免损失的扩大和二次损失的出现,中国农业保险应该建立起一套科学的灾害损失评价方法,并根据组织能力设置一条快速理赔的通道。这也有助于在灾害发生之后,提高定损和理赔的效率。

四、设计满足农民需求的农险险种, 提高农业保险保障水平

在日本农险的保障能力方面,日本的农业保险的品种十分全面,但农业灾害补偿制度的初衷是互助共济而不是补偿,这可能会影响保障农民收入的能力。中国的农业保险密度相对日本等发达国家来说相差巨远,可见虽然中国对农业保险的需求非常大,但农业保险品种很少,不能满足农民的期望,而且现有的农险产品的保险责任范围又十分有限,所以农户自愿投保率相对来说较低,影响农业保险的覆盖率。依靠农民自身承担农业风险会增加农户的贫困概率。

因此,应依据中国的国情,制定更为全面的农业保险产品,激发农户的潜在需求,提高农业保险的覆盖面,进而提高农业保险在反贫困方面的保障作用。并且,要始终树立灾害补偿的农业保险初衷,明确保险补偿的主要作用是为了防止农民返贫,而不是简单为所有农民提供风险分摊。因此,国家要尝试建立完善的农险补贴政策路径。另外,要强化风险管理,多在科学技术应用中下工夫。科学技术的应用使承保更加精确有效,预防道德风险的发生。将大数据、云计算、区块链、物联网运用在农险的承保、定损、理赔环节中。

五、鼓励有条件的险资涉足农险, 分散农险赔付率风险

日本农业保险的赔付率较高,赔付额较大。与此同时,政府的过度预使日本农险高度依赖财政补贴,缺乏自我运营能力,保费补贴也使得政府承受较大的财务负担。因此在中国,国家应当鼓励更多有能力的公司经营农业保险业务,帮助提高农业保险的保障水平,助力农村反贫困事业发展。

　　另外，尽管农业部、财政部、银保监会已经为建立和完善农险监管规则做出了多项辛苦工作，但是有些方面的监管仍有缺陷，这增大了中国农险的赔付风险。有人认为，农险监管过于"父爱"，需要有着棒打的决心，对于违反法规的行为绝不能容忍。如果在某处违规处分了，就去别处继续任职，继续违规，来回兜圈稳坐"钓鱼台"，没有出局之虞，这样只会导致越治越乱，违规的地方将会更多，农险的风险也会随之升高。当然除了监管之外，自律是农险经营机构必不可少的工作。单单依靠外在的力量对自己进行规范是远远不够的，总会有疏漏的时候，自身也需要严格要求。对于现有的监管法规要有全面清晰的认识和理解。

第四章　法国农业保险反贫困的 PEST 理论分析

　　法国农业互助保险在反贫困政策发展中起到关键性作用，不仅模式较为完善，而且农业组织机构职责分明。法国安盟保险公司作为农业互助保险的运行巨鳄，2020 年营业额达到 10 亿欧元，在农业保险市场上遥遥领先。安盟集团在农民中享有盛誉，全法 60% 的农民都投保了安盟集团的涉农保险①。本章沿着"PEST 理论"的思路来阐述法国农业保险反贫困的实践。第一节分析了农业保险反贫困的 PEST 理论，指出了其传统内涵和新的外延，并对农业保险反贫困的文献进行了简要的述评；接下来的四节分别介绍了法国农业保险反贫困的政治体现、经济体现、社会体现和科技体现。第六节针对以上四方面法国农业保险反贫困的成果，基于中国已经实现全面脱贫的国情，借鉴法国的经验，为我国发展农业保险反贫困事业提出建议。在我国已经全面脱贫的基础上，更好地巩固和拓展反贫困事业成果，防止因灾返贫，全面推进乡村振兴、加速促进农业农村现代化。

---

　　① 数据来源：法国安盟集团网站。

第一节　农业互助保险反贫困的 PEST 理论分析

鉴于本章是用 PEST 理论来分析农业保险反贫困，因而将本节的理论部分分为两个方面：一是对 PEST 理论的介绍，即传统 PEST 理论的内涵和如今 PSET 理论的外延；二是对农业保险反贫困的文献研究动态，即对农业保险反贫困的文献综述。

一、PEST 理论

PEST 模型的提出，是源于对企业外部环境的探究。据英国学者的观点，影响企业环境的宏观因素涵盖四个方面，即科技、经济、社会、政治[①]。有学者发现，PEST 理论不仅适用于企业，还可以拓展其研究范围。更多的学者将 PEST 理论用于国家制度的研究，或者分析经济、政治等因素对团体的作用。

根据传统的 PEST 理论，政体国体、战略措施、政策法规等因素都是影响政治环境的原因。这些方面短期影响并不显著，长期才能看出优劣。一段时间内国家或地区的经济水平，可以作为经济环境的衡量指标，直接影响到企业所在行业的兴衰。社会环境以人为本，主要是文化背景和人口环境。居民的自我意识、道德观念、教育文化等都可以体现社会环境。PEST 理论认为科技环境影响其他环境，科学技术进步，会对团体的运行情况有所改变。

PEST 理论的概念在学者们的研究中不断延伸，有了更广义的理解。越来越多的学者将四种环境作为研究的着手点，分析团体和国家。国家的政体政策、方针法规等方面在 PEST 理论中是政治环境的体现。其中，政治法律

---

① *Gerry Johnson*, *Kevan Scholes*, *Exploring Corporate Strategy*, London：An imprint of Pearson Education, 1999, p. 29.

环境是与保险市场营销有关的国家方针、政策、法令、法规及其调整变化动态，尤其是保险法律法规①。经济环境指的是外部经济条件。中国学者研究农业互助保险时，主要从农业互助保险的经营模式、财政补贴、保障范围、保障水平等方面入手②③④⑤⑥。社会因素在 PEST 理论中是指国家或地区在一定时期内的表现，包括居民的教育文化、宗教信仰、价值观念等。保险营销的外部环境可分为人口环境、经济环境、政治环境和社会文化环境⑦。PEST 理论认为科技环境是技术运用的发展变化，影响团体和其他环境。科技是当今影响保险市场最强大的力量之一，以互联网为代表的通信技术的利用尤其如此⑧。

　　本章综合权威学者观点和 PEST 理论，在分析法国农业互助保险反贫困制度过程中，从政治环境、法律环境与政策环境方面入手分析政治因素。经济因素主要指法国农业互助保险反贫困的经营模式和财政补贴，同时研究其保障的范围和水平。社会因素研究法国农业互助保险反贫困的发展历程、农民的保险意识和社会效果。法国农业互助保险反贫困中科技因素的体现是运用科技的目标、范围和效果。

二、农业互助保险反贫困的文献综述

　　2020 年，我国各地都实现了全面脱贫。现阶段我国农业保险所要达成的

---

①　庹国柱：《保险学》，首都经济贸易出版社 2004 年版，第 269 页。
②　孙蓉、朱梁：《世界各国农业保险发展模式的比较及启示》，《财经科学》2004 年第5 期。
③　王韧：《欧盟农业保险财政补贴机制及启示》，《求索》2011 年第 5 期。
④　王德宝、王国军：《我国农业保险的发展成就、存在问题及对策建议》，《金融与经济》2014 年第5 期。
⑤　张峭等：《我国农业保险风险保障：现状、问题和建议》，《保险研究》2019 年第10 期。
⑥　庹国柱：《我国农业保险政策及其可能走向分析》，《保险研究》2019 年第 1 期。
⑦　庹国柱：《保险学》，首都经济贸易出版社 2004 年版，第 269 页。
⑧　栗芳：《保险营销学》，中国金融出版社 2007 年版，第 79 页。

目标就是更好地巩固和拓展反贫困事业成果，防止因灾返贫。就目前的研究来看，学者们对法国农业互助保险具有较高保障水平的原因得出普遍的结论，他们认为法国农业互助保险制度完善，使其蓬勃发展①②，所以大部分文献对其发展历史和运行模式进行了深入的研究。法国农业互助保险运行机制有亮眼之处，比如农业互助保险法律体系健全，政府采取财政补贴政策，扶持力度较大。这些特点对我国农业保险反贫困有所启示③④⑤。

近年来农业保险反贫困逐渐受到学者们的关注。有学者通过建立模型，实证分析影响贫困的因素，包括就业结构、金融发展、城镇化水平、固定资产投资等⑥，同时发现农民消费的提高，与农业保险补贴、赔付和有一定的关联，进而促进农村反贫困⑦，有学者对各地区农业保险扶贫的效率进行测度和分析，并针对如何提高农业保险精准扶贫效率提出相关的建议⑧。

如今，学者们更倾向于将跨学科理论结合，来探讨国外农业保险发展与

① 郭永利：《法国农业互助保险及其启示》，《中国保险》2012 年第 8 期。

② 田野、胡适、马明华：《法国农业互助保险及对中国的启示》，《农村经济》2015 年第 10 期。

③ 张祖荣：《建立有中国特色的农业保险制度模式》，《农村经济》2007 年第 10 期。

④ 庹国柱、朱俊生：《完善中国农业保险制度需解决的几个主要问题》，《保险研究》2014 年第 2 期。

⑤ 郑军、文毅：《法国农业互助保险运行机制及对中国的启示》，《价格理论与实践》2016 年第 4 期。

⑥ 鲁钊阳：《民族地区农村金融发展的反贫困效应研究》，《农村金融》2016 年第 1 期。

⑦ 邵全权、柏龙飞、张孟娇：《农业保险对农户消费和效用的影响——兼论农业保险对反贫困的意义》，《保险研究》2017 年第 10 期。

⑧ 郑军、杜佳欣：《农业保险的精准扶贫效率：基于三阶段 DEA 模型》，《贵州财经大学学报》2019 年第 1 期。

反贫困举措对中国的启示①②③④。本书选取了战略分析理论中的 PEST 理论，将宏观层面分为政治、经济、社会、科技四个角度，分析法国农业互助保险反贫困的绩效。

第二节　法国农业互助保险反贫困的政治体现

根据 PEST 理论，政体方针、法规政策可以体现出一个国家的政治环境。其中，政治法律环境是与保险市场营销有关的国家方针、政策、法令、法规及其调整变化动态，尤其是保险法律法规⑤。本节从政治环境、法律环境和政策环境三个角度来分析法国的农业保险反贫困。

一、法国农业互助保险反贫困的政治环境

（一）法国农业互助保险反贫困的政治环境的优势

1. 政策目标是建设社会福利制度

依据各国农业保险的实际情况，学者们总结出两种不同的政策目标。一种目标的重点是社会福利制度的建设，使农民得到充足的社会保障，同时发展农业。另一种致力于农业的稳定快速发展⑥。如果一个国家选择社会保障

---

① 庹国柱：《正确认识农业保险发展中的几个重要问题——写在中央财政支持农业保险十周年之际》，《中国保险》2017 年第 1 期。
② 孙晓杨、郑军：《农业互助保险制度环境的"三重维度"——中国与法国的比较及启示》，《中国农村经济》2017 年第 6 期。
③ 郑军、付琦玥：《农业保险反贫困的"四重维度"：中法比较及启示》，《电子科技大学学报》（社会科学版）2018 年第 20 卷第 5 期。
④ 郑伟等：《农业保险大灾风险分散体系的评估框架及其在国际比较中的应用》，《农业经济问题》2019 年第 9 期。
⑤ 庹国柱：《保险学》，首都经济贸易出版社 2004 年版，第 269 页。
⑥ 庹国柱、朱俊生：《关于农业保险立法几个重要问题的探讨》，《中国农村经济》2007 年第 2 期。

目标，那么该国应该有足够的财政资金和不容小觑的经济实力。因此国家财力和经济水平的不同，决定了国家在制定农业保险政策目标时，应合理地选择，避免财政赤字和社会危机。

对资本主义国家和社会主义国家而言，实施农业保险追求的政治目标不同。国家建立农业保险制度的初衷是为了分散风险，减低农业损失。农业保险制度的建立，加强了风险管理，给农业这个传统行业注入新的活力①。农业保险的产生让现代化农业可持续发展，一定程度上促使资源的最优配置。由于近些年资本主义国家的经济增长速度放缓，市场效率不高，农业保险也用于提高效率；社会福利是西方国家一直关注的话题，农业保险的实施也能够对其有所帮助②。

2. 政局稳定有利于农业保险反贫困

法国政局从 21 世纪以来一直是较为稳定的状态，积极发挥自身大国作用。稳定的政治环境为法国发展农业互助保险提供了必要的前提。作为欧盟的成员，法国还参与了欧盟的共同农业政策（CAP），推动欧盟一体化建设。CAP 通过组织农业生产来确保农民的生活水平，为消费者提供合理的价格，使实现环境目标成为可能。

法国农业部提出了一系列的支持措施。首先，农业部为农业企业的投资提供财政支持。政策有三个目标：现代化工作工具，将农业实践转变为农业生态学和有机农业以及采用技术创新。2020 年，法国农业部的财政支持达到13 亿欧元③。其次，公共当局鼓励生态农业，提倡转为有机农业和减少使用植物保护产品的做法。此外，农业和食品部支持通过农业厌氧消化操作生产能源。到 2022 年，目标是在全国安装 1000 台农业甲烷化器④。

---

① 龙文军：《法国农业保险制度及经验》，《世界农业》2003 年第 5 期。
② 庹国柱、朱俊生：《关于农业保险立法几个重要问题的探讨》，《中国农村经济》2007年第 2 期。
③ 数据来源：法国政府网站。
④ 数据来源：法国农业部网站。

（二）法国农业互助保险反贫困的政治环境的不足

1. 农业持续低迷使农业保险反贫困发展缓慢

近几年，法国农业处于持续低迷中，尤其是畜牧业、奶制品和肉类跌破底价。法国政府的应对策略，引起社会的普遍关注。尽管法国在农业生产的实力在世界上名列前茅，但是由于气候条件的影响，导致农业产量下降。另外，法国农业市场上存在利益分配不均的问题，农民生活水平每况愈下，自然会滋生农民的不满情绪。法国农业和食品部部长朱利安·德诺尔芒迪说："新冠疫情危机给社会带来冲击，使我们想起了农业的战略重要性。"

针对农业面临的问题，法国总理提出了"法国重组"计划，这是该国经济、社会和生态重振的蓝图。2020 年，法国政府将 1000 亿欧元用于该重组计划，其中 12 亿欧元用于农业部门①。"农业，粮食和林业转型"部分有 3 个目标，首先是加强粮食主权，其次是加速农业生态转型，使所有法国人都能获得健康、可持续的食物。最后是使农业和林业适应气候变化。该重组计划有助于支持农民和农业综合企业以可持续、环境友好和经济稳健的模式发展。

2. 社会贫富差距阻碍农业保险反贫困

法国农业虽然之前保持了较高水平，但如今面临困境，社会贫富差距也很严重。新冠肺炎疫情更是恶化了法国的贫富差距问题。因此，农业保险虽然有效地弥补了市场失灵，解决了大多数农民的温饱问题，但不是全无瑕疵。农业保险的公共补贴政策对大农场主有利，而对小农场不利，不但不能消除还加剧了收入的不平衡。日后法国在实施农业保险时，需将更多因素考虑在内，不能只盯着市场效率。

2020 年，法国有 14%的法国人口生活在贫困线以下。法国食品银行从公

---

① 数据来源：法国农业部网站。

共和私人供应商那里免费收集食物,帮助贫困人群渡过难关。食品银行提供不同的再分配形式,将食物分发给协会和社区社会行动中心(CCAS)的网络。"收集,管理和共享食品以帮助人类恢复健康",这是法国食品银行联合会章程提出的定义。食品银行的部分资金来源于减轻贫困的欧洲最贫困者基金(FEAD),全法国有 79 家食品银行,支持 5400 个协会,惠及 200 万人,提供了 2.26 亿份餐点①。

二、法国农业互助保险反贫困的法律环境

(一)法国农业互助保险反贫困法律环境的优势

1. 农业互助保险法律体系健全

1840 年农业互助保险社的初创,成为农业互助保险的良好开端。之后,互助保险社如雨后春笋般迅速成长。1900 年,第一部农业互助保险法通过,即《农业互助保险法》。1938 年,农业互助保险公司对汽车保险的运营获得许可。随着 1964 年农业灾害保证制度的建立,放开了农业互助保险公司经营非农业保险险种的限制。1982 年《农业保险法》颁布,农业互助保险的法律体系基本确立。农户经营关系国计民生的农产品,依照法律规定必须缴纳保费,具有强制性。

2006 年新的农业指导法案出台,旨在推进农业互助保险的市场化,不再实行互助保险机构税收减免政策。2018 年颁布《农业部门商业关系与健康和可持续食品平衡法》,旨在更好地分配价值,使农民获得可观的收入。2019 年扩大了对部门协议的修订,该协议涉及针对农业控股的非管理农业雇员的补充健康保险计划。表 4-1 整理了 1900—2019 年法国农业互助保险的立法详情。

---

① 数据来源:法国安盟集团网站。

表 4-1 1900—2019 年法国农业互助保险立法详情

年份	立法详情
1900	《农业互助保险法》，第一部农业互助保险法通过
1960	《农业指导法》，农业保险经营模式由此规定
1974	《农业灾害法》，国家农业灾害保证基金成立
1976	《保险法典》，农业互助保险的地位确立
1982	《农业保险法》，农业互助保险的法律体系基本确立
2006	颁布了新的指导法案，对互助保险机构不再减免税赋，以促进农业保险市场化
2018	颁布《农业部门商业关系与健康和可持续食品平衡法》
2019	扩大了对部门协议的修订，涉及补充健康保险计划

资料来源：《法国统计年鉴》。

2. 法国农业互助保险法律法规详细

法国农业互助保险法律规定详细，在实施过程中使政府和保险公司有法可依。法律规定了保险责任、再保险、保险费率、理赔计算等事项。对于影响国家经济和人民生活的农产品，法律规定实行强制性保险。明确的法律规定，使法国农业部在制定农业互助保险政策时与法律相辅相成，极大地促进农业互助保险反贫困事业的发展。

农场主乔尔·尼尔森在瓜德罗普岛经营一家农场，生产香草、香蕉和咖啡等经济作物。由于乔尔·尼尔森先生的农场在保险公司投保了农业互助保险，所以他能够安心地经营。法国农业互助保险法律对农场可能遇到的风险都做出规定，使乔尔·尼尔森先生在损失时能得到合理的赔偿。盖伊和莫妮克·马丁夫妇的家庭农场已有 30 多年的历史了，他们种植了 80 公顷的水果和蔬菜。气候因素对水果蔬菜的产量影响很大，在遭遇干旱等自然危机时，农业互助保险可以使他们得到保障，降低损失。

（二）法国农业互助保险反贫困的法律环境的不足

1. 农业互助保险反贫困监管力度有待加强

法国政府应该更加细化法律规定，增强法国相互农业保险法律法规的可操作性和监管能力，更好地促进法国互助保险反贫困。法国公共当局正在通过支持作物保险和共同基金，支持发展农业风险管理工具。自 2015 年以来，在共同农业政策（CAP）的支持下，通过欧洲农村发展农业基金（FEADER）共同资助的国家风险管理和技术援助计划（PNGRAT）实施。

为了使农业互助保险监管体系更加完善，农业部部长在农业和粮食经济指导和协调高级理事会（CSO）的框架内启动了各种风险管理工作，以评估法国实施的农业风险管理系统。2020 年 10 月，欧洲联盟农业部理事会就 2023—2027 年期间的新共同农业政策达成协议。农业和食品部部长朱利安·德诺尔芒迪说："经过数小时的谈判，我们达成了一项与法国的强烈期望相对应的协议：对所有成员国采取强制性的环境措施，从而有可能避免竞争的任何扭曲。"

2. 福利支出增加阻碍农业保险反贫困

2020 年，法国贫困人口不断增加，导致超过 550 万人依靠协会和机构在全国范围内提供的粮食援助①。由于遭遇新冠肺炎疫情危机，社保福利支出势必会大幅增加。虽然政府颁布的法律引导农业风险管理的发展，对市场也实现了有效地调控修正，对社会福利也有提升作用。但是，农业互助保险制度使福利支出的不断增长，不利于国家社会保障财政的稳定。法国农业互助保险并未缩小贫富差距，反而引发失业、贫困等社会问题。

奥利维尔·维兰在朱利安·德诺尔芒迪和艾曼纽·沃贡的陪同下，成立了国家协调委员会，以应对粮食问题。在社会团结总局的主持下，这个非正

---

① 数据来源：法国政府网站。

式机构将定期召集粮食援助参与者，包括中央和权力下放的行政部门、社区和协会。2020 年，农业部为团结与卫生部提供了 9400 万欧元，即增加了年度粮食援助预算的近 80%，又为住房部提供了 5000 万欧元，用于为无家可归者提供食品券，并且为抗击贫困的协会提供了 1 亿欧元的支持计划①。

三、法国农业互助保险反贫困的政策环境

（一）法国农业互助保险反贫困政策的优势

1. 农业互助保险反贫困的经济支持

在经济支持方面，法国将农业互助保险和其他保险业务区别对待，对农业互助保险给予了较大的政策支持。2020 年，一些气候条件较差的地区的农场谷物收成不足以维持农民生计。2020 年的小麦及其他谷物收成约为 2900 万吨，而 2019 年为 3900 万吨。另外，2020 年，奶牛业经营者的当前收入与 2019 年相比下降了 20%②。新冠肺炎疫情健康危机对农业食品行业造成了重大的影响，如果没有法国互助保险反贫困相关措施的补助，农民就会因灾致贫。相反，农户获得高额的保费补贴，能够维持生活的温饱水平。

法国《农业保险法》明确规定，政府对农户的保费承担 50%—80%③。与此同时，国家免征农业保险机构的税收，这样农户在购买农业保险时能得到更大的优惠。为此，法国还设立了对口负责农业保险的基金来保障优惠政策的贯彻落实。法国农业部还对最困难的农民给予经济支持，推迟或减少对农民的社会保障缴款。

2. 农业互助保险反贫困的市场组织

法国农业互助保险组织由政策性农业保险机构和各级互助保险公司组成。各级互助保险公司开展保险和再保险业务，同时兼具金融、互助救济和

---

① 数据来源：法国农业部网站。
② 数据来源：法国农业部网站。
③ 数据来源：法国安盟集团网站。

生活福利等功能。在市场组织方面，法国政府的行动都一直紧密结合着市场发展态势。法国政府在农业互助保险萌芽时，鼓励其积极发展；在互助保险社会发展到一定水平时，合并众社并设立中央机构，致使其规模发展，使安盟成为法国第二大综合性保险集团的举措收购 Gan，也少不了政府在后面的引导和推动。这些顺应市场而为的举动，有效地提高了市场运行效率。

截至 2020 年底，在法国互助保险市场上，安盟是最大的农业保险公司，同时在综合性保险集团中排名第二。2020 年，安盟集团在法国农业保险市场上遥遥领先，为法国 52% 的农业用地，近 60% 的经营者，超过一百万台农业设备和 60% 的厌氧消化装置提供了保险①。

3. 农业互助保险反贫困的巨灾风险应对

法国农业互助保险主要是采取成立再保险公司的策略，应对农业巨灾风险。具体来说，再保险公司分为大区级和中央级。农业互助保险制度使巨灾风险层层分散，达到减少受灾损失的目的。同时法国农业部门根据相关立法，建立了重大农业灾害保障基金和一般农业灾害保障基金。灾害保障基金的资金一方面来源于农业互助保险的税赋，另一方面是政府的财政支出。

2020 年 9 月，Elitis 保险和安盟集团联合推出 Agriprotect 计划，开发适合瓦隆农民的保险产品，涵盖内容包括资产、运营和人员。安盟农业市场总监德尔菲·莱滕达特说："安盟集团的工作是在农民发展农业的过程中，例如扩大农业生产规模和遇到经营困难时予以支持。安盟集团已在欧洲和中国等 9 个国家或地区设立分公司，广泛发挥其作为农业互助保险公司保护农民的作用。通过成为 Elitis 保险的合作伙伴，为瓦隆州农业提供更好的保障。"

（二）法国农业互助保险反贫困政策的不足

1. 农业互助保险反贫困扶持政策有失公平

农业不仅创造就业机会，有助于养活劳动人口，而且还增强了法国的经

---

①　数据来源：法国安盟保险集团网站。

济活力。法国有超过 350 万人依赖农业和农业食品部门，即占劳动人口的
12%①，有着举足轻重的作用。法国政府针对性地制定了一系列的农业互助
保险扶持政策。值得注意的是，这些扶持政策并没有将公平作为目标，导致
政策实施过程中，法国贫富差距依然较大。这使法国农民陷入举步维艰的境
地，部分农户生产生活无法得到保障。

农业萎靡不振，农民正处于水深火热的境地，政府的不作为使农民颇多
微词。近些年，法国农业抗议活动的数量不断增长，加剧了农民和政府之间
的矛盾。2021 年 1 月，法国各地农民爆发示威游行，开拖拉机阻塞街道。农
业重镇例如诺曼第、阿尔卑斯等地区，都受到了较大的影响。同时，由于互
助保险组织的特殊性，在风险承担等方面能力较弱。因此，政府的援助和支
持对互助保险组织十分必要。政府可以在开办费用、税收等环节提供财政
补贴。

2. 农业互助保险反贫困政策风险管理有待加强

法国农业发展速度放缓，特别是近几年，农业增加值甚至出现过负值。
农业与其他产业比较，具有抗灾能力较差的特点。即便农业互助保险在一定
程度上改进了农业结构，但仍不能完全抵御巨灾风险。为了使农民遭遇重大
自然灾害时，依然能够保持基本的生活水平，不会致贫，必须更好地规避农
业生产风险。

2016 年，政府开办了新的多风险气候保险，已获得欧洲农业农村发展基
金会（EAFRD）的补贴，适用于所有农业生产。它围绕三个级别的担保，
农民可以根据农场情况进行选择。第一个保证水平得到高达 65% 的补贴，使
农民能够应对"沉重打击"，并重新启动生产周期；第二级涉及额外的可选
担保，补贴高达 45%，例如减少免赔额或赔偿质量损失；第三个层次涉及可
选的、无补贴的补充担保，使保险合同能够进一步适应需要。气候综合风险
保险是农场一级的相关风险管理工具之一。它的发展有助于加强农场和农业

---

① 数据来源：法国安盟集团网站。

部门防御风险的能力。

第三节　法国农业互助保险反贫困的经济体现

PEST 理论中，经济发展水平可以反映出经济环境的状况。本节选择了农业保险的经营模式、财政补贴、保障范围、保障水平①②③作为重点比较对象。

一、法国农业互助保险反贫困的经营模式

（一）法国农业互助保险反贫困经营模式的优势

1. 农业互助保险反贫困的经营体系分工明确

法国已形成政府资助、各级互助保险公司经营为特征的"民办公助型"农业保险经营模式，即由保险公司自主经营、自负盈亏，当局只是给予相应的政策帮扶。"金字塔"型的经营体系，是法国农业互助保险的独特之处。处于金字塔顶端的是中央保险公司，是整个体系的决策官，同时为金字塔中部的公司提供再保险。处于第二层级的是省级或大区保险公司，在中央保险公司和农业互助保险社之间架起桥梁。这些公司也从事再保险业务，每个农业重镇都设有网点，有一定的独立自主权。处于最末层级的是农业互助保险社，往往分布广泛。最鲜明的特点就是和农民直接接触，为农民提供农业互助保险的承保理赔等服务。

法国农业互助保险的三级架构，由于结构清晰，分工明确，运行效率高，因此也会带动农业市场和金融市场的运转，有效地弥补了市场销量低的

---

① 孙蓉、朱梁：《世界各国农业保险发展模式的比较及启示》，《财经科学》2004 年第 5 期。

② 王韧：《欧盟农业保险财政补贴机制及启示》，《求索》2011 年第 5 期。

③ 王德宝、王国军：《中国农业保险的发展成就、存在问题及对策建议》，《金融与经济》2014 年第 5 期。

问题，使得大量农业互助保险业务被合理有序地分摊下来，农业风险被降到了最低点。图4-1是法国农业保险经营体系的图解。

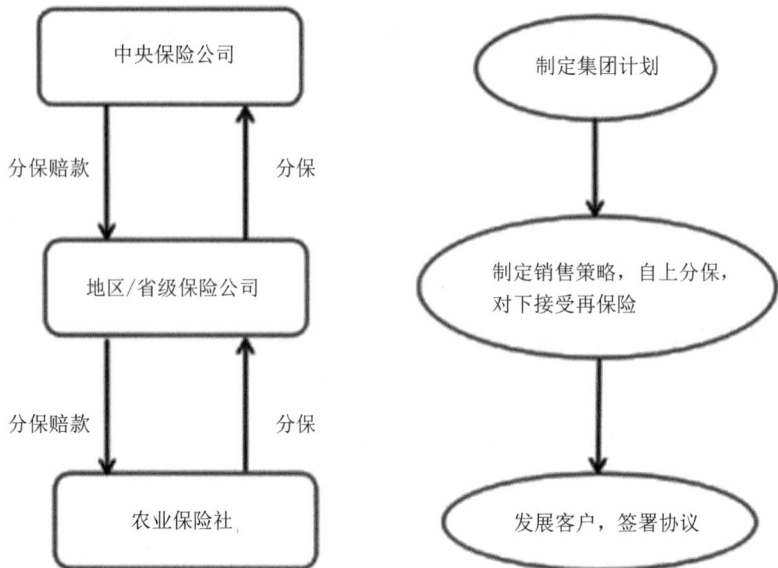

图 4-1 法国农业保险经营体系

2. 政策性机构保障农业互助保险反贫困

法国建立了政策性农业互助保险机构，每年都会做一次保险预算。2020年采取的方式是保险总额在保费的 20%—50% 之间①。一旦遇到农业互助保险的保费收入不能负担支出的状况，就运用这部分基金，保障农业互助保险反贫困的顺利进行。和农业互助保险公司相似的是，政策性机构在日常运作时也是按照商业化、市场化的模式。目前法国以政策性农业保险公司为重点，以小而分散的互助保险机构为补充，逐步形成了"1+N"的农业保险服务模式。

20 世纪 80 年代之后，农业互助保险具有集团化的经营趋势，同时在世界范围内开展业务，成立跨国公司。由于农业互助保险的盈利较少，所以商

①　数据来源：法国农业部网站。

业性保险公司开始拓宽业务渠道，形成"以险养险"的经营状态。例如法国安盟集团，大力发展财产责任保险和人寿保险，用这些保险带来的利润补贴农业互助保险。在安盟集团制定公司年度发展战略时，将农户放在核心位置，力求满足农民需求，以提供全方位的创新性服务，如今已经成为保险行业的领导者之一。

（二）法国农业互助保险反贫困经营模式的不足

1. 市场饱和阻碍农业互助保险反贫困

随着时代的变迁和经济的发展，法国农业互助保险发生变革。一是农业生产经营更多地强调节约资源，并重用专业人才。二是农场主不仅仅在农产品生产耗费精力，也在加工和商业流通上付出心血。三是从事农业的人员数量锐减，农业人口从农村流向城市。四是农民老龄化问题突出。五是年轻农民教育程度提高，对农业互助保险的理解与认识和中老年农民相差较大。这些因素使法国农业互助保险的需求增长放缓，逐渐达到最大限度，市场潜力有待提升。

法国政府开展国家农业和农村发展计划（PNDAR），从经济、环境、健康和社会的角度，巩固发展和传播高效的农业生产系统。战略方向是促进农业模式和生产系统的多样性，提高农民和区域利益相关者的预期和战略管理能力。PNDAR 的实施方式是多种多样的，其中特别包括由农业和粮食部或 FranceAgriMer 管理的项目。2014 年至 2020 年期间，农业食品和林业部签署了两项目标合同：一方面是农业技术学院网络（ACTA），另一方面是农业商会网络（APCA）。

2. 农业相互保险经营的高额费用

为了鼓励购买作物损失的个人保险合同，法国从欧洲农村发展农业基金（EAFRD）调动资金。根据法国规定的条件，农民可以从公共资金中获得部分认购费用，仅仅承担他所购买保险单金额的有限部分。然而农场特别容易受到气候事件的影响，2020 年法国遭遇霜冻和恶劣天气，局部冰雹等。灾害频发，农业互助保险理赔费用也随之增大。农业互助保险经营费用高昂，不利于反贫困事业的发展。

安盟集团与 MiiMOSA 携手合作，为其农业成员提供融资解决方案。数字空间和社交网络的新可能性允许众筹平台的出现，以补充或替代传统融资。MiiMOSA 在 2015 年推出，是一个专门致力于农业和食品的领先的众筹平台。得益于这种补充性融资解决方案，安盟公司支持其成员开展，促进和确保其农业项目和专业活动，2020 年为 3700 多个项目提供了支持①。

二、法国农业互助保险反贫困的财政补贴

（一）法国农业互助保险反贫困财政补贴的优势

1. 对农业互助保险给予充足的保费补贴

法国实行"低费率高补贴"的农业互助保险政策。政府对重要动物和农作物，如牛、猪、蚕、水稻、小麦、果树等，实行强制性保险，并给予保费补贴支持。例如作物气候综合保险的补贴率为 65%，触发率为 30%，免赔额为 25%。高比例的补贴减少了农民的保费支出，使农民的可支配收入增加。这使得农民对农业互助保险的认同感增强，从而在很大程度上提高了其参保的积极性。

欧盟共同农业政策（CAP）会涉及农业保险补贴政策。法国是 CAP 补贴的最大受益国，来自欧盟的补贴占其补贴总额的 80% 左右。2005 年，法国开始实行多风险农作物保险计划（MPCI）。2016 年，对合同进行了调整，以提供不同水平的 EAFRD 补贴。对于 2021 销售年度，两个级别（基本级别和可选补充担保）的援助率分别为 65% 和 45%②。补贴资金来自中央政府，地方政府可视情况提供补贴。

---

① 数据来源：法国安盟集团网站。
② 数据来源：法国农业部网站。

2. 对农业互助保险实行税收优惠政策

法国农业互助保险机构由政府出资建立，是专门经营农业保险的机构，政府提供财政补贴。法国的农业保险互助社和政策性农业保险机构都不是以盈利为目的，且都能享受法国政府在保费补贴、风险分散等方面的政策支持，因此法国农业保险产品的定价都是遵循低费率的原则。

法国政府通过立法保障，对经营农业保险的机构实行税费减免优惠的政策措施。免征赋税的范围涵盖收入、资本、财产和存款。如 DPA 政策，农民辛勤工作的储蓄可免于纳税，并鼓励农户运用该储蓄积极参保。法国政府的这些行为，极大地鼓励了农户参保的积极性。同时法国的农业保险理赔范围广、速度快，这不仅保障了农民的权益，还提高了农业市场和金融市场的运转效率。除此之外，法国农业互助保险还为投保人提供担保和较低利率的贷款。表 4-2 整理了法国农业保险补贴品种种类及补贴率。

表 4-2　2006—2021 年法国农业保险补贴品种种类及补贴率

险种	承包作物	承保风险	费率	补贴率
雹灾	所有作物	冰雹、风灾	平均费率为2%，水果、蔬菜为 7.6%	2006 年起水果、蔬菜补赔率为 7.5%
雹灾及水果霉冻（多重风险）	水果产量收益	冰雹、大风及霜冻	8.6%	25%（自 2006 年起）
复合保险（多重风险）	谷物：油籽和蛋白作物	冰雹、大风及霜冻	2.15%	10%（自 2006 年起）
包含所有农作物（产量）	除饲料作物收获机具之外的所有农作物	冰雹、大风及霜冻、洪水、干旱等	1.6%	35%（青年农民为 40%），25%的特许经营权

资料来源：法国国家统计年鉴整理得到。

（二）法国农业互助保险反贫困财政补贴的不足

1. 农业互助保险反贫困的积极性有待提高

由于农业互助保险极易受到气候因素的影响，有着风险管理成本极高的特性，在预防控制风险时需要不菲的资金。农业互助保险公司赔付数额大、赔付次数也比较频繁，这迫使保险公司开展其他的盈利型业务。政府在加大支持力度的同时还要考虑如何才能让保险公司更加积极参与农业保险市场，并且为农业的发展做出更多的贡献。为了改善农业互助保险发展的外部环境，政府及有关部门应当尽可能地加大对农业保险的扶持力度，规避农业保险的高风险。

安盟保险公司在经营农险业务的同时，广泛开展非农险业务。2020年安盟集团营业额为144亿欧元，其中法国119亿欧元，净收入是3.45亿欧元①。安盟集团还经营汽车保险等险种，来弥补农业保险赔付所造成的巨大亏损。目前保险公司享受的优惠政策不够多，仅仅免征营业税与印花税还远远不够。政府应鼓励保险公司积极开展业务，激活其市场爆发力。

2. 农业互助保险补贴政策存在不公平之处

尽管法国实施的补贴政策非常充分，但在补贴政策实施过程中可能会出现不公平的现象，使贫富差距进一步扩大。法国保费补贴和税收减免往往更有利于大农场主，对于一些地理环境恶劣地区的农民来说，补贴只能满足基本的温饱，不能给自己带来更多的收益。如果这些风险条件不同的农户按照相同的保险费率投保，那么农业互助保险的保障就没有公平可言。因此，收成不佳的农户不能维持生计，无法获得农业生产的收入，导致生活越来越贫穷，和富人的收入差距越来越大。这种无差别的补贴方案会使社会陷入恶性循环，产生不可估量的消极影响。

法国逐步淘汰补贴贷款，增加对农业控股的投资，以加强青年农民捐赠基金（DJA）。DJA的金额在2016年至2018年期间增长了约56%，平均达到31000欧元。2019年，DJA的平均金额约为32000欧元②。在恢复和现代化运营的基础上，引入了一种新的DJA替代方式，以取代补贴贷款，这种新方

---

① 数据来源：法国安盟集团网站。
② 数据来源：法国农业部网站。

式已在 2017 年在所有地区逐步全面生效，自 2018 年以来提供援助。

三、法国农业互助保险反贫困的保障范围

（一）法国农业互助保险反贫困保障范围的优势

1. 农业互助保险反贫困的保障范围广泛

法国农业保险的承保范围不仅只有针对农作物风险的保险类别，包括农产品的损失风险，比如传统的种植险和养殖险，创新的草原保险和森林保险等。而且还有针对农民的人身险别，包括农民的人身、财产保障等，例如农场财产险、责任险、农民人身险等。种植险的主要内容是对农业收成进行承保；而养殖险则更多地是主营与财产有关内容的保险，如对家禽与牲畜一般不单独成为保险标的，而是将饲养家禽牲畜的屋舍等辅助农业设施一体承保。

2020 年 9 月，法国遭遇干旱危机。法国大部分地区都没有降雨使得土壤干旱，这不利于收成作物的出苗。面对持续的干旱浪潮，农业部正在采取新措施来支持农民。农民可以通过投保旱灾保险等险种，减少损失，解决农民的作物减产问题，对法国现代化农业形成有效的保护。

2. 农业互助保险反贫困有着健全的风险管理机制

法国农业保险的风险管理机制是一个层级式体系，总共分为三个层级。第一个层级是农场主，农场主本身是投保人，农业风险经过参与农业保险转移给保险人承担，但为分散风险，防止出现道德危机，因此 30% 以内的风险损失由农场主自担。第二个层级是互助保险，损失程度在 30% 以上时，由保险公司进行赔付。第三个层级是国家巨灾风险管理基金的后置性救助，即当国家出现全国性的巨大自然灾害导致农业生产损失时，由政府设置的国家巨灾风险管理局予以扶持。

在 2020 年法国受气候影响干旱严重，政府宣布巨灾风险管理基金在未来几年会加大支持力度，以此来预防干旱风险，保证农业保险能够充分为农

户提供补偿。对于农业生产中不可保的灾害风险，法国政府额外提供止损再保险，并成立了农业灾害保证基金作为农业互助保险的补充，降低了农业保险公司因所需承担的理赔金额过大而倒闭的风险，以保证农业保险的持续健康发展。

3. 农业互助保险集团助力反贫困

法国农业保险中，互助保险集团的承保范围广，覆盖范围大，特征明显，优点突出。法国农业互助保险集团下有四家子公司来承保不同类别的保险：农业互助保险公司负责法国农户的财险、疾病险和意外伤害险；非农业财产保险公司负责非农户的财险、疾病险和意外伤害险，承保群体是屠户、食品手工艺者和小商贩；农民寿险公司负责人寿保险和死亡保险业务；农业再保险公司负责分保。设立农业保险险种前，保险集团必须先进行可行性分析，再通过试点进行实践，没什么问题之后再推广至各地。法国农业互助保险社采取"以险养险"的多元化经营策略，在农业生产保险之外经营其他农村保险品种分散风险、保持财务平衡。表4-3介绍了法国农业互助保险合作社的主要经营内容。

表4-3　法国农业互助保险合作社的主要经营内容

种植业、养殖业	法定保险	掌握国家命脉的农作物（小麦、水稻、大麦等）
		对农民收入影响较大的饲养动物（牛、马、猪、羊、蚕等）
	自愿保险	其他作物（水果、蔬菜、花卉等）
		其他饲养动物（鸡、鸭等）
农业保险的其他经营领域		人寿保险、财产保险（非农业）

2020年，安盟集团占据了国家农业保险65%的市场份额，为法国70%的农场和农民提供了服务①。安盟集团主要承保两种风险：一是农业从业者

① 数据来源：法国安盟集团网站。

和家属的风险，其保费收入占据了总数的八成；二是农业合作社及分支机构的风险，其保费收入占据了总保费的二成①。

（二）法国农业互助保险反贫困保障范围的不足

1. 农业互助保险的经营风险高

法国农场在经营过程中，特别容易受到气候事件的影响，如 2015 年、2018 年、2019 年和 2020 年的干旱，2016 年的洪水，2017 年的霜冻。因此，农业互助保险虽然对社会贡献极大，但经营风险也非常高，很容易造成保险公司的亏损。法国从事农业生产的农户遭遇的农业潜在风险极大，但往往会风险自留。全国仅有农业互助保险覆盖地区的农业生产全面落实农业风险的保险保障。

法国是一个灾害频发的国家，近几年主要是干旱。为支持面临特殊情况的育种者，农业和食品部部长朱利安·德诺尔芒迪决定授权受干旱直接影响的育种者使用休耕区放牧或割草生产饲料。2018 年，在其他地区遭受干旱的同时，奥德省受到洪水的严重影响。地方相关部门调动 740 万欧元的补偿金，确保农民可以得到足够的补偿②。农作物受到自然灾害的侵扰，往往会导致巨量的损失赔付，这对于法国政府和保险公司来说都是难以承受的代价。

2. 农业互助保险反贫困的保障范围不全面

由于法国各地政府的经济实力和地理环境有所不同，农业保险保障范围难以对各个地区全覆盖。因此农业互助保险采取明显的差异化政策，以提升保障深度来带动保障水平的提升。不同的保险实施差异化的农业补贴，不同的参与主体获得不同的保费补贴。根据这种差异化的保费补贴政策，来引导农民积极主动地参与农业保险。

---

① 数据来源：法国安盟集团网站。
② 数据来源：法国农业部网站。

法国政府对大部分的农业互助保险不提供保费补贴，只有少数的保险产品（如 MPCI）能够得到。所以，保险公司更侧重于经营和推广政府财政补贴范围内的保险险种。这使得多年来农业保险的覆盖面基本不变，保障广度稳定在 31% 左右①。另外，MPCI 的范围和运作方式仅限于数量损失，证明作物损失水平超过年产量的 30%，农场生产总值损失超过 13%，赔偿的水平根据产品的不同，在损失的 12%—35% 之间②。

四、法国农业互助保险反贫困的保障水平

（一）农业互助保险反贫困保障水平的优势

1. 农业互助保险反贫困的保险责任不断扩展

法国为了促进农业互助保险反贫困，不断扩展保险责任和保障范围。以种植业保险为例，由于法国得天独厚的自然条件，发生的灾害很少，因此长期以来种植业承保的只有雹灾。2005 年之后，风灾、旱灾、霜冻才陆续被纳入其中。养殖业主要承保财产险，承保标的包括农业设备工具、房屋设施等。其中，畜禽的承保责任为除疫病外的火灾、自然灾害和意外导致的窒息死亡事故。

作物气候综合保险就是保险责任不断扩展的一个险种。购买作物气候综合保险合同是获得赔偿的最佳方式。因为该险种尽可能接近实际遭受的损失，以确保农场的可持续性，使农民的受益责任范围扩大到所有气候风险，并适应农民的个人需要。2019 年，法国农民购买了 7 万多份气候综合作物保险合同，占法国农业面积的 31.6%③。

2. 农业互助保险反贫困的保障水平较高

法国农业互助保险承保的险种多样化，主要可以分为两类。一类是直接

---

① 数据来源：法国农业部网站。
② 数据来源：法国农业部网站。
③ 数据来源：法国农业部网站。

保障农业生产的险种，如种植业险、养殖业险等。另一类是保障农民财产及人身安全的险种，如责任险、财产险、农民的人身险等。这样的互助保险制度使农民和农场都得到了全方位、多领域的保障。根据国际相互合作保险组织联盟统计，2020 年，在 10 个最大的全球保险市场中，相互保险的市场份额法国占比达 51.8%，而我国却仅占到 0.2%①。这也从侧面反映出法国农业互助保险的保障水平比我国高很多，发展也较为成熟。

例如安盟集团是法国健康保险的领导者，截至 2020 年底汇集了超过 200 万受益人②。2020 年，安盟集团推出的 AgriProtect 保险产品包括一组特定的保险范围：一是商品覆盖范围，包括建筑物及其内容，多气候危害，机器故障，IT 风险，畜群死亡率，多年生植物，优良动物的破坏；二是业务范围，包括民事责任，农业机械造成的损害，土方活动，短路产品的销售等；三是个人保险，包括工作事故，私人生活，法律保护等。

（二）法国农业互助保险反贫困保障水平的不足

1. 较低的保险费率抑制农业保险反贫困发展

一个国家的农业保险保障水平高低，与该国国家实力和经济发展水平呈正相关。法国虽然是新兴发达国家，但近几年经济状况不景气，社会贫富差距较大。农民处于相对弱势的群体，维护农民权益的意义重大。农户需要将农业生产经营中的各类风险转移，获得农业保险保障，特别是风险发生造成的经济损失能够得到及时赔付。然而法国农业保险虽然涉及的面广泛，险种多，但总体而言，法国农业保险的费率较低。

如在法国卢瓦尔河谷地区，费率水平要比中国低很多。2020 年，种植葡萄的农场主对每公顷的土地缴纳 11.7 欧元的保费（约合每亩 5.5 元人民币，中国每亩在 18 元人民币左右）③。保险费率的低下会使得农民得到的保障不

---

① 数据来源：ICMIF 网站。
② 数据来源：法国安盟集团网站。
③ 数据来源：法国农业部网站。

够，这也是法国近年来农民收入低下，农场主面临破产的原因之一。农业的衰落还会导致社会贫富差距拉大，社会整体福利水平下降。

2. 保险公司承受能力有限使农业互助保险反贫困受阻

在发生巨灾风险时，商业性保险公司的承受能力有限，只有国家的力量才能抵御风险带来的损失。随着农业现代化程度的不断加深，法国如今的农业保险环境发生深刻变化。专业化和集约化的生产经营方式导致法国的农业人口和小农生产逐渐萎缩，互助制农业保险的基础正在动摇。由于保障水平以较低的保产量为主，加之长期的农险经营和萎缩的投保群体，使法国农业保险市场的供给趋于饱和。

2020年，法国安盟集团估计其为应对新冠危机而付出的努力为3亿欧元，还未考虑超过1亿欧元的不可收回的捐款①。此外，作为法国排名第一的农业互助保险公司，法国安盟公司还决定向农民偿还拖欠两个月的保险金。以此感谢农民在疫情期间做出的巨大贡献，避免法国粮食供应短缺问题的发生，并声援农业产量下降。

第四节　法国农业互助保险反贫困的社会体现

PEST理论中，社会环境以人为本，主要是文化背景和人口环境。保险营销的外部环境可分为人口环境、经济环境、政治环境和社会文化环境②。二者对照，选取庹国柱教授强调的发展历史、保险意识和社会效果，对法国实施农业保险反贫困的社会体现进行分析。法国农业保险发展历史悠久，农民的保险意识萌芽早，这两方面体现了PEST理论的价值观念和文化教育。特别选取实施农业保险要达到的社会效果，不仅是对PSET理论社会层面的考量，也与本章引言强调的"社会因素是为了政治目标服务"相呼应。

---

① 数据来源：法国安盟集团网站。

② 庹国柱：《保险学》，首都经济贸易出版社2004年版，第269页。

一、法国农业互助保险反贫困的发展历史

（一）法国农业互助保险反贫困发展历史的成功经验

1. 政府支持农业互助保险反贫困

1840 年，少数农户自发成立了法国历史上第一个农业互助保险社。政府对这种新兴的模式非常支持，于是投入国家财政促进其发展。农业互助保险社受到广大农民的认可，而其成立的初衷是为了抵御火灾风险。后来在政府的推动下，这种模式开始在全国推广。农业保险机构和互助保险公司的诞生，有效地应对了农业风险。农业互助保险逐渐兴盛起来，为保障农业稳定发挥重要的作用。

大约经过 100 年，互助保险几乎覆盖了农业生产的全领域。"二战"的进行打断了互助保险的发展，因而政府出台了一些措施来帮助其恢复发展。如分别在 1964 年和 1966 年，制定农业灾害保证制度和设立再保险机构。20世纪 80 年代后，法国农业互助保险开始集团公司化发展。表 4-4 整理了1900—1940 年，也就是法国农业互助保险在变革最大的 40 年间的发展历程。

表 4-4　1900—1940 年法国农业互助保险发展历程

时间	法国农业互助保险的发展
1900 年	农村互助保险公司的地位由立法确立
1903 年	第一个大区级再保险公司建立
1906 年	火灾保险互助总公司建立
1908 年	牲畜保险互助公司建立
1912 年	国家火灾和牲畜保险互助公司建立
1922 年	农民意外事故保险由农村互助保险公司管理
1923 年	事故险和冰雹互助总公司建立
1934 年	农业互助保险公司 SAMDA 成立
1938 年	车险服务由地区性农业互助保险 AMA 提供

资料来源：法国历年统计年鉴。

2. 保险组织响应农业互助保险反贫困

1990 年，法国在世界范围开启了国际保险业务，农业互助保险的创建是为了保护和服务当时代表国家财富 80% 的农民①。互助保险公司在这一形势下，为增强风险负摊与赔付能力，纷纷走向集团化。作为贴近客户需求的组织，安盟集团拥有一百多年的历史，是互助保险市场中的佼佼者。安盟集团依靠尖端的专业知识，为农户提供精准的服务，成立之后快速地发展壮大。

2011 年是安盟集团发展的转折点。因为收购了甘保险集团，安盟一跃成为市场领先的保险集团，知名度和影响力迅速提升。2014 年，对组织章程进行了修订，以将其作为由农业互助保险公司和再保险公司或基金组成的网络的中心机构的作用纳入其公司宗旨。2018 年，安盟集团的中央机构 Groupama SA 转变为国家农业互保基金。截至 2020 年，安盟拥有 31500 名员工，其中 6500 名是海外员工为 1200 万会员和客户提供服务②。

（二）法国农业互助保险反贫困发展历史的失败教训

1. 在农业互助保险反贫困过程中忽略农民的需求

农业的位置和社会的需求发生了变化，农民常常会感到被看轻、被误解。这些变化不仅会造成经济性质的损失，还使一些农民生病，甚至自杀。为了有效地应对农民自杀，有必要了解心理社会风险因素，例如财务压力和债务，人际关系问题，特定的生活事件。研究表明，与法国总人口的平均水平相比，农民自杀风险概率较高，这与农民举步维艰的处境有很大程度上的关系。

为了解决农民的抑郁问题，政府与 MSA 及其他协会合作预防农民自杀。一旦确定了陷入困境的农民，政府及相关部门就会实施几种支持机制，例如帮助农场进行全面审核，对农场进行财务支持或者喘息的帮助等。奥利维

---

① 数据来源：法国农业部网站。
② 数据来源：法国安盟集团网站。

尔·达迈辛说："即使人们难以证明农民的经济和社会状况与自杀风险之间的联系，对不安因素和自杀风险的认识也在不断提高。"

2. 农业互助保险反贫困制度仍不完善

法国互助保险制度是百年历史的产物，在全欧洲甚至全世界享有盛誉。最初是冰雹保险，逐渐发展壮大，后来建立了区域性的互助保险公司。安盟保险公司抓住机遇，顺势发展，在农业互助保险市场上总缴款百分比占首位。然而当今世界瞬息万变，如果农业互助保险制度一成不变，势必会落后其他农业大国。政府和互助保险公司必须携手合作，在制定战略时与时俱进，不断调整保险解决方案。

法国的农业互助保险虽然起步早，发展历史较为悠久，但是其农业保险规模较大的险种仅仅局限于家畜和冰雹方面。农作物保险中，对于风险较高的险种覆盖面并不大。从 2005 年开始，法国才开始补贴作物气候综合保险（MPCI）。农业的战略性质在新冠肺炎疫情危机中更加突显。2021 年，作为修订 2020 年预算金融法的一部分，农业和食品部长朱利安·德诺尔芒迪宣布动员 1020 万欧元帮助最脆弱的公共和私营农业技术机构①。

二、法国农业互助保险反贫困的农民保险意识

（一）法国农业互助保险反贫困农民保险意识的优势

1. 农民自愿加入农业互助保险协会

法国首个互助保险协会就是几家农户自发成立的，这就从侧面反映了农民知道采取这样的方式来分散风险，对保险有较高的认知。在互助保险协会及类似的机构中，农民能获取关于农业保险的宣传教育内容，这些都日常渗透在了农民的日常活动中。农场主一般都具备较强的风险意识，大部分的农民能自愿加入相互保险协会，交纳保费和会费。

① 数据来源：法国农业部网站。

农业相互保险协会数量众多，几乎覆盖了法国的各个乡镇。截至 2021 年，法国有 1.3 万多个农业相互保险协会，农业合作企业 3800 多家，90% 的农民参加了互助保险社①。农业互助保险协会对农产品的每个流程都有所助力，渗透在产业链的方方面面。法国农业互助保险协会致力于捍卫农民的利益，利用政策资金，帮助农户管理风险并回应他们的需求。农业互助保险协会也会向农民传授防御风险的知识，更好地发展农业，从而提升福利指数。

2. 参加农业互助保险的农民文化程度较高

据统计，截至 2021 年，法国年龄在 25—64 岁之间的成年人中，有 78.4% 的人已经完成了高中教育，受教育年限为平均 16.5 年②。法国对青年农民素质有较高要求。青年农民若想从事农业，必须先经过相关的技术和经营等培训并取得证书。而且在从事农业生产之前，必须有一定时间的实习以获取经验。如法国图尔市一家公立农业学校，每年到初中学校进行宣传，初中毕业生自愿报名、无需考试，满足一些基本条件即可入学，享受免费教育。学校还与附近农场合作，为学生提供实习的机会；同时，学校有生产部门，学生可学以致用，生产产品并向市场出售。

一个国家的教育水平越高，则农民了解农业保险的渠道越广。如果农民的文化程度较低，则会对农业保险的认知有所欠缺，农民会从心理上误解参保的意义和价值③。参保意愿不高，农业保险的需求必然十分有限。法国政府对农民的培训计划和教育框架，有效地唤醒了农民对保险的需求，这为农业保险在法国的高速开展，无疑铺平了道路。

3. 农民实行就业准入制度

法国实行严格的农业就业准入制度。青年农民在就业时，会受到农业和食品部的引导和援助。服务不仅包括信息公示、培训技术、注册企业等，还

---

① 数据来源：法国农业部网站。

② 数据来源：OECD 数据库。

③ Enjolras G., Capitanio F, Adinolfi F., "The demand for crop insurance: combined approaches for France and Italy", *Agricultural economics reviews*, Vol. 13, No. 1 (2012), pp. 5-22.

针对个人情况帮助农民制定经营计划，让农民能够更高效地管理农场。经过一系列严格程序后，青年农民才能最终获得经营农业的资格认定。国家对于青年农民也有支持政策措施，除了提高农业保险保费补贴比例，还给青年农民安排一定数额的贴息贷款，并检查督促青年农民严格按照计划使用。

法国的农业教育由法国的农业和食品部负责，截至 2020 年，共拥有 800 家农业技术教育培训中心。凭借农业教育文凭，能够享受国家的补贴和相关的优惠政策。2020 年农业教育考试成功率达 92.6%。有两个远程数字课程（MOOC）即生活专业和环境和土地利用规划工作，介绍了农业高等教育的专业和培训课程，都可以在法国数字大学（FUN 平台）上找到。在年底时支付的额外援助是农业和食品部已在年度私营部门联合会拨款范围内提供的年度补助金的补充。该援助涉及 55 个地方公共农业教育和职业培训机构（EPLEFPA），22 个国家私人农业教育理事会（CNEAP），5 个国家农村教育和促进联盟（UNREP）的机构以及 47 个农村家庭之家（MFR）①。

（二）法国农业互助保险反贫困农民保险意识的不足

1. 劳动力短缺不利于农业互助保险反贫困

尽管法国农民的文化程度较高，但法国的劳动力和耕地资源优势均不突出。近年来，地理环境有一定程度的恶化。法国要想使农业产量快速增长，只能通过发展适度规模经营，依靠生物技术和机械化同时提高土地产出率和劳动生产率。没有劳动力就无法采收，没有季节性的劳动力，农场无法正常运转，预计未来法国劳动力会持续短缺。

法国即将进入农收季，但因为新冠肺炎疫情的限制性措施阻止了许多外籍劳工参与农收工作。农会负责人吉哈尔蒂认为，法国农民无法承受雇佣新手造成的损失。农业和食品部及行动逻辑小组决定将新冠肺炎疫情危机期间动员的季节性农业工人的住房援助扩大至去年 6 月预留的 600 万欧元。考虑

---

① 数据来源：法国农业部网站。

住宿限制，由于必要的健康预防措施而更为严峻，自 2020 年 4 月 1 日起，为季节性工人提供的住房费用补助范围扩大了。每月 150 欧元的补贴应在季节性工作开始之日支付。无论服务时间长短，雇用期限和雇用合同的性质如何，能够每月获得 150 欧元①。

2. 农民老龄化趋势加强抑制农业相互保险反贫困

目前法国农民老龄化趋势加强成为社会关注的焦点，发掘更多的农业产业人才是农业部的当务之急。法国从事农业的生产人员近年来相对缺乏，不少农场人手不足，在收获期只能雇佣短期劳动工。新冠肺炎疫情危机来临，法国农业就业人口短缺问题愈演愈烈。随着老龄化社会的到来，法国政府应针对中老年农民做出更有效的教学和培训方案，让学习的效果更加显著。同时，应该加大补贴力度，更多地吸引年轻农民。

截至 2020 年，法国的农业和农业食品部门共有 150 万人。尽管 50% 的农场管理者将在未来 10 年内退休，但农业和食品部门正在努力招募人才。为了提高法国的食品主权和企业竞争力，对农业食品领域的年轻人进行培训也是必不可少的。法国农业和食品部将发起一次公众运动，以宣传 200 项农业和农业食品专业与培训课程以及招聘需求②。该运动还旨在改变农业部门的形象，让新一代农民站在未来农业的最前沿。

三、法国农业互助保险反贫困的社会效果

（一）法国农业互助保险反贫困社会效果的成功经验

1. 农业互助保险提高了社会福利水平

农业稳定的受益者不仅仅是农民和农村，而是整个国民全体和社会经济，农业歉收使全社会的每个成员和整个社会的福利遭受损失，农业保险发挥着保证农业再生产和稳定国民经济的作用，使全社会享受农业稳定、农产

---

① 数据来源：法国农业部网站。
② 数据来源：法国农业部网站。

品价格低廉所带来的福利。政府通过对农业保险财政补贴，可以使社会福利大幅度地增加，而保险公司和农民只是获得其中的一小部分，大部分都回馈给了整个社会，从而增加了社会总福利[1]。

对 21 世纪的法国来说，农业保险的实施无疑提高了社会的福利水平。农业作为法国经济增长的中流砥柱，是法国最有实力、最发达的产业之一。农民群体也属于法国民众中的高收入团体。自 2013 年以来，Aurélie Clouet 一直在南特附近的 Petit-Mars 生产用"干草奶"传统特色保鲜（STG）制成的奶酪和乳制品，从事有机农业。她 80% 的产品直接从农场出售，有些甚至远销海外，优质的产品使她获得不菲的收入。

2. 农业互助保险提升了法国的国际影响力

法国开展农业互助保险，在世界市场上享有盛名。安盟集团作为第一大农业互助保险公司，自 1900 年创立以来，一直致力于金融服务的发展，促进法国经济的增长。与此同时，安盟集团积极地开拓海外业务，和多个国家或地区达成合作伙伴关系，使世界各地的人更加了解农业互助保险，提升了法国的国际影响力。

安盟集团在 9 个国家开展业务，在法国和世界的保险市场上都占据了强势地位。主要分布在欧洲（意大利、匈牙利、罗马尼亚、希腊、保加利亚和斯洛伐克），而在中国的增长动力很大。截至 2021 年 2 月，在法国以外，安盟集团拥有 6500 名员工，为 550 万客户提供服务，总营业额达到 24 亿欧元[2]。安盟集团的子公司，在中国是排名第二的跨国非寿险公司，在匈牙利排名第四。

（二）法国农业互助保险反贫困社会效果的失败教训

1. 高福利保障制约经济的发展

法国过高的福利保障严重制约了经济的发展。福利政策的长期推行，使

---

① 陈钦：《西方经济学的农业保险理论》，《农村经济与科技》2008 年第 9 期。
② 数据来源：法国安盟集团网站。

法国农业的世界领先地位有所动摇。首先是一旦遭遇巨灾风险，为了恢复农业生产，会产生高额的支出。这样势必会给国家造成财政负担，进一步导致通货膨胀率的提高。如果农户对农业的热情减退，那么他的农场产量不会增长，农产品质量得不到保证，法国农业的声誉和竞争力也会随之减弱。除了影响农户，沉重的财务负担也会打击互助保险公司的积极性。考虑农业的收益不符合预期，青年可能会到其他行业就业，造成农业生产技术人才外流。

法国为应对新冠肺炎疫情危机的社会保障措施付出了巨大代价，其中包括提供超过 26 亿欧元以提供部分失业救济金以及 41 亿欧元用于其他社会措施，这导致了约 52 亿欧元的赤字①。近年来，农业保险带给农民的福利有下降的态势。不过，法国的农业基础雄厚，如果政府能调整策略，迎合市场发展态势，农业保险依然会使社会福利提高。

2. 农业面临挑战对农业互助保险反贫困不利

法国农民群体面临着各种挑战。以牧民举例，市场对肉类奶类消费需求下降，农产品收入大不如前，农民这个职业的吸引力也随之减弱。来自布列塔尼的奶农克里斯蒂安希望政府能真正重视起农民的利益来。"这几年奶业的行情每况愈下，奶农挣得比以前少多了。"新冠肺炎疫情加剧，在某种程度上减缓牛奶价格上涨。Sodial 是法国著名的乳制品合作社。由于 Sodial 担心价格暴跌，于是寻求欧盟的帮助来调节市场。

由于法国的土地制度，农民对土地使用的竞争激烈，气候变化也严重影响资源，农业产值下降。欧盟共同农业政策（CAP）的未来存在诸多不确定性，在这种情况下，农业和食品部已委托对法国到 2035 年牧民的未来进行前瞻性研究。这项前瞻性研究通过三种情况探索了法国牧民的未来，并提出行动方案。

---

① 数据来源：国际社会保障协会网站。

第五节 法国农业互助保险反贫困的科技体现

PEST 理论认为科技环境是技术运用的发展变化，影响团体和其他环境。科技是当今影响保险市场最强大的力量之一，以互联网为代表的通信技术的利用尤其如此①。本节选取法国在农业保险中运用科技的实现目标、范围、效果进行分析。其中，运用科技要实现的目标是为了政治纲领服务，与本章前面强调的"科技因素是为了政治因素服务"相呼应；运用科技的范围和效果是对农业保险中运用科技的考量，也与经济因素方面农业保险的"保障范围"和"保障水平"形成相互呼应。

一、法国农业保险反贫困中运用科技的目标

（一）法国农业保险反贫困中运用科技目标的优势

1. 运用科技可以对市场进行调控

20 世纪 60 年代颁布的《农业指导法案》中就明确指出，技术是提高农业水平的重要工具。目前法国农业科研体系和配套的体系较为完备。根据法国统计局 2020 年的数据，法国国土面积 55.2 万平方公里，耕地面积1825.5万公顷，人均占有耕地 0.136 公顷。然而，每年因自然灾害造成的亏损大约 20 亿法郎②。因而，农业保险对于法国农业发展显得格外重要。

法国发展农业保险的政策目标是"解决市场失灵、提高市场效率和社会福利"，因此，法国在运用科技来提高农业水平、防范风险的实践中，最终也要达到调控市场的目的。调控市场的主要手段是通过价格，而农产品的价格很大程度上是由产量来影响的。对法国来说，在农业保险中运用科技的主要目标是

① 栗芳：《保险营销学》，中国金融出版社 2007 年版，第 79 页。
② 数据来源：法国国家统计局网站。

估测农作物的产量。如果能够通过科技手段，提前预估某种农作物的产量，并提前做好应对价格大幅变化的措施，这样就能对市场进行有效的调控。

2. 运用科技来完善价格应对机制

有了科技的支撑，预估农作物的产量变成现实，因而法国政府可以依据预估的产量，提前做好价格应对机制。从近期欧盟农业政策调整来看，价格直接干预已经被废除，而相应的改革目标也变为"让价格信号更好地指导农民生产"。欧盟无论是对目标价格和门槛价格的废止、牛奶等农产品产出限额的取消以及直接补贴的脱钩化等，都是旨在进一步完善其农产品市场价格的形成机制，以尽可能少地干扰市场价格。此外，欧盟在保障农民收入问题上已经脱离了价格支持政策手段，以市场化手段替代。

法国运用科技要实现的最终目标，还是对市场进行调控，提高社会福利水平。2020年4月，农场历史上迈出了新的一步。100%电动除草机器人的到来，给农业生产提供了极大的便捷。来自朗德的马克·拉里乌与父母，两名固定工人和两名季节性工人一起种植多种时令水果和蔬菜。他说"一年来，由于这项新技术，我们减少了工作的艰巨性。未来几年，农业与机器人技术之间的联系将会加强。"

（二）法国农业保险反贫困中运用科技目标的不足

1. 运用科技的目标不能解决贫富差距

运用科技提高农业保险保障水平最终还是要为政治目标服务。科学技术的运用效果体现在法国不断提高的产量和生产效率上。法国估测农作物产量，是为了提高农作物产量，保证农民在生产过程中能得到合理的风险保障。但是不能只考虑市场效率，不考虑社会贫富差距，应该综合其他因素。

科技的运用并不能很好地解决社会贫富差距问题，因为法国的政治目标是加强社会保障体系的建设。但仍然不能否认科技带来的正面影响，科技在农业互助保险反贫困中必不可少。在法国农业国际沙龙和农业机械国际沙龙2019

年之际，法国安盟集团宣布推出 GARI，这是一种独特的农业应用，并揭示了一项史无前例的研究结果，该研究与 BVA 研究所，有关在农业领域应用新技术的信息。在一个应用程序中，GARI 允许农民通过一套连接的服务来监视和管理他们的农场。GARI 旨在满足农民对其农场进行风险管理的期望。

2. 运用科技的过程中消费者要求不断提高

如今消费者的要求越来越高，例如要求农产品具有生态环保性和可追溯性。面对消费者日益增长的农产品消费需求，生产者必须使用合理的农业科技方案，才能适应新型消费趋势。作为农业服务领域充满活力和创新的参与者，安盟集团正在农业领域开发新技术，借助数字科技为农民提供新的视角。

数字农场（La Ferme Digitale）成立于 2016 年，是一个创立时间不长的协会，由来自农业界的 5 个对农业感兴趣的年轻人创立，对农业和食品行业的发展抱有相同的愿景。这些创立者了解农民和消费者的需求和喜好。随着农业科技的蓬勃发展，数字农场不断发展壮大。该协会汇集了 21 家农业技术公司和食品技术公司的初创公司，他们携手合作，展示了新技术如何使农民提高生产率，提高竞争力并贴近消费者的关注，以便更好地生产和推广农产品。

二、法国农业互助保险反贫困中运用科技的范围

（一）法国农业互助保险反贫困中运用科技范围的成功经验

1. 作物遥感估产技术运用于农业互助保险反贫困

法国在农业生产中广泛运用到了大数据技术。作物遥感估产技术作为其中一项主要技术，在辨别标的品种、监测动植物生长情况和估测标的产量方面发挥了重要作用。在运用过程中需要通过卫星传感器获取和记录数据，并结合生物的光谱特征进行预估。保险公司在确定理赔农民前，邀请具有公信力的第三方平台运用该技术进行预测产量工作。第三方一般由高校和研究所

等具有科研能力的机构出任，在农作物收获前及时公布结果。这对市场的运行、社会福利的提升，都有促进作用。

1988—1998 年，欧盟建立了农作物估产系统，实施"MARS"计划。实施该计划的目的是监测和预估作物产量，为政府确定农业补贴和进行市场调控提供依据和支持。法国作为欧盟成员国，在农业生产中也广泛运用了该系统。目前，在致力于相关传感器的研究的科技公司中，Hiphen 等表现亮眼，取得突破性进展，覆盖领域较为广泛。

2. 农业信息数据库运用于农业互助保险反贫困

经过多年的发展，法国农业信息数据库已十分完备，涵盖了种植、渔业、畜牧、农产品加工等各个农业领域，法国农民足不出户便可了解基础农业信息行情。随着数字科技的快速发展与运用，如今人们扫描一下商品的条形码即可得到商品的产地等相关信息，为产品溯源提供了更加便利的条件。食物链监测平台（SCA）开放站点，并且向专业人士和公众开放。

农业科技初创公司的兴起突显了数字技术在农业领域所具有的巨大潜力。数字技术既可以提高产品的可追溯性和消费者信息，也可以成为农业生态转型的驱动力。法国农业和食品部数字农业项目经理 Cécile Poulain 解释说："数字技术被证明是一种更好地了解生态系统动态和复杂性的强大工具。"为了促进农业生态转型，农民、研究人员和创新者之间的数据共享是必不可少的，以此加强数字化转型对农业部门的贡献。

（二）法国农业互助保险反贫困中运用科技范围的失败教训

1. 农业互助保险科技推广面临多重阻力

从生态和经济绩效方面来看，科学技术所带来的利益与农业生态转型息息相关。科技对农产品的作用是一种长期的效果。一方面，由于缺乏相关科技知识，很多农民对传感器等新兴技术抱有怀疑的态度。另一方面，农业科技带来的改变和成果不能很快地呈现出来。科技运用逐渐在农业和农民中普及，意味着需要更多的科技农业相关人才。

目前法国有专业知识的技术人才还在培养中，政府应该投入更多农业教育资金。当然，可以由农业和食品部组织对农业科技运用的实践培训，农户在培训会议上学习和交流经验，让科技能够造福广大农民。NaoTechnologies 公司提供了例如用于除草和协助收割的农业和酿酒机器人，从而使操作员摆脱了痛苦繁重的工作，并减少了除草剂的消耗。其他科技解决方案例如无人驾驶飞机，也是技术创新的一部分，更精确、更节约资源地进行农业服务。人工智能、应用大数据、互联网技术等农业科技得到了充分展示。

2. 农业互助保险反贫困领域研究不够深入

农业互助保险反贫困领域研究不够深入。比如空中无人机技术，空中无人机是已经集成到某些农业运营管理中的未来技术，目的是捕获用作精确农业载体的农艺信息。农业世界配备了无人驾驶飞机，其用途在未来几年中会越来越多。安盟与农业无人机的领导者 Airinov 携手合作，以支持无人机的发展，保护风险和为农民提供新服务。

虽然无人机在农业上非常有价值，但是目前仅有监测农作物状况的无人机出现在公众视野中。除了提供用于农业的空中无人机，并希望密切监视未来的农业，安盟本身还将成为无人机在为农民提供保险服务过程中所使用的信息的使用者。这样就可以使专家的技能更加可靠，从而使购买安盟集团农业互助保险的农民满意。2020 年，安盟集团出席农业国际沙龙（SIA）和国际机械化沙龙（SIMA），并使用此农业世界展示柜向公众展示开发的设备 Airinov。

三、法国农业互助保险反贫困中运用科技的效果

（一）法国农业互助保险反贫困中运用科技效果的成功经验

1. MARS 计划运用于农业互助保险反贫困

农业生产与现代信息技术的结合，不仅促进了信息化的前行，也推动了

农业的发展。法国的农业部门已经建立起完备的数据库，结合新兴科技进行信息整合，不仅为农业生产提供了科学的依据和指导，也成为政府调控市场的有力武器。表4-8是法国运用欧盟农业遥感估产业务系统"MARS计划"的详情。

表4-5　农业遥感估产业务系统"MARS计划"实施详情

系统名称	MARS 计划
国家和机构	欧盟联合研究中心
研发开始时间	1988 年
采用的遥感数据	（1）面积监测主要采用 SPOTX，部分采用 LandsatTM、IRS 和雷达数据 （2）长势监测主要采用 SPOT-VegetationNDVI 和 NOAAAVHRRNDVI
主要方法	抽样方法采用分层面积采样抽样 估产方法采用遥感数据与地面气象数据、作物生产模型结合
主要监测作物种类	小麦、大麦、水稻、玉米、油菜、向日葵、甜菜、土豆、牧草等
检测范围	欧盟地区及全球热点区域
业务产品	每年提供6—8次欧盟和邻近国家的主要作物长势检测和产量预报

资料来源：JRC 官网。

以2015年为例，7月是玉米的关键生长期，而法国当时的天气持续高温干燥，同时伴有热浪。受到恶劣天气的影响，非水浇地玉米作物遭受严重损害。农作物产量极大地影响了其价格。MARS对玉米产量看低，法国政府为了防止玉米价格的大幅攀升，提前做出行动，避免了民众对玉米的哄抢和过度抬高玉米替代品的物价，维持了食品市场的稳定。因此，科技在农业市场和农业保险中的广泛运用，可以有效地对市场进行调控，维持物价稳定。

2. 农业研究机构助力农业互助保险反贫困

法国政府高度重视农业研发、教育与技术推广，鼓励公立农业研究机构和私立农业研究机构的开展，通过法国农业与农村发展特殊基金会（CAS-DAR）进行资金支持。2009年法国成立了由两个研究机构法国农业科学院

（INRA）、法国国际农业研究中心（CIRAD）以及四个研究与培训组织共同组成的国家联盟。目前法国农业科研队伍已经取得显著成就，技术成果得到了广泛的普及与运用，极大地提高了法国现代农业的国际竞争力。

聚合农业研究所（DigitAg）是法国"未来投资"下资助的 10 个聚合研究所之一，是唯一一家致力于农业的融合研究所。它还是 Occitanie 地区唯一的融合研究所，也是 I-Site MUSE Montpellier 卓越大学的第一所。截至 2020 年，有 4 个研究组织，29 个研究单位，3 个高等教育机构和 500 名研究人员和科学家①。这种农业创新孵化器因其规模和跨学科性而在世界范围内独树一帜，旨在围绕数字农业联合研究，培训和创新。

（二）法国农业互助保险反贫困中运用科技效果的失败教训

1. 农业互助保险反贫困现代化水平逐渐落后

近年来，由于气候条件不佳、农民数量锐减和市场利益分配不均，法国农业正经历着多重困境与挑战。然而，德国和荷兰等欧洲国家通过政府扶持和创新技术已经在农业上崛起，农业整体发展颇具潜力。法国和其他国家在世界上的农业水平差距已然缩小，优势不像 20 世纪那样明显。在现代化水平上法国农业虽有进步，但增长速度不如其他农业大国。

数字科技正在为传统农业开辟出一条全新的发展道路，并且已然成为各国提高自身农业竞争力的关键力量。奥克西塔尼亚地区正在建立一个区域"生活实验室"OccitANum，由 7 个"开放实验室"组成，以借助数字技术加速农业生态转型并部署区域化食品系统。该项目是政府发起的"创新领域"计划的 2019 年度获奖者。2020 年，该地区 50% 的农民参与了农业生态转型②。

2. 农业互助保险反贫困科技利用率不高

法国认识到数字化在农业和食品领域的重要性，将其作为在实施农业政

---

① 数据来源：法国农业部网站。
② 数据来源：法国农业部网站。

策的杠杆。但目前法国科学技术的覆盖范围不够广泛，技术水平有待提高，数字化服务需要完善。总体来看，在农业互助保险反贫困中科技的利用效率不高。法国农业部门应该鼓励对传感器和机器人技术的发展进行研究，扩大网络覆盖范围，同时培育农民在数字技术方面的技能。

La Ferme Digitale 成立于 2016 年 1 月，汇集了超过 45 家在农业和食品服务领域进行创新的成员、初创企业和公司。该协会的目标是促进创新和数字技术的发展，以实现"更高效，可持续和公民意识的农业"。La Ferme Digitale 成员的活动领域包括与农业有关的供应、融资、营销、大数据等。2020 年 La Ferme Digitale 组织 LFDay，这是第一场致力于农业创新和技术的活动，每年召集 100 多家法国和国际 AgTech、FoodTech 初创公司。

第六节　法国农业互助保险反贫困的启示

本章运用 PEST 理论，从政治、经济、社会、科技等角度介绍了法国农业保险的发展。政治方面，法国农业互助保险法律健全，规定详细，政策和法律较为贴合。经济方面，法国农业互助保险采用分层的经营模式，保障水平高，同时还有充足的保费补贴。社会方面，法国农业互助保险重视农民的教育，关注民生社稷。科技方面，综合多样化的创新技术，应用于农业互助保险的各个领域。中国农业保险借鉴法国的经验，应从以下几个方面入手，改善自身的农业保险制度。

一、完善农业保险的相关法制建设

法国农业保险发展到如今的水平，离不开法律体系的完备。法国的法律法规具体到了农作物保险的细则，详细地列明了保险责任、再保险、保险费率、理赔计算等规定，这使得农民的利益更加受到法律的稳妥保护。当然，法国的法律环境也存在一定的问题，比如农业互助保险反贫困监管力度不足，福利支出增加社会负担。为保障农业互助保险合作组织的健康运行与发展，相关法律法规需进一步细化，包括政府、组织和参保者具体责任、法定风险分散制度等。

农业互助保险反贫困事业的开展，离不开与之配套完善的法律法规，因此，中国需要加快农业互助保险规范、有序、健康地发展，必须建立与之配套法律法规体系。一是将反贫困置于重要地位，并与之紧密结合。二是对农业法、金融法、合作组织法等各方面法律进行协调配合。三是依据法律规定，政府采取干预措施，支持农民进行更好的风险管理，提高其农场的应变能力。四是明确政府职责，加强对农业保险的监管。因此，想要通过农业保险的实施来消除贫困，必须不断完善修正法律，以保障农业保险的有效实施，促进反贫困事业的推进。

二、大力推行农业互助保险模式

法国的农业保险反贫困经营模式，无论是经营体系还是政策性机构，都极具亮点。法国农业互助保险的三级架构，由于结构清晰，分工明确，运行效率高，因此也会带动农业市场和金融市场的运转，有效地弥补了市场销量低的问题。政策性机构和再保险机制作为补充，推动农业互助保险反贫困事业的顺利进行。但是，农业互助保险也会出现市场饱和、经营费用高等问题。因此，不仅要借鉴法国政府的农业保险反贫困制度的优点，也要从其不足中吸取经验教训，以完善中国农业保险反贫困制度模式。

总结法国农业互助保险反贫困制度模式的经验及教训，可提出以下建议：一是针对经济支持、市场组织、巨灾风险三方面政策实践，建立符合国情的农业互助保险模式。二是建立分工合作的经营体系，合理地分散风险。三是建立政策性农业互助保险机构，考虑内外部环境，扩大农民需求。四是建立农业互助保险再保险机制，设立巨灾风险管理基金，有效地规避风险。结合本国的实际情况，设计合理的再保险机制，预防巨灾风险对农户带来的巨大损失，巩固中国的反贫困事业成果。

三、加大政府对农业保险的补贴

法国的农业保险实践也启发我们，政府应该在农业保险发展中承担起引导作用。政府实行"高补贴低费率"的政策，通过充足的保费补贴和税收优惠，对农业互助保险进行财政补贴，达到了反贫困的目的。但是，在实施过程中也存在一定的问题，例如保险公司参与农业互助保险的积极性有待提高。还有财政补贴政策执行时，没有考虑公平性，导致社会贫富差距加大。

为了使农业保险补贴政策在实施过程中达到效用最大化，中国应该将以下几方面作为切入点。一是通过电视、网络等社交媒体或制作农业保险宣传册，使农户对农业保险补贴政策有更深层的了解，明白农业保险补贴对农业风险管理的重要意义。二是积极构建农业保险补贴体系，保证各级机构职责分明，补贴政策可执行性强，将农业风险的经济影响降至最低。三是各地各级政府应因地制宜地逐步提高农业保险补贴覆盖率和补贴水平，促进农业保险规模稳健增长和业务种类均衡发展，充分发挥农业保险扶持农业发展的载体效应。中国应加大对政策性农业互助保险的资助力度，在实践过程中，可以根据不同地区、不同经济发展水平、不同巨灾发生频率来确定具体补贴水平。

四、提高农民的保险意识

法国互助保险反贫困发展历史悠久，政府制定了许多相关政策来支持农业互助保险制度，保险公司和机构积极响应，使法国农业互助保险逐渐兴盛。法国农民参保积极，对农业互助保险接受程度高，农业风险已成为农场整体管理中要考虑的要素之一。法国农民相比中国，文化程度较高，且农民需要就业准入才能从事农业。法国对基础教育和职业教育都十分重视，培养了一批高水平的农业人才。但近几年，法国农业的劳动力短缺，老龄化趋势加强，影响了农业互助保险反贫困的效果。

因此，要想巩固反贫困成果，就应通过影响农民的参保意愿，增大对农业互助保险的需求。总结相关经验，一是各级政府提高对农业保险的引领和促进力度，使农业保险在农业生产中普及，提高农业保险的参保率。二是保险经营者自身也要有压力感、紧迫感、使命感和危机感，要增强诚信观念和服务意识，采取多种有效的宣传形式和手段，树立农业保险在农民心中的良好形象。三是提高农民的文化素质，对农民开展基础教育和职业教育，转变观念，使农民更好地投入农业生产中。还要培养农民的知识技能，增强农民应对风险的能力，从而降低保险产品的成本，进而降低保险价格，进一步增加需求。农民的思想转变了，扶贫才能扶到根本。

五、加大农业保险中对新兴科技的应用

法国将科技运用于农业互助保险中，对市场进行调控，完善价格机制，主要运用作物遥感技术和农业信息数据库对农业进行风险管理。如今，MARS 计划被运用于农业生产中，众多农业研究机构也取得了新的成果。但是，法国科技运用时，存在着现代化水平逐渐落后、科技利用率不高和推广面临多重阻力的缺陷。未来，农业保险一方面需要持续加强制度和机制的建设与完善，另一方面还需要注人大量的科技"元素"。科技改变生活，科技同样也能改变农业保险。例如，防灾减损工作需要农业保险公司利用先进的大数据、云计算技术对各项数据进行总结分析，从而对一个地区特定地理条件下的农业有全方位的认识。

可以坚信的是，随着创新科技的不断注入，农业保险必将迎来翻天覆地的变化，经营与服务水平将更上一个新的台阶。具体而言，一是投入更多的资金研发农业数字技术，将科技运用到农业保险的每个环节。调动各级政府，各个部门进行统筹协调，整合各方面资源，并且成立专门的农业保险管理部门，政府也应制定相关保障政策确保农业科技的持续推广。二是政府应带头向农业保险科技项目投入资金。如建立专门的信贷支持系统，成立农业保险巨灾风险基

金，对关乎国计民生的种植业品种推行强制性保险。三是建立农业保险科技的分层次推广制度。在实践中应从小范围开始推广，再向流通领域推广。推广过程中不断总结实践经验，逐步发展完善。科技是 21 世纪最有利的武器之一。将科技更广泛地应用于农业生产和农业保障，中国农民因灾致贫、因灾返贫问题的解决将有日可期，更有利于反贫困工作的开展。

第五章　加拿大农业保险反贫困的
制度变迁理论分析

　　加拿大在 20 世纪初期便开始推行政策性农业保险制度,是世界范围内最早开展农业保险的国家之一,经过数十年的制度演变,已经形成了一套较为成熟稳定的农业保险保障体系①。2020 年 12 月 6 日,中国保险行业协会发布《农业保险助推脱贫攻坚蓝皮书》,总结农业保险在脱贫攻坚上的成效,提出要继续利用好农险,发挥其巩固脱贫成果的作用。因此,分析加拿大农业保险制度模式在正式制约因素与非正式制约因素等方面存在的成功经验和失败教训,进一步挖掘加拿大国家农业保险体系先进之处,为我国农业保险政策优化提供合理借鉴,在我国已经全面脱贫的基础上,巩固我国农业保险反贫困的成效,防止因灾返贫,缩小相对贫困,是目前农业保险可持续发展的重要目标。

第一节　农业保险反贫困的制度变迁理论分析

　　农业保险在灾害发生时为农业生产者提供保险保障,有效减少了"因灾致贫"的风险,是一种较好的反贫困政策工具。但多数关于农业保险的研究

---

　　①　王克、张峭:《美国、加拿大农业保险的经验和启示》,《农业展望》2007 年第 10 期。

均指出信息不对称，道德风险，市场失灵和正外部性等因素导致农业保险难以开展，必须对农业保险进行政策干预才能避免保险市场供给和需求不足的情形。因此，完善农业保险政策制度，提高农业保险的反贫困功效，让农业保险更好地巩固和拓展脱贫攻坚成果。

一、制度变迁逻辑框架的基本要素

制度是为达成目标而制定的标准和行为规范，是规范人的行为、禁止不可预见行为和机会主义行为的规则。新制度主义将制度分为"正式制约因素"和"非正式制约因素"，丰富了制度经济学的内容。其中，"正式制约因素"指的是国家形式规定的强制约束和法律机制，是规范人们行为的一系列契约安排，包括法律建设、经济水平、制度模式和监管体系等；"非正式约束因素"则是人们在长期的社会活动中逐步形成的历史变迁、文化习俗、社会关注程度、意识等对人们行为产生非正式约束的规则①。

制度变迁是新制度模式对旧制度模式排斥的过程，旧制度向新制度变迁可分为三种方式，第一，旧制度不适应经济发展需要而灭亡，新制度相继产生；第二，旧制度仍然存在，新制度产生并代替旧制度；第三，旧制度经过改革完善，转化为新制度。农业保险提供风险保障性质基本不变，农业保险财政补贴金额、补贴方式、法律法规、农业保险监管甚至农业保险开展形式保留了原有的核心部分，结构上、形式上、规模上做了适当调整。因此，农业保险反贫困的制度变迁是在原有基础上的进一步完善与发展。

正式制约因素只有和非正式制约因素相容才能发挥作用。从变革速度上来说，正式制约可以做出决定的瞬间发生变革，而非正式制约的改变却需要长期的演化。从制度的可借鉴性上来说，正式制约因素如法律法规，可借鉴性较好，能够让借鉴方不花费制度创新的探索成本就能够获得制度移植带来的好处，而且不需要向任何人支付类似"专利费"的费用；而非正式制约因

---

① ［美］诺思：《经济史中的结构与变迁》，陈郁等译，三联书店 1994 年版，第 66 页。

素受历史文化、传统习俗、意识形态等因素潜移默化的影响，可借鉴性较差，非正式制约因素的借鉴，需要借鉴方较好的技术变迁环境，并且借鉴的对象需要与借鉴方的制度模式、文化习俗等因素相融合。根据新经济制度理论，正式制约因素与非正式制约因素相符合，才能对社会产生正效用。如果不能融合国内文化习俗等非正式制约因素，即使国外再好的制度模式，也"中看不中用"，欲速则不达。

二、我国农业保险反贫困研究现状

农业保险本质上即为一种风险保障制度，农业保险法律法规确定了农业保险的制度内涵，是农业保险顺利开展的关键[①]。政府推广农业保险的实施是为了促进农业生产的快速发展，保障农户收入水平平稳发展[②]。政策性农业保险是由政府主导的，保险公司商业化经营的一类保险，具有公益性程度高，政策依赖性强的特征[③]。保险公司开展农业保险业务对农业生产具有正外部性，保险的经营遵循大数法则，需要较多的参与主体共同分散风险，农业保险产品具有非竞争性，属于准公共品，因此由政府主导实施，才能发挥其保险保障的效用[④]。

农业保险能够有效减少农业灾害对农户收入的冲击，被普遍认为是一种农业风险管理工具，农业保险对农村反贫困效用主要有三个方面：首先，农业保险能够促进农户收入的提高；其次，农业保险对农户经营性收入的波动具有缓解效用；再次，农业保险充当收入再分配的工具，减少农户收入差距。我国有学者通过大规模实验的方法，研究了能繁母猪保险对农户行为的

① 刘冬雪、孙一昕：《制度变迁视角下美国农保制度对我国的启示》，《金融发展研究》2013年第5期。
② 庹国柱、朱俊生：《建立我国政策性农业保险制度的几个问题》上，《金融教学与研究》2004年第5期。
③ 彭可茂、席利卿：《政策性农业保险制度的国内研究概述》，《安徽农业科技》2012年第2期。
④ 费友海：《农业保险属性与政府补贴理论探析》，《广东金融学院学报》2006年第3期。

影响，结果表示能繁母猪保险的参保能促进农户生产规模的扩大①。也有学者研究了农业保险对帮助农户脱贫的效用，从农业保险政策评价和补贴效率的角度研究了农业保险对农户家庭收入水平的保障作用，结果显示农业保险对富裕家庭和贫困家庭、发达地区和贫困地区的保障效果存在差异②③④。另有学者从农作物预期纯收入的相对变化程度来分析政策性农作物保险的扶贫效应，发现影响政策性农作物保险效用的因素有两个——风险保障水平和政府保费补贴比例⑤。还有一些学者对贫困地区农村居民的收入水平和收入结构进行分析，发现较高保障水平的农业保险能够显著提升遭受自然灾害冲击后贫困地区农户的可支配收入，达到帮助因灾致贫、返贫农户实现精准脱贫的政策效果，同时也能够缩小东、西部地区农户之间的收入差距⑥。为了推动农业保险快速发展，众多学者均提出，应加快完善农业保险立法，实行差异化财政补贴，提高农业保险参保率和保障水平⑦⑧。

农业风险的防范和管理是农业保险的一项重要职能，除此之外，农业保险支农反贫困作用越来越明显。首先，农业保险为农民收入水平提供保障；其次，农业保险帮助农民灾后及时恢复再生产，有效实现风险化解；最后，

① 蔡洪滨：《农业保险和经济发展——来自随机自然实验的证据》，《上海经济》2010年第7期。

② 龙文军、胡海涛：《农业保险与制度创新》，《中国农垦经济》2003年第2期。

③ 孙武军、祁晶：《保险保障、家庭资本增长与贫困陷阱》，《管理科学学报》2016年第12期。

④ 朱蕊、江生忠：《我国政策性农业保险的扶贫效果分析》，《保险研究》2019年第2期。

⑤ 梁来存：《政策性农作物保险的扶贫效应评价——基于短期预期收入变化的视角》，《湘潭大学学报》（哲学社会科学版）2021年第1期。

⑥ 张伟、黄颖、何小伟、徐静：《贫困地区农户因灾致贫与政策性农业保险精准扶贫》，《农业经济问题》2020年第12期。

⑦ 庹国柱：《试论农业保险的制度模式和经营模式及其创新》，《保险职业学院学报》2017年第3期。

⑧ 肖卫东、张宝辉、贺畅、杜志雄：《公共财政补贴农业保险：国际经验与中国实践》，《中国农村经济》2013年第7期。

农业保险促进农业技术创新，有助于农业增收的脱贫效应①。目前，农业保险引起了业界学者的广泛关注，但大多数学者局限于经济学理论对农业保险进行研究，从制度变迁角度对比国内外农业保险差异性的研究较少。

三、农业保险反贫困的制度变迁

农业保险的开展具有很强的制度性，其政策优化和制度变迁也包含正式制约因素和非正式制约因素，对一国农业保险政策的借鉴，不仅要从正式制约因素出发，也要考虑非正式制度的耦合性。财政补贴在农业保险的发展中发挥着极为重要的作用，各国均实施农业保险财政补贴政策，在农业保险保障农业生产的实践中，其支农反贫困作用得以显现。从历史的宏观角度来看，世界上大多数国家农业保险的制度变迁经历了一个持续变化的过程，从农业保险法律制度和经营模式上进行变革，经历了农业保险制度非均衡到均衡的过程，促使农业保险产生支农助农和反贫困效用。

从新制度经济学的角度来讲，农业保险制度的产生是为了保障农业生产和稳定农户收入水平，提高资源配置效率。对农业保险进行政策干预是目前开展农业保险国家的一致做法，只有对农业保险市场进行政策干预，才能有效解决农业保险市场失灵，"供给不足，需求有限"的问题②。政府对农业保险的扶持表现在农业保险财政补贴和税收减免，促进农业保险市场供给；提高农户风险管理意识和保险意识，刺激农业保险需求。另外仅仅依靠直接保险和一般市场化再保险安排往往难以有效应对农业大灾风险，各国政府也通过政策安排建立农业保险大灾风险分散体系，降低农业大灾对农业生产的

---

① 郑军、王仲秋：《美国农业保险与反贫困政策：制度演变与减贫效应》，《华北电力大学学报》（社会科学版）2017 年第 5 期。
② 庹国柱、王国军：《中国农业保险与农村社会保障制度研究》，首都经济贸易大学出版社 2002 年版，第 54 页。

冲击和不利影响①。政府在政策制定方面的强制性体现出其在农业保险制度变迁过程中的主导地位，农业保险正外部性和准公共物品的性质也决定了政府在推行农业保险过程中的特殊地位。

农业保险这种有效的灾害管理创新工具的制度会受到政治、经济、社会和人文等因素的影响②。农业保险制度变迁分为诱致性变迁和强制性变迁。从农业保险参与主体来看，保险人根据农户对农业保险的需求，改变农业保险产品保障范围和保险费率，引导农业保险市场的制度变迁，这表现为诱致性变迁；政府不仅可以利用大规模资金优势，通过农业保险保费补贴差异性促进农业保险制度变迁，也可以通过改变农业保险制度供给实现制度变迁，这表现为强制性制度变迁③。

第二节　加拿大农业保险反贫困的正式制约因素

农业保险反贫困效用的提高需要科学合理的制度供给，尤其是农业保险反贫困法制建设、国家经济环境、农业保险反贫困制度模式以及农业保险反贫困的监管体系方面。正式制约因素对农业保险反贫困效用具有直接的影响，是一种硬性约束作用。从正式制约因素来考虑加拿大农业保险的优点和缺点，对我国农业保险反贫困效用的提高具有重要借鉴意义。

一、加拿大农业保险反贫困法制建设

农业保险政策的制定，不仅受政治环境影响，更受一国法制建设水平影响。加拿大政府很早就开始重视农业保险的法制建设，借鉴加拿大农业保险

---

① 郑伟、郑豪、贾若、陈广：《农业保险大灾风险分散体系的评估框架及其在国际比较中的应用》，《农业经济问题》2019 年第 9 期。

② 庹国柱：《多层次探讨农业保险制度演进的力作——评〈农业灾害管理制度演进与工具创新研究——基于农业保险视角〉》，《财经科学》2020 年第 9 期。

③ 黄英君：《中国农业保险制度的变迁与创新》，《保险研究》2009 年第 2 期。

法制建设的成功经验和不足，可以进一步完善中国农业保险反贫困功效。

（一）加拿大农业保险反贫困法制建设的成功经验

1. 法律体系完善

加拿大政府自建国以来十分重视农业生产，并实施农业保险保障农业生产，为了使农业保险更好地服务农民，政府不断通过立法规范、改善农业保险，逐渐形成一套比较完善的法律体系。早在 20 世纪 30 年代初，加拿大农业援助法案就开始为农民实施了一项农业保险政策，提高了农民生产积极性，大幅度提高了粮食产量。在利用农业保险反贫困方面，加拿大政府一直起到了较强的主导作用，充分挖掘了农业保险的反贫困作用。

1933 年，加拿大政府针对频繁发生的旱灾，制定了《草原农场救助法》，该法要求每个农场主按照收入水平缴纳相应保费，一旦遇到灾害，按照受灾程度获得赔偿，形成加拿大最初的农业保险形式。1959 年加拿大颁布了《加拿大联邦农作物保险法》，设计了联邦政府和省政府一起帮扶的农作物保险运行框架，因为加拿大的政体制度的规定，要不要实施这种有政府支持的农业保险计划，需要由各省决定并通过法律规范，所以加拿大的农业保险一开始就是在法律规范的框架内运作的。1970 年，《联邦农作物保险法》又对保险责任等方面做出大规模修改，有效保障了农民的收入，但并未明确政府支持农作物保险的具体措施。直到 20 世纪 90 年代《农作物保险条例》的颁布，明确了联邦政府和省政府扶持农作物保险的具体职责，并主张建立巨灾风险再保险制度，农业保险再保险由联邦和省政府共同承担[①]。1994 年《农作物保险改革法》的颁布标志着加拿大农业保险法的成熟，该法为农作物提供全面的保障，且具有巨灾保险功能，在实务操作中要求农户报告农作物种植面积和产量情况，防止农业保险的滥用，辅助农业保险更好地实施和

---

① 何劲、Emmanuel K. Yiridoe、祁春节：《加拿大家庭农场制度环境建设经验及启示》，《经济纵横》2017 年第 5 期。

开展。加拿大政府根据农险的发展形势，及时出台相应的法律法规，科学引导，极大地推动了农业保险反贫困的效用。

表 5-1　1933—2018 年加拿大农业保险的相关立法情况

年份	立法详情
1933	《草原农场救助法》颁布实施
1959	《联邦农作物保险法》颁布实施
1970	政府修订《联邦农作物保险法》对保险责任等方面做出大规模修改
1991	《农作物保险条例》和《农业收入保障法》颁布实施
1994	《农作物保险改革法》颁布实施
2003	联邦政府制定了"农业政策框架计划"
2005	《加拿大生产保险条例》
2008	联邦政府制定了"农业未来成长计划"
2013	政府修订《农场收入保护法》，提高了对农业生产者的收入保障
2018	政府修订《加拿大生产保险条例》，对保险范围、保险费率、保险责任等方面做出部分修改

资料来源：加拿大联邦政府网。

2. 法律和政策相辅相成，更具成效

目前，加拿大联邦政府规范农业保险计划的主要法律和政策文件包括：第一，《农场收入保护法》（*Farm Income Protection Act*）。该法授权联邦政府与各省签订协议，为农业生产者的收入提供保障。根据该法的授权，联邦政府可以和各省签订协议，提供农业保险计划。该法确定了建立农业保险计划应遵循的原则以及需要考虑的因素，明确了围绕建立农作物再保险基金的相关规定。清晰有序的农业保险开展程序保证加拿大农业保险反贫困功能的顺利开展。

第二，《加拿大生产保险条例》（*Canada Production Insurance Regulations*）。该条例规定了各种条件和标准，以确保各省开发和销售的保险产品精算准

确，并且在财务上可以自我维持；保证政府的筹资在各省与各种商品之间的公平。该法保障保险产品的设计做到因地制宜，产品的保障范围能够满足当地农民的需求，并且当地农民能够承担保费的支出，这样农业保险才能充分保障农产品的生产，起到防止返贫的作用。

第三，《加拿大农业伙伴关系》（*Canadian Agricultural Partnership*）。该协议是加拿大农业和食品部门的政策框架，与 GF2 一样，CAP 的任务期限为五年，从 2018 年至 2023 年。有了这个新的框架，加拿大政府的资助计划将得到发展，促进联邦政府——省政府——地方政府在农业政策、项目与服务领域的进一步合作。CAP 继续沿用了 GF2 政策框架中的农业稳定、农业投资、农业保险、农业恢复等项目，但在项目实施范围、支持方案、方便度等方面进行了调整和完善，以支持该行业的战略项目，政府为农业保险提供农业赠款，以帮助实施第三方保证认证项目，满足国际市场的要求，并帮助扩大出口机会。该政策文件把促进和保障农业生产的多个项目进行了调整，并且使这些项目相互辅助，达到 1+1 大于 2 的效果，农业保险有了其他项目的支持，无论是在资金支持还是管理模式上都得到了极大的提升，农业保险的防灾反贫困功能能得到有效发挥。

第四，操作文件（Operational Documents）。每个省每年要准备和签署一份操作文件。该文件载明了联邦政府支持的保险计划的细节内容，包括符合要求的商品以及符合条件的农业生产者的标准、参保截止日期、提供的保障水平、风险区域、保险价格确定的方法、精算认证的更新与截止日期以及数据报告的模板。该政策文件对加拿大农业保险的业务经营做出明确的规范，有利于发挥农业保险反贫困作用，有效减少农民因灾返贫、致贫的风险。

表 5-2　目前加拿大联邦政府规范农业保险计划的主要法律和政策文件

年份	立法详情
1991	《农场收入保护法》
2005	《加拿大生产保险条例》
2010	操作文件
2013	政府修订《农场收入保护法》
2018	《加拿大农业伙伴关系》
2018	政府修订《加拿大生产保险条例》

资料来源：加拿大联邦政府网。

（二）加拿大农业保险法律的监管内容陈旧

近十年来随着互联网的高速发展，网上农业保险在全国各地快速开展，因为加拿大农业保险是由各省自主决定是否参加，并且各省在决定参加农业保险计划后要专门设计各省的农业保险法律，因各省立法详细度不同，部分省份在农业保险监管法律上缺乏严格的设计，没有及时完善农业保险的网上监管，导致部分省份出现网上农业保险欺诈行为。2019 年加拿大安大略省网上农业保险欺诈事件共发生 589 次，给农户造成损失约 474 万美元[1]。

农业保险反贫困不仅需要使用农业保险法律这个"工具"，更需要对农业保险法律的运行进行监管。2020 年 5 月加拿大农业部部长 Marie-Claude Bibeau 建议加强农业保险计划的开展以及提高监管能力。2020 年 8 月 7 日加拿大金融消费者局修订了《监督框架》，内容包括加强对保险的监管，特别强调各省要严格修订设计农业保险法律，防止违法事件发生[2]。

---

① 资料来源：加拿大联邦政府网站。
② 资料来源：加拿大联邦政府网站。

二、加拿大经济水平与农业保险反贫困

农业保险反贫困效果的发挥会受到经济水平高低的影响，加拿大作为发达国家，其农业保险起步早，有着丰富的政策实施经验，并且有较高的经济发展水平和科技化程度作为支撑，农业生产以及农业保险发展稳定，有效起到反贫困和防止因灾返贫的作用。

（一）加拿大经济水平助推农业保险反贫困的优点

1. 巨大的农业规模需要农业保险提供保障

加拿大是一个农业极其发达的国家，不仅生产大量的农产品，而且每年出口大量的农产品。据加拿大统计局公布，2020 年加拿大人口仅 3782 万人，人均 GDP 4.8 万美元，人均农业增加值超过 9.5 万美元[1]。农业是加拿大的支柱性产业，其国家粮食产量排世界第四，人均粮食产量为世界第一，每年的农业产出价值近千亿加元。2020 年加拿大农业的产出价值占到了 2020 年加拿大 GDP 的 9%。加拿大农场具有种植面积广阔、机械化程度高等特点，截至 2020 年，加拿大全国耕地面积约 6800 万公顷，约占国土面积的 7.4%[2]。加拿大早在 1940 年就开始了农业机械化发展，并在 1950 年前基本上实现了农业机械化，后来又在 20 世纪 60 年代初基本上完成了农业生产的专业化、区域化和产业化。农业生产的专业化、区域化和产业化有利于各省保险公司根据省内农业特点设计符合省内农民需求的保险产品，也能节省保险产品在设计和宣传上的成本，能够更加快速地使农民了解保险产品，提高经营效率和反贫困作用。

加拿大可耕种面积广阔，农产品品种丰富，农业从业人口数不多但人均农业产出高，近 20 年来，加拿大农场的数量一直在减少，平均农场规模在

---

① 数据来源：EPS 全球统计数据。
② 数据来源：加拿大统计局网站。

扩大，绝大多数农场面积在 50 公顷以上。巨大的农业规模需要农业保险提供风险保障。20 世纪 60 年代，参与农业保险的农场只有 2500 余个，仅为总农场数的 3%，2020 年，超过 75% 的农场参加农业保险，参与农场数达 20 万个，投保面积超过总耕地面积的 70%，达 5800 万余英亩，保险金额不断增加①，促进农业保险反贫困作用的充分发挥。

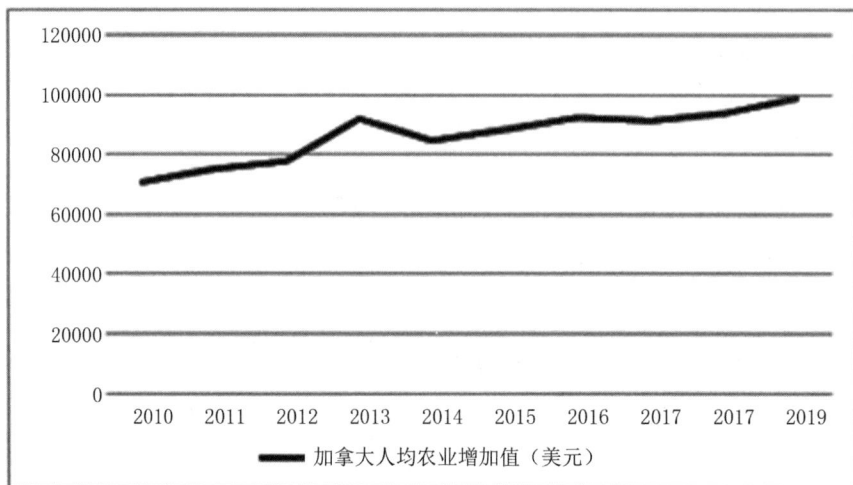

数据来源：根据加拿大历年统计年鉴整理。

图 5-1　加拿大 2010—2019 年人均农业增加值

2. 巨额的农业教育投入提高了农业保险投保率

2020 年加拿大农业从业人口约 37 万人，农民受教育程度较高，并且大多农业从业人员都受过专业的训练，人均收入达 2.9 万加元，超过城市人均收入水平。这些成就归功于加拿大政府农业政策的科学性和实施的有效性，政府建立农业保险保障体系，通过项目支持农业经济发展。这说明随着科技技术的进步，专业化是农业生产的发展方向，未来单个农场规模大，机械化水平高。专业化的农场需要专业化的人员进行管理，加拿大加强农业领域的

①　数据来源：加拿大统计局网站。

教育，引导更多农业人才加入农业生产。2020 年加拿大投入 1240 万美元在农业教育上，相比上一年增加 4%①。加拿大不断加大对农民的教育，使得农业从业者的素质普遍上升，有利于农民深刻理解保险的作用，增强农民的保险认同感。农业保险是多数人补偿少数人的风险保障方式，农民普遍投保农业保险才能使农业保险的作用发挥出来。

3. 巨额的农业科研投入提高了农业保险的反贫困效果

加拿大经济较为发达，为农业发展打下了坚实基础。加拿大政府十分注重对农业科学的研发，成立了多个研究机构，从农业部到各级的农业厅以及农业院校和农企等，每年在农业研发的经费上花费近 4 亿加元，占农业生产总值的 2% 以上，资金投入世界领先，农业科学研究也吸引了政府部门、学校科研机构的广泛参与，在所有自然学科中，农业科研占 12% 以上，远远大于世界上平均的农业科研投入占比，在科研人员中，农业科技人员占比最大，达到 28% 左右②。2021 年 1 月 12 日，加拿大和萨斯喀彻温省政府宣布通过萨斯喀彻温省农业发展基金（ADF）投资 980 万美元在作物研究上。2021 年 1 月 27 日，加拿大和萨斯喀彻温省政府宣布通过萨斯喀彻温省农业发展基金投资 750 万美元用于牲畜和饲料研究③。正是由于加拿大政府对农业科技的重视，才促进了农业科技转化率的提升，提高了农业科技的应用程度，大量优质科研成果对加拿大农业生产也产生了重要影响。随着农户的生产回报率和收入水平的增加，农户购买农业保险的意愿和支付能力也变强了，进而推动农业保险的保障作用，减少农户因灾致贫的可能性。

（二）加拿大地区农业经济水平差距大不利于农业保险反贫困

加拿大国土面积 998 万平方公里，居世界第二位，加拿大各省份分布广意味着各省份农业经济水平必定存在差距。2020 年加拿大艾伯塔省的农业收

---

①　数据来源：加拿大统计局网站。
②　数据来源：加拿大统计局网站。
③　资料来源：加拿大农业部网站。

入为 202.94 亿美元，总保费为 6.37 亿美元，保费占农业收入约 3%。纽芬兰和拉布拉多省的农业收入仅为 1.4 亿美元，总保费为 980 万美元，保费占农业收入约 7%①。这说明农业较发达的地区，其农业保险的运行效果也越好。

2020 年发生了新冠肺炎疫情，为了更好地保障和提高纽芬兰和拉布拉多省的农业收入，2020 年 4 月 7 日纽芬兰和拉布拉多省农业联合会宣布为农业和粮食部门的农户建立一个综合支助系统，以针对因新冠肺炎疫情而遭受农业劳动力短缺影响的农场，包括就业匹配和劳动力招聘服务，纽芬兰和拉布拉多省将提供 19.8 万美元，用于开展和完成为期 6 个月的农户教育活动，以增强纽芬兰和拉布拉多省农户的信心，支持农业生产的连续性，保证纽芬兰和拉布拉多省农业的稳定发展②。

三、加拿大农业保险反贫困制度模式

（一）加拿大农业保险反贫困的组织结构

1. 加拿大农业保险反贫困的组织结构优点

（1）各级政府分工明确

加拿大的农业保险计划具有一定的特殊性，它采取的是全国性的"三方缔约"，也即是联邦、省和农户之间的缔约。联邦政府需承担的责任是：一是对各省农业保险的运行状况进行监督。二是为农民补贴保费、承担各省农业保险公司的经营管理费用和为全国农业保险提供再保险。三是审批各省农业保险公司对农业保险的精算结果。省政府需承担的责任是：一是对本省农业保险的运行状况进行监督。二是为农民补贴保费、承担本省农业保险公司的经营管理费用。三是安排精算队伍评估和修改保费的厘定方案。四是对本省农业保险的实际开展效果进行评估。加拿大清晰的农业保险组织机构有利

---

① 数据来源：加拿大农业部网站。

② 资料来源：加拿大农业部网站。

于各部门职能分工明确，加拿大的农业保险政策得以快速下达，有效提高组织的运行效率。因此，相比于其他国家农业保险的经营成本费用，加拿大农业保险的经营成本费用很低，2020年加拿大全国农业保险的经营管理费用占总保费的比率仅为7%，艾伯塔省、曼尼托巴省和萨斯喀彻温省是加拿大的三个主要农作物产区，2020年这三个省农业保险的经营管理费用占总保费的比率都在5%—6%①。

（2）省农业保险公司独立性较高

加拿大的农业保险计划是由加拿大的联邦政府和省政府一起安排和管理的，不过各省农业保险业务只能由各省农业保险公司开展和经营。即使国家的农业保险公司垄断经营加拿大的农业保险，联邦政府和省政府仍不会对各省农业保险公司的经营进行干预，只是对各省农业保险公司的农业保险经营状况进行监管，保证农业保险可以充分发挥其保障作用。加拿大各省农业保险公司的业务经营既不受政府的干预，它们之间也相互独立，这种组织模式保证了各省农业保险公司业务经营的独立性，有利于各省保险业务开展具有区域针对性，提高农业保险的反贫困作用。

表5-3　加拿大农业巨灾保险运行机构及其职能

机构	职能
联邦政府	为农业保险提供立法、政策等方面的支持，就农业巨灾风险中遇到的问题进行分析、管理并统筹各省份农业保险及巨灾保险中的各项数据
农业部农作物保险局	宏观上研究农作物巨灾保险政策，制定援助各省份的计划，指导和推动巨灾保险计划的实施，支付各省份保险机构的行政开支等费用
省级政府	农作物巨灾保险计划的具体管理者，负责制定巨灾保险费率，确定赔付额，防范道德风险
省级农作物保险局	执行联邦及省级政府在巨灾保险中的各项政策与计划
政策性农业保险公司	需与联邦政府签订再保险协议，作为非营利性、政策性保险机构，直接经营农业巨灾保险业务

资料来源：加拿大联邦政府网。

---

① 数据来源：加拿大统计局网站。

2. 加拿大农险反贫困的垄断性组织结构抑制农业保险产品的发展

1959 年联邦政府颁布了《加拿大联邦农作物保险法》，该法明确了农业保险由国家垄断经营的组织框架。根据市场经济理论，市场经济的主体应该是多元化的，竞争的主体越多，市场经济越有朝气和活力，市场中产品的种类和服务的质量也会得到快速的发展。国家垄断经营农业保险业务，导致加拿大农业保险缺乏市场竞争活力，一定程度上会阻碍农业保险的发展。

加拿大省级政府在农业保险上具有较高的权力，各省政府有权决定是否开展加拿大农业保险，决定开展农业保险后，省级政府可独立自主决策农业保险的运行政策，而且各省农业保险公司独立经营农业保险业务。另外，加拿大农业保险的保险费补贴由联邦政府和省政府共同承担，各级政府共承担60%的保险费。由于加拿大对于农业保险的垄断，导致私营保险公司几乎不开设农业保险产品。市场中的农业保险产品竞争不够激烈，导致一些低效率的保险产品淘汰速度较慢，并且高效率的保险产品更新速度也较慢，不利于农业保险产品的发展。针对农业保险产品不适应农业发展需求的情况，2020年加拿大和萨斯喀彻温省政府宣布加强 2020 年农作物保险计划，萨斯喀彻温省的生产商将获得高覆盖率，同时保费也有所下降，"作物保险方案"继续适应该省不断变化的农业形势①。

（二）加拿大农业保险反贫困的运作机制

1. 加拿大农业保险反贫困的运作机制的优点

（1）各省具有农业保险的决策权。加拿大农业保险由各省决定是否实施，农业保险政策也由省自主决策，如果省政府需要实施农业保险，必须先通过立法的形式保障农业保险业务的运营，然后设计保险规划，合理开展农业保险。由于各省地理位置、气候条件、种植农产品种类存在较大差异，所以各省提供的农业保险产品、投保农作物种类、核赔评估方式也都存在差

---

① 资料来源：加拿大农业部网站。

异。每个省根据《农业收入保护法》加拿大农业生产条例和多边框架协定以满足该省生产者的需要。这些计划有助于弥补生产损失以及产品质量损失，并提供了基于产量和非产量的计划。这些计划涵盖传统作物，例如：小麦、玉米、燕麦、大麦以及园艺作物，例如：生菜、草莓、胡萝卜、茄子。少数省份还会提供蜜蜂死亡保险和枫糖浆生产保险。加拿大专业养蜂协会（CAPA）协调了 2019 年度蜜蜂越冬损失报告，阿尔伯塔省集中了全国 31% 的蜂群，全国冬季损失（包括无活体蜂群）为 32.6%，阿尔伯塔省损失为 18.4%。2020 年，阿尔伯塔省宣布作物保险将包括一个新的蜜蜂死亡率保险试点项目，该项目将涵盖由于生产者无法控制的自然原因造成的冬季蜜蜂损失①。

（2）对农业保险费给予大量财政补贴。设计农业保险能够帮助农民解决因灾害造成的损失，而对农民进行直接的收入补贴只是政策直接扶持，补贴难以效用最大化，因此农业保险的开展相对于其他支农手段更具有效性②。加拿大联邦政府和省政府一起为加拿大农业保险提供农业保险费补贴。目前加拿大政府和农业保险公司达成一致，加拿大联邦政府和省政府一起为农民承担 60% 的农业保险费补贴，帮助农业保险提高参保率。举例说明，马尼托巴省是加拿大农业保险制度一个较为成熟的省，2020 年采取的方式是联邦政府支付保费的 36%，而当地省政府则需要承担其中的 24%，余下的 40% 则是由农民自己来支付③。加拿大高额的保费财政补贴，有效减少了农民的保费负担，帮助更多农民参加农业保险，有利于农业保险发挥反贫困效果。

（3）统一的农作物保险投保时期。加拿大农作物保险具有统一的农作物保险投保时期。对于春季种植的农作物，农业保险的投保申请截止日期是 3 月 30 日，如果要投保农业保险，必须要在这之前进行申请，完成春播之后

---

① 数据来源：加拿大农业部网站。

② 朱满德、袁祥州、江东坡：《加拿大农业支持政策改革的效果及其启示》，《湖南农业大学学报》（社会科学版）2014 年第 5 期。

③ 数据来源：加拿大联邦政府网站。

要把当年种植面积提交给农业保险公司。对农业保险申请设置截止日期可以有效统计当年加拿大农业保险的覆盖率，帮助保险公司及时了解农民偏好什么样的农业保险，为保险产品的设计和修改提供真实数据，有利于政府提供更加有效的保险产品，充分发挥农业保险反贫困作用。如果农户在新的一年仍然种植和上一年度相同的农作物，那么农民不用再次提交相同的投保申请，农业保险公司自动延续上一年农户申请的保险，这样可以有效降低农业保险的经营管理费用，提高农业保险的经营效率，政府可以将节省下来的成本投入其他的农业支持计划中，如：农业恢复计划，给农民提供更好的灾后援助，防止因灾返贫。2020年全球爆发了新冠肺炎肺炎，为了更好地帮助农民克服困难，2020年3月30日联邦农业和农业部部长玛丽-克劳德比博和萨斯喀彻温省农业部部长大卫玛丽特宣布，申请、恢复、取消或修改作物保险合同的最后期限延长至2020年4月13日。萨斯喀彻温省农业部部长大卫玛丽说："我们的政府必须继续支持萨斯喀彻温省的农业。我们理解生产者在过去一年所面临的挑战，包括不断演变的情况，如新冠肺炎流感大流行。延长作物保险的最后期限使生产者有更多的时间准备和做出有关其业务的所有方面的决定，包括风险管理。"①

（4）采取弹性费率制收取保费。加拿大农业保险会根据农业生产者申请农业保险补偿的频率来对农户的保费进行调整。如果农户申请农业保险补偿的频率较低，农业保险公司会降低对其的保费收取，农民缴纳的保费费率会低于5%。加拿大农业保险的缴费方式也具有特点，农民缴纳保费的时间在农民收获的农作物销售出去之后，从销售收入中扣除保费，如果因为发生灾害，农民向农业保险公司申请农业保险赔偿，保费会从保险金赔偿中扣除。弹性费率可以帮助提高农民的风险意识，防止道德风险的发生，降低非经常申请索赔的生产者保费和收获后缴纳保费的收费方式，可以减少农民的经济负担，农民更愿意投保，不仅可以给农民提供生产风险保障，防止农民因灾

---

① 资料来源：加拿大农业部网站。

返贫，更有利于农民将减少的保费成本投入生产中，增加产量。萨斯喀彻温省采取弹性费率制使萨斯喀彻温省作物保险公司（SCIC）能够保持低保费和生产者的平均覆盖率，到 2020 年，大豆的可保区域将扩大到全省，保险范围是基于大豆生产者的个人保险历史，而不是区域平均水平，他们的经验折扣或附加费将适用于大豆作物的保费①。

（5）完备的农业保险风险分散制度。加拿大农业巨灾保险的风险分散方式主要是通过再保险和再保险基金实现的。1991 年加拿大政府颁布《农作物保险条例》，主张建立巨灾风险再保险制度。通过再保险方式实施风险分散的方式有 3 种：政策性农业保险公司可以向省级政府寻求分保合作，或向联邦政府寻求分保合作，或同时向两者寻求分保合作。再保险账户由各省级政府设立，其资金来源主要是收取的再保险费用和其他费用，如果发生赔付支出后，账户剩余金额难以再继续承担赔款责任，则由省级财政予以补足，后期联邦财政替政策性保险公司代为归还，无须支付利息。再保险基金是由联邦政府和省级政府设立，各地经营农业保险的政策性保险机构支付的分保费用是基金的主要来源，到 2020 年 3 月 31 日，加拿大农作物再保险基金已达 577373441 美元②。

加拿大 2017 年大麦发生灾害较多，产量下降达到 10%，2017 年 5 月加拿大政府宣布再保险基金在未来五年加大在大麦保险上的支持，保证大麦保险能够充分给农户提供补偿。2018 年，大麦总产量为 838 万吨，虽然产量仍然低于 2016 年的 884 万吨，但比 2017 年的 789 万吨增长 6.3%。2019 年，加拿大大麦总产量为 1038 万吨，比去年同期的 838 万吨增长 23.8%。再保险基金的支持使得加拿大大麦生产得以快速回复并增长。到 2020 年加拿大大麦总产量达到创纪录的 1074 万吨③。良好的再保险制度帮助国家充分保障农业保险的赔付，农民获得及时的补偿才能实现可持续的生产，不会因中断

---

① 资料来源：加拿大农业部网站。
② 数据来源：加拿大农业部网站。
③ 数据来源：加拿大农业部网站。

生产而返贫。

2. 加拿大农业保险反贫困运作的财政负担较重

加拿大每个省只有一家由政府出资设立的"农业保险公司",专事经营农业保险业务。加拿大的农业保险发展较早、参保率高、规模较大。由图5-2可以看到,从2015年到2019年,加拿大农业保险费用都超过了10亿美元,并且逐年增加。虽然农业保险公司较高的保费收入说明广大农民对农业保险的认可度高,但是一直以来中央和省两级政府给予60%左右的保费补贴,导致政府每年在保费补贴上的负担较重。另外农业保险公司经营管理费用由省财政和联邦财政共同全额提供,虽然这种由政府独家"垄断性"经营政策性农业保险,并不是无效率的,其成本只占保险费收入的10%左右①,但是也给政府增加了财政负担。

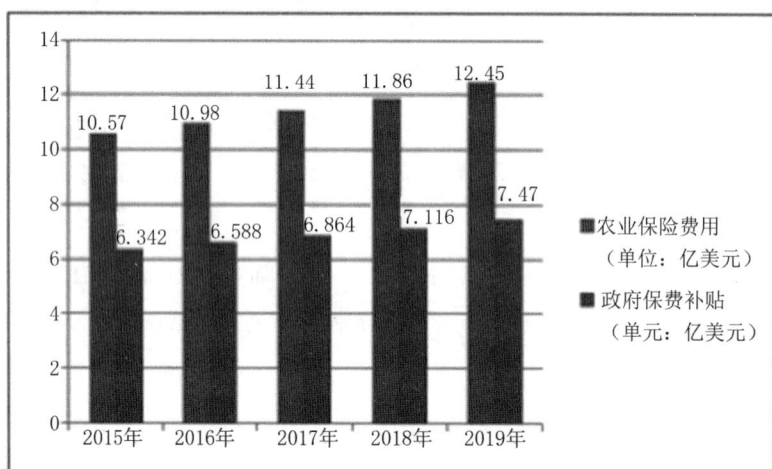

数据来源:根据加拿大历年统计年鉴整理。

图 5-2 加拿大 2015—2019 年农业保费支出及政府补贴

---

① 数据来源:加拿大农业部网站。

四、加拿大农业保险反贫困监管体系

（一）加拿大农业保险反贫困监管体系的优点

1. 加拿大农业保险反贫困监管主体专业化

加拿大农业保险的监管主体具有专业化特征，区别于商业保险公司，加拿大各省主办的农业保险公司由联邦农业部和各省农业部联合监管。农业保险公司运营成本和保费收入分开核算，农业保险公司各项管理费支出不涉及保险费基金，专款专用，保险费仅用来积累以应付保险赔偿。保险监管部门不涉及保险公司的微观业务，因此，加拿大农业保险反贫困监管具有一定的科学性，是农业保险发挥反贫困效用的基石。

2020 年加拿大农业保险费收入 12.45 亿美元，农业保费中有 60% 是由政府承担的。如果是商业保险公司，农业保险管理费会从保险费基金中抽取，但是加拿大政府严格监管保险费基金只能用于保险赔付，2020 年 1.37 亿美元的经营管理费全部由政府承担[1]。正是由于严格的监管，加拿大农业保险发展较为平稳，市场失灵和道德风险发生较少，提高了农业保险市场的运行效率。

2. 加拿大农业保险反贫困监管内容与时俱进

加拿大对农业保险反贫困的监管与时俱进，鼓励保险公司在保险产品和制度模式上进行创新。加拿大农业部对农业保险公司在创新农业保险险种方面做出要求，扩大保险保障范围，提高农业保险参保率，鼓励各公司进行制度和业务创新，不断提高农业保险反贫困效用。农业保险险种创新有助于投保率的提高，加大对农业保险反贫困的监管有利于农业保险风险管理水平的提升，以及提高农业保险保障水平和反贫困效率[2]。

---

[1] 数据来源：加拿大统计局网站。

[2] 庹国柱：《美国加拿大农业保险政策和监管的经验借鉴》，《保险职业学院学报》2014 年第 1 期。

加拿大政府一直强调"农业保险反贫困的监管要与时俱进"。所以，即使市场出现变化，加拿大农业保险的保障效用也一直维持在高水平。例如2017年加拿大农业保险已经将保障范围从种植业保险和家畜保险，扩展到水产养殖业，政府在此背景下更新了水产养殖业保险监管内容。有的省（例如曼尼托巴省和阿尔伯塔省）扩大了农业保险服务范围，不仅为农户提供风险保障，还向农户提供信贷业务担保。面对未来农业保险将向涵盖信贷、担保、保险综合一体化农村金融服务方向发展，2020年5月加拿大政府宣布将对该领域农业保险加大监管①。面对变化较快的市场，与时俱进的加拿大农业保险反贫困监管体系无疑保证了加拿大农业保险合法、合规、有效地运行，并产生了良好的反贫困效果。

（二）加拿大农业保险的监管体系容易出现监管空白

加拿大各省主办的农业保险公司由联邦农业部和各省农业部联合监管，联邦农业部和各省农业部相对独立，因此联邦政府和省政府之间会出现没有做好协调工作的情况，也就容易出现监管空白。

新冠肺炎疫情期间，加拿大政府加大对农民的支持力度，2020年7月9日加拿大政府宣布将尽可能提供最大的支持，提高2020年种植季节的农业保险覆盖面，包括因新冠肺炎疫情而出现的劳动力短缺②。新冠肺炎疫情中断了正常的工人流动，造成了劳动力供应方面的一些缺口。这可能导致一些作物无法收获，并给农业食品工业造成经济损失。加拿大政府宣布已经参加合格生产保险计划的农民，如果在2020年种植季节因劳动力中断而遭受作物损失，将可通过修改的农业保险获得保障，增加的保险范围将包括：新冠肺炎疫情引致无法吸引足够的农场劳动力及因新冠肺炎疫情原因导致的农场劳动力及生产者生病或隔离。虽然加拿大为了应对新冠肺炎疫情及时对农业

---

① 资料来源：加拿大联邦政府网站。

② 资料来源：加拿大农业部网站。

保险进行修改，但是在农业保险上的监管不足，导致出现保险金欺诈现象，如安大略省在 2020 年出现多起将新冠肺炎患者伪造为农场劳动力来骗取保险金的事件①。

第三节　加拿大农业保险反贫困的非正式制约因素

借鉴国外农业保险先进经验，不仅需要着眼于正式制约因素的变迁，更要分析非正式制约因素能否与国内相耦合。农业保险能否顺利施行，能否很好地促进农村反贫困，取决于其是否能够与农村风俗习惯、农民意识相融合。这就需要考察农业保险的历史变迁、农村文化习俗以及农业从业者的保险意识等。

一、加拿大农业保险反贫困历史变迁

农业保险不同于其他金融工具，由于较强的正外部性，极易导致市场失灵。农业保险的反贫困功效是在长期探索中逐渐提高的，没有一个国家不经过摸索就能开展完美的农业保险。分析加拿大农业保险反贫困在历史过程中的变化，吸取其成功经验，补充农业反贫困上的不足，反思其失败经验，防止走别人走过的弯路，以提高我国农业保险的反贫困作用。

（一）加拿大农业保险反贫困历史变迁的可借鉴优点

1. 政府对农业保险的补贴逐渐增加

1959 年，加拿大政府通过立法确定农业保险财政补贴由联邦政府和省政府共同承担，为了吸引农户投保，政府承担农业保险的经营成本，并补贴 20%的保费，并为农业生产者提供信贷支持。20 世纪 70 年代，加拿大农业

---

① 数据来源：加拿大联邦政府官网。

保险发展达到一个新高度，农业保险财政补贴进一步提高，重新分配联邦和省政府的项目支出比例以及尝试新的保险产品，在农户投保时，以保险合同的方式告知政府对保费补贴的比例，这激发了农业保险市场的积极性。截至2020年加拿大政府已将此补贴费用提升至 60%①。

2. 高效率的"垄断性"政策性农业保险制度

目前，加拿大每个省只有一家由政府出资设立的"农作物保险公司"，专事经营农业保险业务，其经营管理费用由省财政和联邦财政共同全额提供。说明加拿大的农业保险是由政府独家"垄断性"经营政策性农业保险，再加上经营管理费用由省财政和联邦财政共同全额提供，一般来说这种农业保险制度的效率都比较低，但是加拿大 1959 年颁布的《加拿大联邦农作物保险法》建立联邦农业部和省农业部的两级监管，保障农业保险公司的高效率运行。2020 年加拿大农业保险费收入 12.45 亿美元，各省农业保险公司的经营管理费用共 1.37 亿美元，其成本只占保险费收入的 11% 左右②，较低的经营成本极大地提高了加拿大农业保险的反贫困功能。

3. 农业保险要能及时应对突发性灾难

安大略的农业产业，特别是种植西红柿、甜瓜和桃子等水果和蔬菜的农场，是劳动密集型产业，高度依赖季节性农业工人。新冠肺炎疫情中断了正常的工人流动，造成了劳动力供应方面的缺口。这可能导致一些作物无法收获，并给农业食品工业造成经济损失。新冠肺炎疫情期间，加拿大政府加大对农民的支持力度，2020 年 7 月 9 日加拿大政府宣布政府将提供尽可能最大的支持，提高 2020 年种植季节的农业保险覆盖面，包括因新冠肺炎疫情而出现的劳动力短缺。联邦政府在 8 月 5 日做出了承诺与各省和地区合作，探讨扩大农业综合保险方案的可能性，将劳动力短缺列为农业部门的合格风险。已经参加合格生产保险计划的安大略农民，如果在 2020 年种植季节因

---

① 数据来源：加拿大联邦政府官网。
② 数据来源：加拿大统计局网站。

劳动力中断而遭受作物损失,将可通过修改的农业保险获得保障,增加的保险范围将包括:新冠肺炎疫情引致无法吸引足够的农场劳动力及因新冠肺炎疫情原因导致的农场劳动力及生产者生病或隔离①。

(二) 加拿大农业保险反贫困历史变迁过程中的不足

1. 农业保险的开展要因地制宜

加拿大国土面积 998 万平方公里,居世界第二位,巨大的国土面积意味着加拿大各地区的地貌特征有很大的区别,有些地方容易发生干旱灾害,有些地方容易发生水灾,这就意味着加拿大的农业保险在实施时要因地制宜。虽然魁北克省是容易发生水灾的省份,而纽芬兰省是容易发生干旱的省份,但是由于魁北克省和纽芬兰相接,部分相同的农业保险产品在这两个省份同时实施。2019 年初渥太华河洪水泛滥,魁北克省遭遇了特大洪灾,虽然农业保险及时弥补了农民的灾后损失,但是农田难以及时恢复生产,农民的收入得不到保障。2019 年 3 月魁北克省政府宣布加强省农业保险计划,将为魁北克省农户提供更多的作物保险选择,以防范以后与天气有关的灾害造成的损失,对于灾后水分过多的田地,优化的农业保险为作物生产者提供更广泛的非播种英亩的保险,从而减少了对农业恢复反应的要求②。

2. 农业保险产品保障范围要充分有效

早在 1959 年《联邦农作物保险法》颁布实施后,加拿大政府就已经开始着手设计牲畜保险了。但是在 2014 年以前,牲畜保险只保产量,不保价格。早在 2004 年加拿大就发生牲畜价格狂跌事件,当时其与美国的牛肉贸易受到疯牛病危机的沉重打击,加拿大的肉牛和牛肉产品价格最高一个月下跌 30%,其牛肉产业陷入困境。后来在 2013 年,美国实施"来源地标签"制度,美国一家全球最大的牛肉生产商因此制度成本大增,决定停止从加国

---

① 资料来源:加拿大农业部网站。
② 资料来源:加拿大联邦政府网站。

输入牛只，导致加国牛肉价格下跌，沉重打击加拿大的牧牛业。本来有农业保险作为保障，加拿大的养殖户应该不用担心收入风险，但是牲畜保险产品的设计不够合理，不保价格风险，加拿大很多养殖户在这两次事件中破产返贫。2014 年 1 月 24 日，联邦和西部各省部长宣布开展西部牲畜价格保险计划（WLPIP），这种新的保险产品防止价格在规定的时间内意外下跌。为了更好地发挥牲畜价格保险的反贫困作用，2020 年 3 月 30 日联邦农业和农业部部长玛丽-克劳德比博和萨斯喀彻温省农业部部长大卫玛丽特宣布，申请、恢复、取消或修改牲畜价格保险合同的最后期限延长至 30 天[①]。

二、加拿大农业文化与农业保险反贫困

农业保险反贫困效用受特定的文化环境背景所影响。一国农业文化不仅是农民社会生活方式的重要影响因素，并且深刻影响着农户投保农业保险的行为，是农业保险发挥反贫困的重要基础。

（一）加拿大农业文化对农业保险反贫困的促进作用

1. 加拿大农业生产以农场经营为主

加拿大农业以农场经营为主，加拿大农场由家庭经营，单个农场规模大，机械化水平高，平均每个农业从业人员配备两台重型拖拉机，耕种收割全部使用机械完成，每个劳动力可管理土地达 100 公顷，2019 年加拿大拥有19.1 万个农场，其中面积小于 4 公顷的农场数量占 6.7%，相对于 1996 年增加了 0.7 个百分点，4—28 公顷的农场数量占 16.5%，增加了 3 个百分点，28—1152 公顷的农场数量占比降低了 8 个百分点，而大于 1152 公顷的农场数量占比增加了 4.7 个百分点[②]，说明随着农业的发展，农场数量将会越来越少，而农场规模将会逐渐扩大，面积达 1000 公顷以上的农场数量会越来

---

① 资料来源：加拿大农业部网站。
② 数据来源：加拿大统计局网站。

越多，这说明加拿大的农场规模在现有基础上将继续扩大规模，大规模的农业生产需要农业保险作为坚实的后盾，帮助消除农业生产者的后顾之忧。

2. 加拿大农业生产专业化程度高

专业化是加拿大农业生产的重要特征，农业生产专业化体现在种植区域的专业化和农场分工的专业化，从区域上看，加拿大作物生产非常集中化，农业区域划分明显，并形成多个农业区域类型，谷物生产区域主要在南部地区，其中萨斯喀彻温省以生产硬质春小麦为主，小麦产量已达到加拿大总产量的 3/5，主要用于出口；阿尔伯塔省以生产大麦为主，该地区大麦产量达到全国总产量的 1/2。中部地区是针对国内需求进行作物生产，以种植草原春小麦为主。玉米在加拿大主要用作饲料，其产量的 3/4 出自安大略省，大豆的种植区域最为集中，只在安大略省有分布。由于油籽的种植和研究主要集中在东部地区，2020 年 4 月 7 日加拿大东部油籽发展联盟（ECODA）在加拿大农业伙伴关系的农业科学方案下获得了 3702171 美元的资助，宣布加快创新步伐，为油籽作物农业保险产品的研究和油籽作物科学活动提供资金和支持[①]。

加拿大农业的集中化有利于进行良种培育、集中管理和防灾工作，有利于发展农业产销一体化模式，专业化的农业生产模式促进农业保险的专业化发展，有利于农业保险反贫困作用的增强。

3. 加拿大农业商品化程度高

加拿大农业商品化程度高，这是因为加拿大农业劳动生产率居世界前列，但人口少，国内市场需求量较小，农产品产量高、种类繁多，为了提高农产品利用率，加拿大政府对农产品的产量进行详细统计，针对每年国内市场需求进行合理分配，2020 年加拿大约 45% 的农产品用于出口[②]。与世界上其他国家一样，加拿大农业生产同样面临着自然灾害风险，巨灾风险往往给

---

① 资料来源：加拿大农业部网站。
② 数据来源：加拿大联邦政府网站。

加拿大农场带来巨大冲击，农产品的高度商业化要求存在良好的风险规避手段来保障农业生产者的受益，催生了农业保险的发展。

4. 加拿大有重视农业教育的传统

加拿大完善的农业职业教育促进了农业生产者农业风险管理意识。加拿大政府十分重视对农民进行专业教育，鼓励农民参加教育培训，并且投入较多的资金用于教育基础设施的建设。2020 年 10 月 2 日加拿大和安大略省政府宣布，他们正在投资两个农民教育项目，以支持农业部门的劳动力和培训需求，一是承诺投入超过 18 万美元，用于发展一个新的方案，提供最新农业设备的教育和培训，学生将学习高需求领域的技能行业，如喷洒和施肥作业，定制耕作和收获作业；二是联邦和省政府将协助康内斯托加学院创建、启动和实施一个试点方案，以扩大目前农业部门雇员的培训机会，并使那些对农业职业感兴趣的人更好地准备在关键的农场工作①。

同时，加拿大政府注重培养农业领域专业的学生，以增加农业领域人才的数量。2020 年 9 月 24 日，加拿大马尼托巴省政府将在马尼托巴省课堂上为农业提供支持，将向 aitc-m 提供至多 146600 美元，调整其教育和外联资源，以应对新冠肺炎疫情。2020 年 12 月 9 日加拿大政府宣布加大农业学生奖学金项目的建设，在 2021 年，选择农业相关专业的学生将获得奖学金，他们将进入农业相关的学校学习，每个学校将颁发一份 4000 美元的冠军奖学金和 3 份 2000 美元的亚军奖学金，该奖项由加拿大农业伙伴关系资助，这是一项为期五年，数额达 3.88 亿美元的投资，用于鼓励农业领域专业的学生②。农业职业教育的广泛开展促进了农业从业者风险管理意识，进一步推动了农业保险的发展。

---

① 资料来源：加拿大农业部网站。
② 资料来源：加拿大农业部网站。

（二）农业生产以中老年人为主不利于农业保险反贫困

根据加拿大农业部公布的 2020 年农业从业人员数据，现在加拿大农业的从业者平均年龄已经达到了 55 岁。据加拿大统计局数据，2020 年加拿大农业从业人员约 20.35 万人，与 20 年前相比，这个数字减少了近 30%。由此来看，几十年来加拿大农民这个群体的数量是急速萎缩的。大部分年轻人更愿意从事城市中的工作，越来越少的年轻人参加农业生产。所以加拿大农民群体的人数不仅急速萎缩，年龄也日趋老化。根据相关统计，1996 年加拿大农民平均年龄为 48.4 岁，2006 年为 52 岁，2020 年已经升高到了 55 岁，70 岁以上的农民竟然有三四万[①]。

为了保持农业的稳定发展，2020 年 5 月 26 日，农业和农业食品部部长 Marie-Claude Bibeau 宣布投资 920 万美元，以加强青年就业和技能方案，并为农业部门的青年提供多达 700 个新职位；2020 年 12 月 9 日，加拿大和萨斯喀彻温省政府宣布为下一代农业指导计划提供 20 万美元的新资金，该方案的目标是培养青年领导人[②]。农业和农业食品部长 Marie-Claude Bibeau 说："加拿大的年轻农业专业人士和生产者是农业行业未来成功的关键，政府正致力确保青年能获得所需的培训和机会，让他们发展技能，成为农业行业的领袖。"

三、加拿大农民农业保险意识与反贫困

（一）加拿大农民的农业保险意识较强

农业从业者保险意识的增强能够促进农业保险保障效率的提高。农业保险是一种有效化解农业风险的金融工具，农业从业者需要有利用金融工具化

---

① 数据来源：加拿大统计局网站。
② 数据来源：加拿大农业部网站。

解风险的保险意识，这样才能真正利用好这个工具，做到及时报案、及时索赔，使农业保险保障功能充分发挥。同时，农民对风险的感知程度和保险意识很大程度上影响着其投保意愿，影响着农业保险能否顺利实施。

农场主保险意识强。2020 年加拿大农业保险的参保率达 80% 以上[①]。这与加拿大的农业生产环境以及农民的文化习俗有关。加拿大农业生产集约化水平高，专业性强，农业生产实现完全机械化，农民生产规模大，一旦有自然灾害发生，会带来巨大损失。而由于加拿大的特殊地理气候所致，农作物每隔几年就要遭受一次大灾，这是无法预估和避免的。所以，加拿大农业生产环境的特殊性，导致农场主具有较强的风险防范意识。加拿大农作物品种丰富，自然灾害种类多，如干旱、洪水等，另外，加拿大农民都有自己的农场，耕地面积大，农场主生产规模大，一旦发生灾害，损失难以承受，在 20 世纪初农场主经常会请求政府的帮助，于是形成了农业保险的雏形[②]。1933 年，加拿大草原农场旱灾的频繁也催生了农业生产保障的需求，1960 年，加拿大就形成了初始的农业保险，这也使加拿大农民对农业保险有了更深程度的理解。

（二）加拿大农民参与农业保险的积极性很高

农民积极参加农作物保险，投保积极性不断提高，是逐步认识到参加农业保险有利于他们抗灾自救，稳定生产，保证收入，减小对次年农作物生产的影响。在面对自然灾害时，联邦政府采取了一系列的临时应对措施，有针对性地处理各种巨灾事件。在加拿大，政府是应对自然灾害风险的主力军。国家制定的保险政策通过实践证明了其具有相当的作用力。实践检验了政府在农业保险计划方面的正确性，提高了农民对农业保险的认可度。农民投保积极性不断提高，投保户数逐年增加，由 1960 年最初的 3% 发展到 2020 年

---

① 数据来源：加拿大农业部网站。

② 朱俊生、姜华、庹国柱、侯硕博：《加拿大农业保险考察报告》中，《保险理论与实践》2016 年第 7 期。

的 75%。承保面积逐年扩大，由 1960 年的百分之几发展到 2020 年占播种面积的 83%[①]。

在加拿大全国农业总产值中，牧业产值的比重占 50% 以上，其中又以草食家畜的畜产品产值居主要地位[②]。加拿大农民很早就有为草原农场投保的传统，对农业保险有较强的认同感，有助于农业保险广泛地开展，发挥农业保险稳定农民收入的反贫困作用。

第四节　加拿大农业保险反贫困的启示

根据制度变迁理论可知，农业保险的开展具有很强的制度性，其政策优化和制度变迁包含正式制约因素和非正式制约因素。加拿大农业保险制度经历了较长时间的实践检验趋于稳定，具有很好的借鉴意义，然而仅借鉴正式制度是不可取的，在借鉴的过程中要考虑非正式制约因素是否与正式制度相耦合。中国的农业保险反贫困的制度变迁也是综合正式制度和非正式制度多方面进行，这样才能更加有效地提高农业保险的"防止农民因灾返贫"作用。本节通过回顾对加拿大农业保险的正式制约因素和非正式制约因素分析，提出下面几点关于巩固和拓展农业保险反贫困事业成果的具体建议，推进乡村振兴、加速促进农业农村现代化。

一、完善农业保险反贫困相关立法

加拿大完善的法律体系是发挥农业保险反贫困作用的基础。在法律实施方面，加拿大会制定合理的政策协助法律运行，加拿大先出台法律，再根据法律制定政策，法律和政策相辅相成，更具成效。加拿大的法律体系也存在问题，比如在法律的实施过程中出现了法律监管内容陈旧的问题。中国要借

---

① 数据来源：加拿大统计局网站。
② 数据来源：加拿大统计局网站。

鉴加拿大法制的经验教训，完善现有农业保险反贫困的法律体系，更好地守护中国农业保险反贫困事业的成果。

因此，促进农业保险反贫困需要建立法律法规来规范农业保险的经营。主要对以下内容进行明确规范：一是明确界定法律调整对象，设计专门的法律来调整政策性农业保险，对政策性农业保险的范围、发展目的、发展原则及合同特殊性等内容进行明确规定，商业性农业保险仍由《保险法》进行规范。二是制定相关农业保险政策，为农业保险法律的开展提供支持，制定政策框架中的农业稳定、农业投资、农业保险、农业恢复等项目，为农业保险法律的开展提供资金和管理的支持，达到1+1大于2的效果，充分发挥农业保险的防灾反贫困功能。三是在现行保险法与相关法规的基础上，有必要明确列出农业保险机构和地方政府的权力与职责。明确地方政府具体保障责任，对疏忽政策性农业保险反贫困事业的相关机构予以相应惩罚。防止地方政府对农业保险扶持方案的设计不够严谨，提高地方政府对农业保险的支持力度。四是要及时对农业保险法律进行修订，以适应社会环境快速变化，防止出现利用农业保险进行欺诈的事件，保障农业保险的反贫困作用。

二、优化农业保险反贫困制度模式

加拿大的农业保险反贫困制度，无论是其组织结构，还是其运行机制都有其极具特色的安排。在政府组织结构上采取的是全国性的"三方缔约"，即联邦、省和农户之间的缔约，这种政府组织结构达到了各级政府明确各自责任的目的，在农业保险公司组织结构上，各省农业保险公司独立垄断经营各省农业保险业务，各省农业保险公司独立性较高。但是这种组织结构存在一个很明显的缺点，即加拿大农险的垄断性抑制农业保险产品的发展。另外，加拿大的农业保险反贫困制度在运行机制上存在多个优点，一是各省具有农业保险的决策权。二是政府对农业保险费给予大量财政补贴。三是有统一的农作物保险投保时期。四是采取弹性费率制收取保费。五是提供了完备的农险风险分散制度。但是这种运行机制也存在一个很明显的缺点，即加拿大政府的财政负担较重。因此，不仅要借鉴加拿大政府的农业保险反贫困制度的优点，也要从其不足中吸取经验教训，以完善中国农业保险反贫困制度模式。

总结加拿大农业保险反贫困制度模式的经验教训，可提出以下建议：一是各级政府应明确各自任务，高效率运作农业保险，逐步实现基于地方特色农业发展的需要并扩大中央财政补贴品种。二是给予省农业保险公司一定的独立性，充分发挥其地区专业化管理优势。三是政府和各保险公司要加大农业保险产品的设计，满足农业变化的需求。四是完善农业保险补贴体系，提高中央、省级财政对主要粮食农业保险的保费补贴比例，逐步减少或取消产粮大县县级保费补贴，并且确保保费补贴的效果，防止出现大量的低效补贴给政府增加过多的财政负担。五是统一农作物保险投保时间，使农业保险经营更加高效。六是建立弹性保费制，为索赔频率小的投保者降低保费。七是实施"先投保后收费"的农业保险政策，在农民获得农业收入后再扣取保费。八是政府要完善税收等配套措施，协调统一财政和税收政策，政府既然给予农业保险无条件的补贴，也就不能又从农业保险和再保险业务经营中收税，而我国的税收政策显然有与财政政策不大协调的地方，需要进一步的修改。九是鼓励农业保险公司扩大保险保障范围、提高保险保障水平，让农业保险真正服务于农业产业化发展，稳定农户收入水平，促进农业保险反贫困事业的发展。

三、完善农业保险反贫困的再保险体系

加拿大农业保险反贫困在设计风险分散机制方面确立了再保险制度，并且有充足的农业再保险基金，帮助分散巨灾对农业造成的风险，但是其再保险制度仍不够完善，并未充分地将先进技术运用到农业风险管理中。所以中国不能完全对加拿大的农业保险风险分散机制照搬照抄，要结合本国的实际

情况，设计合理的再保险机制，预防巨灾风险对农户带来的巨大损失，保障农村反贫困事业成果不受破坏。

总结加拿大在再保险方面的经验教训，可提出以下建议：一是组建国家农业再保险机构，目前农业再保险主体很少且都是商业化经营，商业化的联盟形式无法完全支撑起农业再保险市场的经营，我国可以效仿加拿大农业再保险发展模式，由政府承担再保险机构的建设，明确农业再保险的政策性，在各地分散探索农业再保险方式的基础上，通过成立全国农业再保险经营机构，提供全国范围内的政策性再保险，商业再保险只是起到补充作用。二是政府要强制要求各省农业保险公司参加农业再保险，并且政府要给予农业再保险较为充足的财政支持，一方面是政府可以适当降低农业再保险公司经营农业再保险业务的税率，另一方面政府要增加资金投入，提高对农业再保险的支持，以增强农业的抗风险能力。国家应当对经营农业再保险的保险公司给予其提供税收优惠。对于资金支持的方式，可以采取加拿大的设立农业再保险专业基金制度，在农业再保险机构之间抽取一定比例的保费设立农业再保险基金；还可以把农业再保险业务减免的税金纳入农业再保险责任准备金，使得农业再保险得到足够的资金保障，促进更多的农业再保险机构从事农业再保险业务，使全国农业保险的经营有充分的风险保障。三是运用高新技术检测农业保险运行风险。要围绕国家重大需求、产业发展安全和现代农业建设主战场，继续完善农业保险信息监测预警系统，继续深入开拓农业保险产品设计链监测预警核心技术、全球化大数据系统化监测分析技术等研究，促进农村农业现代化。

四、优化农业保险反贫困监管体系

要实现农业保险支农惠农和反贫困功能，就必须提供有效的监管。加拿大农业保险反贫困监管体系的监管主体具有专业化特征，监管主体在进行监管时会注重监管内容与时俱进，所以加拿大完善的农业保险反贫困监管体系是其顺利运行农业保险反贫困计划的关键，但是加拿大监管体系在监管过程中容易出现监管空白的问题。中国要借鉴加拿大的经验教训，完善现有农业保险反贫困的监管体系，避免出现监管不足的问题，确保中国农业保险反贫困事业的成果不被破坏。

　　总结加拿大在农业保险反贫困监督体系方面的经验教训，可提出以下建议：一是通过立法来保障农业保险反贫困的监管顺利开展。加拿大政府善于通过立法来保障政策的实施，我国应当继续完善农业保险相关立法，将农业保险反贫困的监管与法律法规结合在一起，引入科学的监管方式，协调监管机构和各政府部门之间的联系。二是设置专业的农业保险监管机构，实现监管机构专业化、监管方式合理化、监管人员高素质化，让农业保险反贫困的外部监督有法可依，执法必严。独立的农业保险监管机构监管功能更完善，监管方式更科学，监管队伍更强大，是未来农业保险监管发展的重要方向。三是在保证依法合规经营的基础上，监管部门要有前瞻的眼光和视野，不仅要及时为农业保险变化方面填补监管空白，更要为保险经营机构提供创新的环境和条件，提供有效监管，例如在我国，农民为发展生产所需要的小额贷款常常难以从银行获得，虽然现在有保险公司开发出"小额信贷保证保险"产品，但是无形中增加了农民的成本负担，而农业保险公司有充足的资金资源需要投资，监管部门可以为保险机构直接向农户提供小额贷款这类创新业务开辟通道。

五、促进我国农业现代化发展

　　从加拿大农险反贫困的实践经验中可以看出，农业保险的快速发展离不开一国农业发展状况。加拿大的农业现代化程度较高，其农业具有以下优点，一是加拿大农业生产以农场经营为主。二是加拿大农业生产专业化程度高。三是加拿大农业商品化程度高。四是加拿大有重视农业教育的传统。但是由于年轻人都不愿意参加农业生产，农业生产以中老年人为主。要结合我国的实际情况，合理设计农业现代化发展策略，全面提高农户的收入水平，保障农村反贫困事业成果不受破坏。

总结加拿大在农业现代化上的经验教训，可提出以下建议：一是中国应尽快提高农业用地集中程度，实现机械化生产，开展种植区域专业化和农场分工的专业化。二是重视农业科研。健全农业科技推广体系，增加对农业科研的投资，完善农业科技成果市场化的转化机制，确保农业科技成果的转化收益。三是加强农业教育，不仅要对现有农户加强农业教育，在乡镇建设农业生产知识学习中心，帮助农户掌握科学的种植养殖方法，也要加强高校农业类专业教育，通过奖学金激励更多的学生深入学习农业知识。四是引导更多的青年加入农业生产领域，为决定毕业后从事农业生产的高校学生免除部分学费，以提高农业类专业学生在农业领域的从业率，另外加大对青年参加农业生产的补贴，提高其农业生产的收入，以吸引更多的年轻人加入农业生产。

六、加强农户保险意识和风险防范意识

农民具有较强的农业保险意识是发挥农业保险反贫困作用的基础。加拿大因为政府较为广泛地宣传农业保险且提供良好的农业保险服务，目前，加拿大农民一方面具有较高的保险意识，另一方面投保积极性也很高。不过加拿大农民仍然存在风险防范意识弱的问题。我国要结合自己的实际情况，设计合理的农业保险宣传教育方式，提高农民保险意识和风险防范意识，充分发挥农业保险的反贫困功效，促进农村反贫困事业的发展。

总结加拿大在提升农户保险意识方面的经验教训，可提出以下建议：一是各级政府部门应通过有效载体向广大农民推广农业保险知识，各农业地区的政府可以通过在农业保险的营业服务场所悬挂宣传条幅、标语等宣传农业保险，另外可在各乡镇村张贴海报，内容包括农业保险的好处以及补偿农户农业损失的案例，组织现场咨询，向农户发放农业保险宣传小册子等，提高

广大农户对农业保险的认知度。二是农业保险公司应当利用自身的专业优势，加大对农村市场的宣传开发力度，培养优秀的营销员深入农村市场，通过在农村举办公益性讲座等方式，让农民对农业保险有比较深入和全面的了解，并且农业保险公司也要提高保险经营机构依法合规经营意识，切实保护农业保险活动当事人的合法权益，农民从农业保险中获益了才会增加对农业保险的认可度，提高农民对农业保险的需求。三是在各村镇的消息公开栏内设置专门的农业保险宣传部分，宣传农业保险的重要性、投保方式、索赔方式和补偿案例。四是加大对农民群体的农业风险防范教育，培养农民的风险保障意识。要求各地区农业合作社，建立合理的教育部门，定期开展农业教育课，对按时参加课程的农民给予降低农险保费的福利，提升农民对保险的认可度和风险的管控能力。

第六章　巴西农业保险反贫困的
农村社会学理论分析

　　巴西作为世界农业大国，其农业保险发展已久。保险具有经济补偿功能，是贯彻反贫困政策的有效手段之一。本章基于农村社会学的理论基础，从社会制度、社会保障以及社会控制三个维度，对巴西农业保险保障水平和反贫困绩效进行详细分析。巴西农业保险保障注重不断完善法律政策，法律体系相对完善，法律保障覆盖范围广泛，保障机构体系健全，扶贫投入力度大、贫困人口比例下降显著，但也出现过立法操作性可实施性不足、缺乏激励机制、国有保险企业管理不到位等问题。因此，应根据农村社会学的三个维度，从法律政策建设、农业保险机制与机构建设方面出发，通过对巴西农业保险建设经验进行详细的研究，充分了解其优势和不足的情况下，并总结学习其经验以巩固我国脱贫攻坚成果，建立解决相对贫困的长效机制。

第一节　农业保险对反贫困影响的
农村社会学理论分析

　　从农村社会学的微观视角来看，农业保险属于一种特殊的社会组织形式，是人们为防御面临的风险而自发建立的保障组织。根据法约尔的组织理论①，组织管理活动由"计划、组织、协调、指挥、控制"五个方面组成，巴西农业保险的发展及管理也遵循了上述原则，使其能更好地致力于反贫困事业的发展。我国要加强农业保险的保障水平和反贫困绩效，也要加强农业保险的组织化管理。

一、农村社会学理论分析

（一）农村社会学理论基础

农村社会学起源于美国，20世纪初流入中国，第二次世界大战后，随着系统论的形成和普通社会学由经验实证研究向辩证综合研究过渡。农村社会学不仅仅局限于农村宏观社会现象的研究，也逐渐延伸为对农村社会进行综合性的研究：分为三个维度：（1）农村社会制度：指法律法规、政府规范等，它以强制力约束着组织的活动范围和方向；（2）农村社会保障：指通过保险、救助、福利、优抚来保障农民生活水平；（3）农村社会控制：指社会组织体系针对社会成员运用社会规范及相应的手段，约束社会行为，指导价值观念，调节社会关系的过程。三重维度在自然、社会、文化、政治、经济、心理诸因素的相互关联之中，对农村社会的社会关系、社会结构及社会调控进行综合的研究。

（二）农村社会学研究现状

农村社会学的研究目前较多停留在对其表面理论基础的分析，现今农村社会学的研究缺乏"责任伦理"，农村社会学应该在揭示农村社会的基础上为农村社会提供帮助②。只有少数学者将其与其他领域结合，综合分析农村

---

① 袁勇志、宋典：《管理的定义与管理理论发展——对法约尔管理定义的检验及反思》，《学术界》2006年第6期。

② 樊凡：《农村社会学研究存在的问题及反思》，《中国农村观察》2017年第2期。

社会学在其他领域的理论基础作用。我国现阶段农村社会学的研究要注重宏观理论的指导，理论与实际相结合，体现出社会学的特质。将农村社会学对农民的分化分层现象及农村经济金融发展做出具体阐释，做出趋势分析，表明农村社会学已经面临着突破性学科发展的新阶段[1]。我国目前对农业保险保障水平的反贫困绩效的研究成果不多，现有研究结果大多对农业保险的反贫困绩效的原因进行分析，并给出相应对策。农业保险的反贫困绩效是农业保险与农村贫困问题相作用的体现，要发挥农业保险的反贫困功能，就要丰富保险险种，实行保费与补贴相结合的政策[2]；农业保险的补贴政策在反贫困绩效方面存在的不足为：政策性农业保险补贴存在目标偏离性、激励性不足，缺乏特殊性、地域性、层次性。提升农业保险补贴的反贫困绩效水平应确保农业保险各方财政鼓励，构建特色财政补贴机制[3]。有学者总结了中国农村社会学 40 年的重建和发展历程，强调重建了 40 年的中国农村社会学在小城镇发展研究，农村人口流动、乡村治理上已经取得了显著的研究成果，并得出未来农村社会学将更关注乡村文化与乡村振兴的关系的预测[4]。有学者在农村社会学的基础上，结合中国当下的国情提出"后乡土中国"具有"乡土性""乡村结构多样性""乡村空间越来越具有公共性"等特点，与中国实际更加贴合，作为农村社会学的新发展具有重要指导意义[5]。

---

[1] 樊凡：《农村社会学研究存在的问题及反思》，《中国农村观察》2017 年第 2 期。

[2] 张伟、罗向明、郭颂平：《民族地区农业保险补贴政策评价与补贴模式优化——基于反贫困视角》，《中央财经大学学报》2014 年第 8 期。

[3] 郭佩霞：《反贫困视角下的民族地区农业保险补贴政策研究——以四川省凉山彝族自治州为例》，《经济体制改革》2011 年第 6 期。

[4] 陆益龙：《中国农村社会学 40 年的重建与发展》，《西北师大学报》（社会科学版）2019 年第 3 期。

[5] 孟根达来：《理解转型中国乡村社会的新视角——读懂〈后乡土中国〉》，《中国农业大学学报》（社会科学版）2020 年第 2 期。

二、反贫困理论分析

（一）反贫困理论基础

20 世纪 60 年代，瑞典经济学家冈纳·缪尔达尔首次提出"反贫困"这一研究术语。反贫困问题的研究离不开对贫困内涵及原因的探究，二者相互联系、相互依存。反贫困即减少贫困、减缓贫困、扶持贫困和消除贫困，呈现出层次性的特点。反贫困即通过直观的贫困人口数量的减少来减少贫困发生因素和减缓贫困的程度，达到研究和落实反贫困计划与政策，最终消除贫困。虽然贫困人口数量的下降可以直观体现消除贫困的效果，但是相对贫困是无法根本消除的，因为贫困的标准不是永恒不变的，会随时间地点的不同而做出改变。因此，反贫困是需要我们长期研究探讨的主题。

（二）反贫困理论研究现状

国内反贫困理论研究基于对西方反贫困理论的研究，并与中国反贫困实际情况相结合，逐步形成了具有中国特色的反贫困理论。20 世纪 80 年代中后期，我国开始实施大规模扶贫计划，符合中国实际的反贫困理论观点形成。中国反贫困事业重点要从资源开发向减少贫困人口转变，在扶贫过程中应该重视农村社会保障体系的作用[1]。农村反贫困事业的发展离不开各项社会保障制度的建设，要确保农村农民最低生活保障制度、农村社会福利制度、农村合作医疗制度等的贯彻落实，充分发挥社会保障制度在农村反贫困事业中的积极作用[2]。由于生产方式落后、贫困人口文化素质有限、基础设施建设薄弱以及资源配置效率低下，财政投资脱贫效应呈现出递减的趋势，

---

[1]　吴国宝：《对中国扶贫战略的简评》，《中国农村经济》1996 年第 8 期。
[2]　周茂春、邓鹏：《西部农村贫困陷阱反思及终结治理》，《云南财经大学》2014 年第 2 期。

因此必须改革财政投资方式，有重点地加大对教育、科研、农村基础设施等的投资，弥补长期财政投资效率低下的缺点，有针对性地提高财政投资扶贫效率①。同时总结"十三五"时期我国反贫困理论研究状况，针对现有研究成果加以借鉴，而就现有研究不足进行反思，以便更好地为我国未来反贫困事业做出贡献。有学者对中国特色减贫理论对马克思主义反贫困理论的创新和对世界反贫困做出的贡献进行分析，强调习近平扶贫论述对马克思主义反贫困理论的原创性贡献，并且为发展中国家解决贫困问题提出了具有中国特色的中国方案，是具有历史意义的伟大创新②。同时，有学者在反贫困理论的基础上对我国"脱贫攻坚"所取得的显著成果做出了分析和总结，强调中国特色贫困治理的政治逻辑是区别于西方的国家福利理论的具有中国特色的，以福利分配为导向的贫困治理。强调中国贫困治理的制度优越性③。

三、基于农村社会学理论的农业保险反贫困分析

贫困是一种与人类发展进程相伴生的社会现象。我国的贫困问题研究随着社会变迁逐渐呈现出社会学理论的研究意义。中国社会学恢复重建以来，社会发展、现代性和社会结构变迁一直是社会学理论研究的重点。在我国扶贫开发进入新阶段后，由于反贫困内涵的逐渐变化，反贫困进程的加快，社会学领域的反贫困研究逐渐增多，社会学理论也成为反贫困研究的重要基础。政府主导的开发式扶贫逐渐向强调贫困人口主体性的参与式扶贫转变，并且重视社会学理论在反贫困中的作用，从社会制度、社会保障、社会控制

---

① 郭宏宝、仇伟杰：《财政投资对农村脱贫效应的边际递减趋势及对策》，《当代经济科学》2005 年第 5 期。

② 黄承伟：《中国减贫理论新发展对马克思主义反贫困理论的原创性贡献及其历史世界意义》，《西安交通大学学报》（社会科学版）2020 年第 1 期。

③ 谢岳：《中国贫困治理的政治逻辑——兼论对西方福利国家理论的超越》，《中国社会科学》2020 年第 10 期。

角度出发的社会学理论为反贫困研究提供了新的视角和方法①。

依据农村社会学和反贫困的理论基础，从农村社会制度、农村社会保障、农村社会控制三个维度出发，结合政治、经济、社会等角度分别对每个维度的巴西农业保障水平进行分析，并结合实例进行学习，总结了巴西农业保险在反贫困中的成功经验和不足。其中，法律、政策环境属于社会制度因素，保障范围和财政补贴属于社会保障因素，保险管理体系和农业发展水平属于社会控制因素。分别对上述观点进行分析，从巴西农业保险的实践中借鉴经验，以便更好地贯彻我国农业保险的经济补偿作用和反贫困战略的实施。

第二节　巴西农业保险中社会制度因素对反贫困影响

农业作为人类一种基本的生产方式，不仅仅是一个技术和经济问题，它始终与社会的政治经济以及文化体制相联系②。农村社会学中的农村社会制度是指法律法规、政府规范等，它以强制力约束着组织的活动范围和方向。本节将基于农村社会学理论中社会制度的理论要求，结合近几年来巴西相关法律法规、政策规定，通过分析巴西的法律环境以及政策环境对农民脱贫的影响，从而得出巴西农业保险通过不断完善法律制度、优化政策环境，实现更好的保障效果，对农民脱贫的事业发展提供更好的保障。但也应注意到，巴西农业保险相关制度在立法过程中出现了操作性差，实践性不足，在国有保险企业管理不到位等问题，因此，在学习巴西农业保险反贫困的经验的同时，要注意避免出现同样的问题，才能更有效率地发展今后的反贫困事业。

---

① 黄承伟、刘欣：《"十二五"时期我国反贫困理论研究述评》，《云南民族大学学报》（哲学社会科学版）2016 年第 2 期。

② 熊春文：《农业社会学论纲：理论、框架与前景》，《社会学研究》2017 年第 3 期。

一、巴西农业保险法律环境对反贫困的作用

（一）巴西农业保险立法历史悠久，与时俱进

巴西农业保险发展历史源远流长，并注重法律的贯彻落实和不断更新。巴西政府早在 1938 年就实施了雹灾保险计划，1954 年巴西政府创造性地开展实施多重风险农作物保险计划。1973 年出台了农业生产保障计划，通过立法确立了农业保险基金和农业保险制度，为全国农民提供农业、林业、畜牧业等农业保险业务。1966 年颁布《保险法》，2003 年，巴西政府高度重视农业保险发展，正式出台农业保险的法律条例。此后巴西农业保险保障真正做到有法可循，有利于更好地发挥农业保险的经济补偿功能，使巴西贫困人口比例由 2003 年的 24.9% 下降到 2016 年的 6.5%[①]，农业保险政策支持通过立法上升到法律层面，有利于其正规稳定运行，实现农业长效保障支持机制，便于充分发挥经济补偿功能，扩大农业产量，提高农民收入，实现降低贫困人口比例的目标。2007 年 1 月巴西通过了国家法案，开放了再保险市场。2010 年巴西通过《灾难基金法》成立了农业灾难基金。规定以 40 亿雷亚尔为基础灾难基金，由农业企业、保险公司、再保险公司和联邦政府等多方出资，基金由专业的基金管理运作，并且受保险监管机构监管。巴西灾难基金为保险公司和再保险公司提供再保险和分保，进一步分散了保险公司和再保险公司的风险，帮助减少保险公司的损失，提高了保险业的安全性和稳定性。2017 年巴西政府推出农牧业信贷计划，巴西政府为支持国家农牧业发展，在该计划中投入 1902.5 亿雷亚尔，以确保当年的生产计划顺利开展。巴西政府在农牧业上的高额投入展现了国家对农牧业的充分重视。2020 年政府补贴维持往年水平，并且在 2019 年 1940 亿雷亚尔的补贴金额上有所增

---

① 数据来源：巴西国家地理统计局网站。

加，同时扩大了对农业贷款的补贴①。

（二）巴西农业保险立法缺乏实践性、操作性

巴西农业保险也存在着立法操作性不强、缺乏实践性的情况，1964 年巴西颁布《土地法》，规定所有金融机构均需设置农业保险服务项目，而这一规定在实践中却没有得以贯彻落实②，例如 1966 年巴西颁布《保险法》，意在通过私营保险公司业务的开展，提高巴西保险业的竞争性，这些私营保险公司在最初开展过农业保险业务，但由于多方面原因，在农业保险业务开展上并不顺利，最终只好把农业保险业务转移给巴西国家再保险公司。没有实现通过促进市场竞争实现大规模经营，从而提高竞争力水平的目标。除了法律和政策实施的可操作性，国有农业保险公司的管理问题也很重要。由于经营管理不善，巴西的国有农业保险公司出现过被迫关闭和私有化的情况。《保险法》没有完全贯彻，没有达到预期扩大农险覆盖面的目标，因而不利于扶贫事业的发展，由此可见，农业保险方案实施后与当初的设想存在相当的距离。在进行农业保险立法和政策制定实施时，要注重确保其可操作性和可实现性③。这些是巴西农业保险立法的失误，影响了反贫困战略的进一步突破。1995 年巴西颁布第 6 号宪法修订案，宣布解除 1971 年巴西土地法中对在巴居住和生产的外国投资者和法人在巴西购买土地的限制。修正法案对在巴从事生产经营的企业给予更多的自由和身份认可，使得资本可以在巴西创造更多的可能。修订法案是对原法案的适时修正和更新，充分保障了立法和政策的有效性和可操作性。修正案的颁布实施使得在 1995 年至 2008 年期间在巴西购买土地的外国投资者享受了自由购买土地的权利，因此在此期间的外国土地购买者在各市的公证处都未进行国别登记。但此期间的法律条款

---

① 数据来源：巴西国家地理统计局网站。
② 邢炜：《墨西哥巴西农业保险对我国农险的启示》，《保险研究》1999 年第 2 期。
③ 邢炜：《墨西哥巴西农业保险对我国农险的启示》，《保险研究》1999 年第 2 期。

变动为后续的工作带来了困难。随着世界粮食危机的显现，巴西政府开始重视国内的土地财产问题。2007 年 6 月，巴西政府召开会议，重新完善对外国人在本土购买土地的相关法律规定。2008 年，巴西议会对土地法关于外国人在巴购买土地限制以及 1995 年第 6 号宪法修订案等条款重新进行解读。2010 年 8 月，巴西总统又重新肯定了 1971 年巴西《土地法》的相关解释。这一系列的变化使得外资在巴西购地的手续变得更加繁复，而 1995 年至 2008 年的登记缺失使得新的土地购买规定在执行上遇到了很大的困难。巴西政府一直在不断尝试对《土地法》进行修改和完善，但新的《土地法》修改法案在被提出的同时面临很多的争议。到 2020 年 5 月，巴西拟通过新的土地改革法案，以期提高土地使用权的颁发效率，与此同时会导致监督的缺失，这一举动遭到了国际的反对和批评，因为新的土地改革法案可能会加重亚马逊森林的乱砍滥伐情况。

二、巴西农业保险政策环境对农民脱贫的影响

（一）巴西农业保险对农民脱贫有利的国内外政策环境

1. 国际政策

对于国际政策，作为发展中国家中"绿箱"政策的主要支持者之一，巴西积极贯彻"绿箱"政策，重视配套服务与农业基础设施建设。1965—1985 年，巴西主要采用农业补贴政策，1985 年后转为以农产品价格支持政策为主。为了适应 WTO 规则，1995 年后巴西针对补贴对象采取明显的差别化管理，政策上对中小户倾斜。2015 年，巴西政府实施差价补贴政策，规定当棉花价格低于最低保护价每千克 3.6 雷亚尔时，巴西政府对其进行差价补偿。2006—2010 年，巴西政府支付的年均差价补贴金额达 9.65[①] 亿美元，有利于保证农民收入。2020 年巴西政府出台政策放宽农户信贷还款期限，加大了

---

① 数据来源：世界贸易组织官方网站。

对农户的补贴力度，以帮助农户渡过难关。数据显示，2020 年农村人补贴多达 550 美元。农业保险补贴属于"绿箱"政策范围，通过贯彻农业保险补贴，可以增加政府对农业的间接补贴。"绿箱"政策有助于农业保护机制的形成，促进了农业的可持续发展，有助于发展中国家农民脱贫。

农业再保险是指保险公司为了分散风险，通过订立再保险合同，将已承保的农业保险业务风险，以分保的形式，转移给其他保险公司，实现风险在更大的范围内分散。巴西《再保险和转分保法》规定保险机构存在一定的承保自留比，超过比例的部分要分转给巴西国家再保险公司。2007 年 1 月巴西取消了国家再保险公司的再保险专营权，向国际社会开放了再保险市场。再保险市场的开放，推动了巴西农业保险市场的公平竞争，也为再保险市场引入了国际先进技术，提供更好的可能。近年来，巴西政府不断寻求对外开放，通过各项政策措施拓展海外市场。自 2019 年以来，已经有 700 多个巴西企业通过巴西政府与各国签订贸易协议，在海外顺利取得了农产品市场准入资格。2020 年全球新冠肺炎疫情背景下，巴西政府抓住各国降低贸易壁垒的机会，积极探索海外市场，为其国家农业发展创造了更多的市场和机会，有利于国家经济发展，从而解决国内贫困问题。

2. 国内政策

巴西政府通过国际国内政策的支持，全方位地加强农业保险保障。巴西国内实行一系列政策来促进农业健康发展，如农产品出口鼓励政策、土地改革计划、家庭农业支持计划等，目的是确保小农户基本收入，增加农村就业机会，支持农产品价格，稳定农民收入。其中，巴西农业直接补贴由于政府债务危机以及通货膨胀等因素难以实施。农业支持政策由直接补贴转为价格支持，通过最低价格保证政策，确保农民具有稳定收入[1]。2003 年巴西国会通过法律，2004 年下令实施农业保险保费补贴计划，政府对保费承担50%的

---

[1]　徐振宇、王海燕：《巴西农业支持政策的演进及对我国的启示》，《商业经济研究》2016 年第 5 期。

补贴，有利于扩大农业保险的覆盖范围，为农民生产生活提供保障。这项计划于2005年正式开始实施，在实施初期，保费补贴仅覆盖七个主要作物品种，但也充分保障了农民的生产生活。2006年巴西进一步扩大保险范围，在农作物、水产和林木等方面扩大了补贴范围，同时还采取了一系列补充措施，进一步完善了农业保险保费补贴政策，如对有积极生产意愿的农户给予贷款利率优惠，同时在生产资料贷款上，为这些农户提供扩大贷款额度的政策优惠，最高可提高15%的贷款额度，充分调动农户生产积极性，为农户提供便捷的融资渠道。2019年，巴西政府推出总金额约550亿美元的补助计划，用于农村信贷和农业保险。2020年巴西加大了农村信贷补贴力度，将人均信贷和保险补贴提升至550美元。同时，巴西政府拨款约1.3亿美元用于食品收购计划。政府通过在农户手中直接收购粮食和牛奶，帮助农户解决销售问题，度过生存危机，很大程度上减轻了贫困家庭的负担。据统计，约有8.5万个体农户家庭从中受益。

表6-1　2019—2020年巴西主要农业保障政策计划

时间	内容	目标
2019年	550亿美元的补助计划	用于农村信贷和农业保险
2020年4月	延长还款期限	用于农村信贷和保险，提高信贷额度
2020年	食品收购计划	通过拨款收购，救助贫困家庭

资料来源：世界贸易组织官方网站。

20世纪30年代巴西政府推行过雹灾险，但由于生产技术等原因，造成该保险的赔付率过高，成本太大而取消推行。到2004年巴西逐渐发展形成了完善的农业巨灾保险体系。巴西农业巨灾保险以国有控股农业保险公司主导，非国有保险公司部分参与。农户在申请农业贷款时必须确保购买了农业巨灾保险，若无贷款则可自行选择是否参与。巴西农业巨灾保险靠政府的积极参与及主导作用，通过各项政策的颁布和实施保障保险双方的权益，为巴西农业发展提供了重要的支撑。2008 年巴西政府颁布"农业保险保费补贴计划"的补充方案，建立巨灾保障基金，该基金由巴西国家再保险公司运营，并由政府对其提供财政补贴，以支持保险公司应对巨灾风险，为农业巨灾风险提供保障，有利于保障农民收入稳定，进一步推动了巴西农业保险的发展。2018 年巴西保险公司因干旱问题支付的保险赔偿额约为 6.6 亿黑奥，因冰雹问题支付的保险赔偿额达到 2.04 亿黑奥[1]。农业巨灾保险政策的提出，稳定了农户的投资生产信心，保障了农户面对巨大灾害的收益和生活，维护了生产的可持续性，有利于农业的稳定生产，有效防止农户因灾反贫局面的发生。巴西采取上述农业保障政策计划，充分发挥农业保险的收入稳定机制作用，有利于维持农产品价格，稳定农民收入，进而保障农业的持续、协调、绿色发展，实现反贫困等社会目标[2]。

表 6-2　巴西巨灾保险的发展

时间	名称	特点
20 世纪 30 年代	冰雹保险	赔付率过高
2003	颁布多项法律政策	提供法制保障
2004	农业巨灾保险体系	国有控股公司主导，自主与强制结合
2008	巨灾保障基金	财政补贴

资料来源：巴西国家地理统计局网站。

（二）巴西农业保险政策的不平衡制约了快速脱贫

巴西一直背负着外债压力，因此在发展农业生产结构上更倾向于种植可以出口换取外汇的经济作物。巴西政府出台的支持政策大多鼓励经济作物的种植，这就必然影响种植粮食作物农户，从而导致粮食种植人口流失。根据

---

① 数据来源：巴西国家地理统计局网站。
② 谢辉：《"绿箱"政策的国际比较及对我国的启示》，《经济问题探索》2006 年第 3 期。

2019 年数据，巴西总人口约 2.1 亿人，国土总面积达 851.49 万平方公里，农牧业可耕地面积逾 18000.9 万公顷。受殖民、农奴制历史和城市化推进的影响，巴西农地以完全私有制和大农场为特点，规模化趋势明显。以 100 公顷为界限来划分耕地集中地情况来看，巴西 15% 左右的大农场占有全国耕地面积的 80%，而 85% 的小农场只占全国耕地面积的 20%①。在巴西，进行农业生产经营者包括商业大农场主和家庭农场主，商业大农场主生产负责海外出口农作物生产，巴西的土地主要集中在少数大农场主手中，家庭农场生产主要负责内销，巴西人日常家庭餐桌上 70% 的食品由家庭农户生产。虽然巴西政府对小规模农业生产者在信贷方面有所倾斜，但在实践中大农场主仍然是最大的信贷受益人群，占农户比例不到 10% 的大农场主获得 60% 的农业贷款支持。这会使得巴西的国内粮食种植人口流失②。而在巴西，小农场的生产创造了大部分的就业机会，小农场的生产关乎巴西的就业稳定和贫困状况，因此，政策环境还要进一步加大对家庭农户的倾斜力度。

第三节　巴西农业保险中社会保障因素对反贫困影响

社会保障制度以维持社会稳定、促进经济发展为目的，政府和社会以物质帮助的形式，对年老、伤残、失业、面临生活困难等情况的社会公民给予帮助，以保障社会公民的基本生活③。农村社会学中的社会保障因素是指通过保险、救助、福利、优抚来提高农民生活水平、保障农民生活质量。本节将基于农村社会学中社会保障理论，通过研究巴西农业保险保障范围、保障水平和财政补贴对农民脱贫的影响，分析农业保险通过丰富风险保障范围、

---

① 数据来源：巴西国家地理统计局网站。
② 数据来源：世界贸易组织官方网站。
③ 葛庆敏、许明月：《农村社会保障体系建设中的政府角色及其实现的法制保障》，《现代法学》2011 年第 6 期。

提高保障水平、扩大保障规模来不断完善提升保障质量，并且考察巴西政府加大财政补贴来支持农业发展，提高农民生产积极性，保障农民收入。

一、巴西农业保险保障范围对反贫困的影响

（一）巴西农业保费补贴计划提高了农民生产积极性

巴西的农业保险保障范围涵盖财产安全、人身安全、农作物安全、牲畜安全等四个方面，切实保障了农民利益。其独特之处在于将农村信用保险列入保障范围，将信用与保险挂钩，有利于保证农业生产活动的稳定发展，提高农民收入。巴西南里奥格兰德州是投保作物保险范围最大的地区，当地农户对50%的农作物产量进行了投保，巴西政府提供35%—45%的成本补贴①。巴西政府通过农业保险保费补贴计划推动农业保险的普及，建立农户投保信心、培养投保意识，为农业生产提供社会保障，同时通过农业保险的不断推进和发展，进一步推动巴西农业现代化的进程。该计划于2005年开始实施，保障农业品种数量仅为七种；2006年，巴西农业保险补贴保障范围扩大，保障品种涵盖了所有牲畜、水产以及农作物，不断扩大的农业保险保障范围有利于提高农民生产积极性，使农民生产活动更具保障，提高农民收入，从而缩小贫富差距、达到实现反贫困的目的。根据巴西农业部门资料，2009年巴西农业保险覆盖面上升到耕种地区的10%。为了预防农业巨灾风险损失，1954年巴西政府建立了"农业巨灾风险基金"，规定经营农业相关业务的保险公司必须参加该项资金，在遭受农业巨大风险或者保险公司资金紧张时，就可以用该基金弥补赔偿金的不足。2008年巴西政府在"农业保险保费补贴计划"补充法案中，提出建立农业巨灾保障基金，在对农业进行政策补贴的基础上通过巨灾保险进行全面保障。近年来，在政府的政策支持和保障下，巴西农业保险发展迅速。2011年巴西政府对农业保险补贴2.53亿雷亚

---

① 数据来源：巴西国家地理统计局网站。

尔，2012 年补贴 3.29 亿雷亚尔。同年，巴西还颁布了农业保险三年补贴计划，以加大农业保险补贴力度，2013 年，补贴金额提高至 4 亿雷亚尔，2014年4.59 亿雷亚尔，2015 年 5.05 亿雷亚尔。2019 年，巴西政府对农村信贷和保险补贴金额达 550 亿美元①。

（二）巴西"农业保险稳定基金"与再保险公司有助于农民脱贫

2003—2004 年，巴西连续发生两次重大干旱灾害，对于农业生产以及农民生活造成了巨大损失，国家救灾支出急剧增加，巨灾事件推动了农业保险市场的发展。巴西政府决定通过实施保费补贴计划，对农业保费给予 50% 的补贴，提高农业保险保障水平。同时巴西政府委托国家再保险公司（IRB）经营"农业保险稳定基金"，由国家财政补贴该基金的亏空。此外，巴西还通过再保险的方式进行农业巨灾风险的转嫁和分散，2007 年再保险市场向国际资本市场开放，有利于提高巴西农业保险在国际市场上的竞争力，并通过引进国外先进再保险技术提高国内保险服务质量，促进巴西再保险的发展。2008 年，为鼓励在气候多变地区开展农业保险，巴西又计划筹建"巨灾保障基金"。如保险公司发生巨灾损失，就能获得 100% 和 250% 损失率的双重超赔保障。在"巨灾保障基金"的保障下，巴西 2017 年大豆和玉米产量将再创新高，分别达到 1.14 亿吨和 9770 万吨。与 2016 年同期相比，大豆、稻米和玉米产量将分别增长 19.5%、14.9% 和 53.5%。2020 年大豆收获面积增长 3.5%，产量为 1.215 亿吨，增产 7.1%；玉米收获面积增长 4.3%，产量为 1.032 亿吨，增产 2.7%；稻米收获面积下降 1.2%，产量为 1100 万吨，增产 7.7%②。"巨灾保障基金"致力于提高农产品产量，保障农民收入，从而实现降低贫困人口比例，帮助农民脱贫的目标。

---

① 数据来源：巴西国家地理统计局网站。
② 数据来源：巴西国家地理统计局网站。

（三）巴西农业保险保障基础设施薄弱不利于农业脱贫

巴西巨灾保险体系的设立一定程度上提高了保险行业和农业的稳定性，但也存在不足，在巴西农业巨灾保险体系下，对于保险公司，巴西政府不但没有明确的补贴机制，反而每年提取农业保险公司 30% 净利润作为农业保险稳定基金的来源，这样的方式一定程度上抑制了农业保险公司的积极性。巴西的农业基础设施薄弱，至今仍是阻碍巴西农业进一步发展的瓶颈问题。薄弱的基础设施是阻碍农业经济发展的重要因素，因此，从 20 世纪 90 年代开始，巴西政府就开始加大对农村的道路交通、农产品仓储和水利灌溉设施资金投入。1985 年，巴西在国际金融机构支持下投资 43 亿美元制定并实施了"东北部百万公顷灌溉计划"。2007 年，巴西政府又进一步制定了农村基础设施建设增长加速计划（PAC），通过政府投资以及吸引私人资本，投入 13 亿美元开展农村水利、供电、生物燃料管道以及与农业生产运输密切相关的公路、铁路等道路网络施工建设。尽管巴西实施了"东北部百万公顷灌溉计划"，但效果并不显著。巴西中西部和东北部仍然深受干旱困扰。巴西国家地理统计局 2020 年 9 月 17 日发布的数据显示，2010 年以来减少了一半以上的饥饿人口数再次上升，饥饿人口再次在巴西蔓延。近 5 年来，无法正常获得基本食物的人数增加了约 300 万人，达到了至少 1030 万人。并且这一调查是针对常住人口，也就是说无家可归者并不在统计范围内。该数据表明巴西家庭饮食状况的恶化。IBGE 认为，巴西的粮食安全已经达到了 15 年来的最低水平。2018 年由于干旱和冰雹灾害的发生，使得 2018 年赔付相较于 2017 年暴涨 393%，高额的赔付也给国家财政带来了不小的压力。

二、巴西农业保险保障水平对反贫困的影响

（一）巴西农业保障体系完备、保障范围完善、保障计划规范

巴西农业保险保障水平在发展中国家中占据较为优越的地位。其农业保险保障水平的完善体现在保障体系的完备、保障范围的齐全、保障计划的引导。巴西农业保险保障范围相对完善，涉及了农业、农业财产、农产品保险等详细完善的保险项目。巴西于 1939 年建立国家再保险公司，标志着巴西农业保险的萌芽。巴西农业保险金额以生产成本为上限，由中央银行独自经营，其他银行作为代理；当遭遇农业风险时，需要经过巴西中央银行确认批准，确认后进行赔偿，赔偿金额以保险金额为准。巴西农业保险主要靠国家财政的大力支持进行运转，政府还通过国家再保险公司进行管理，政府与企业对农业保险的保障共同构成农业保险体系。同时，巴西还组织实施农业保险计划，由巴西农业部、财政部、巴西银行等共同监督，政府每年将年预算资金的 2%—4%作为基本基金，农民在缴纳保险费后，可以从各大商业银行获取无利息的贷款。该计划通过指导农民进行科学生产，提高生产效率和粮食产量。巴西农业保障计划的目的是实现农业担保融资，在实现保费融资的同时，巴西农业保障计划使农民生产生活得到切实保障，减轻了农民生产经费负担，保证了农民的稳定收入，对于反贫困战略的实施起到了推动作用[①]。巴西的农业保障经过长期的实践和发展已经形成了体系，同时政府仍然在根据国家发展现状不断调整，以使其更为完善。2009 年巴西推出家庭农业价格担保计划，巴西政府向家庭农业生产者提供总额为 150 亿雷亚尔（1 美元约合 1.9 雷亚尔）的财政支持[②]。通过家庭农业价格担保，为农户提供有保障的价格，确保农户在交易价格下可以收回成本，同时可以继续维持下一期的

[①] 徐成德：《巴西发展现代农业的支持政策及借鉴》，《现代农业科技》2009 年第 6 期。

[②] 数据来源：巴西国家地理统计局网站。

生产，保障生产的可持续性。同时通过计划的实施，鼓励农户在最优保障下，提高其生产积极性和对市场的生产信心，增强市场活力。同时，在最低保障下，给予农户更多的尝试机会，促进农户进行金融市场和保险市场的探索和交流，丰富市场机制，促进市场良性发展。此外，从2009—2010年农业季开始，家庭农业生产者所生产的产品还将获得"家庭农业标签"，政府将鼓励消费者购买带有这种标签的农产品。最近几年，巴西一直通过"投资信贷"和"家庭农业支持计划"并重的信贷支农体系为国内的农业活动提供资金，推动农业发展。并且在国家财政补贴的基础上通过创新融资方式扩展融资渠道，增加融资保障。2019年推出巨额补贴计划，2020年巴西在延长信贷合同到期时间的同时，加大了农村信贷补贴力度，将人均信贷和保险补贴提升至550美元[1]。

（二）巴西农业的保险保障水平有利于农民脱贫

巴西农业保险广阔的保障范围对于农产品产量提升具有保障作用，农业保障计划为农民减轻了生产经费负担，促进了粮食产量提高。据统计，2019年巴西农作物总产量较2018年增长6.6%，实现了增大产量，打破往年纪录，总产量达到2.415亿吨。2020年巴西农作物总产量增长至2.541亿吨，突破历史最高纪录。2009年巴西农作物总产量为1.35亿吨，种植面积为4279万公顷。2019年，在种植面积增加16.3%的情况下，产量跃升至2.4亿吨以上，增幅高达78%。巴西农业供应公司2019—2020年度第12期农作物生产调查报告。报告显示，本产季，巴西大豆、玉米、棉花产量均创历史最高纪录。大豆产量实现1.248亿吨，同比增长4.3%。玉米产量实现1.02亿吨，同比增长2.5%。棉花产量实现293万吨，同比增长4.2%[2]。近年来巴西农业的发展在国际上有目共睹，巴西逐渐成为农业大国，世界的粮仓。

---

① 数据来源：巴西国家地理统计局网站。
② 数据来源：巴西国家地理统计局网站。

在面临世界粮食危机的情况下，巴西农业屡屡取得丰收，其离不开巴西政府对农业的重视和关注。巴西政府充分利用巴西的土地资源优势，通过发展农业技术和推动农业金融保险服务提供配套措施和政策，为农业发展保驾护航。2019 年 7 月，巴西政府继续推出总金额高达 2255.9 亿雷亚尔的补助计划，以确保中小农户可以继续以低利率获得信贷资金，支持生产。"对农村信贷资源的需求仍然很旺盛，这也体现了农户、金融机构等各方的信心。"巴西农业部农业政策司副司长威尔逊·阿劳若表示。这些使得巴西成为典型的外向型农业强国。巴西通过农业保险广泛的保障范围和农业保障计划，在实现保费融资的同时，对农民生产生活提供了保障，减轻农民生产经费负担，保障了农民收入，实现增产增收的同时也推动了反贫困目标的实现。

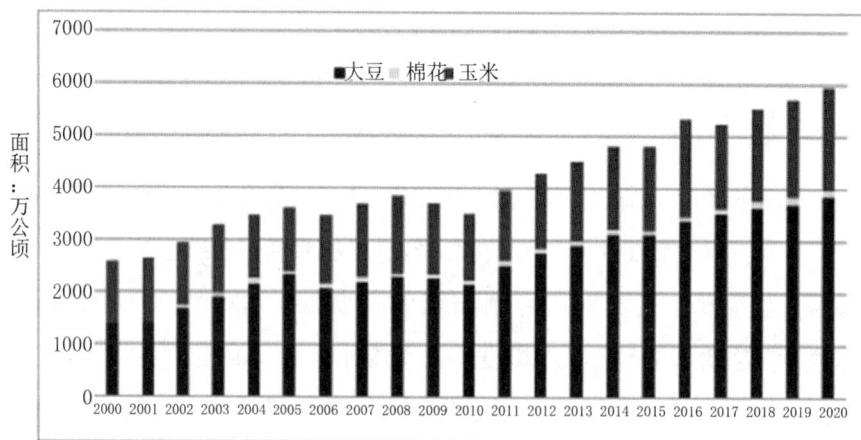

数据来源：巴西国家地理统计局网站。

图 6-1   2000—2020 年巴西大豆、玉米、棉花发展情况（面积：万公顷）

（三）巴西农业保险保障没有解决土地分配不均的问题

在巴西，大农场主占据国家的大片土地进行机械化生产，小农场主只占据很少的土地资源。长期以来，导致巴西农村贫困的一个重要原因就是土地分配不均。由于历史等各种原因，巴西长久以来存在土地分配过于集中的现象。富者在政策支持下更富，少田者或无田者无法享受田地耕种盈利和政策支持，因而贫富差距越来越大。解决这种困境的根本方法在于进行土地改革。总结巴西政府为进行土地改革做出的尝试，分为两种方式：一是通过国家立法收归土地，再由国家向无土地者分配土地；二是直接对农户进行社会保障式的制度救济与技术补贴。无论什么方法，对今后的巴西来说，要解决贫困和社会发展贫富差距过大的问题都要不断地进行尝试。巴西政府历年以来都十分重视农业生产的发展，在巴西农业发展的过程中出台了很多促进农业发展的政策和法律法规，为农民提供优惠政策，提高农业生产积极性。同时还在继续进行农业土地改革，1985 年 10 月政府颁布《全国土地改革计划和其他法律》，规定国家除实行土地改革外，还必须促进农业政策的目标实现，即通过信贷、农业保险、最低价格、新技术的发明和推广、流通体制、电气化、产品贸易机制等保护农牧生产措施的全面实施，而采取实际行动。尽管巴西政府不断推进土地改革等政策的完善，巴西的无土地农民运动现象仍然存在，贫困人口的巨大数量仍然存在。国际上通常用基尼系数作为衡量一个国家或地区收入差距的指标，基尼系数越接近 0 表示收入分配越趋向平等，国际上把 0.2 以下视为平等，0.3—0.4 收入相对合理，0.4—0.5 较为不平均，而 0.5 以上表示收入十分不平衡。随着经济的发展，各国的基尼系数都有一定程度的下降，而一直以来巴西的基尼系数却居高不下，2019 年巴西的基尼系数为 0.543，表示收入差距十分不平等。

表 6-3 巴西 2011—2019 年基尼系数

年份	2011	2012	2013	2014	2015	2016	2017	2018	2019
基尼系数	0.529	0，535	0.528	0.521	0.519	0.533	0.533	0.539	0.543

资料来源：巴西国家地理统计局网站。

三、巴西农业保险财政补贴对反贫困的影响

(一) 巴西财政补贴以信贷为特色，补贴总额逐年增加

巴西政府经过多年的探索，主要通过多种政策手段支持农业发展。首先，巴西政府基于农户利益的政策保障，通过低价且覆盖广泛，最大程度上降低农业生产发生损失的风险，保障农业稳定的发展。其次，通过信贷政策，保障农户生产资金的充分，保证生产的可持续性发展。最后，为市场提供金融工具发展机会，推动市场主动分散风险，通过政府提供期权合约保障农业市场参与者的利益，推动市场稳定有效运转。政府是保障巴西农业市场的有力支持者和坚强后盾。巴西政府于 2003 年、2004 年相继通过法律和政令，实施了农业保险保费补贴计划，对保费给予 50% 的补贴。在财政补贴基础上，政府还实施农业保险保费融资计划，部分保费由政府承担，对倾向于购买农业保险的农民增加 15% 的生产资料贷款额度[1]。2012 年巴西政府增加拨款 5500 万雷亚尔用于农业保险和信贷补贴，2012 年度巴西农业保险补贴总额达到 3.29 亿雷亚尔，同比增加 30%。同年，政府为加大补贴力度，推出三年补贴计划，提高未来三年的补贴水平。2013 年，巴西农业部提供 4 亿雷亚尔补贴金，2014 年为 4.59 亿雷亚尔，2015 年为 5.05 亿雷亚尔[2]。真正发挥了农业保险在反贫困战略中的经济补偿作用，促进农业发展的同时缩减了贫富差距，有利于实现反贫困的战略目标。2019 年巴西政府财政预算为 4.4 亿雷亚尔，计划补贴覆盖保险范围 680 万公顷，2020 年，更进一步加大了补贴力度。政府在维持上年的补贴农场贷款 1940 亿雷亚尔（约 520 亿美元）的基础上，进一步提高了对农业保险和信贷的补贴水平[3]。

---

[1]　马欣、田宏志：《巴西农业支持政策分析与借鉴》，《经济问题探索》2015 年第 3 期。
[2]　数据来源：巴西国家地理统计局网站。
[3]　数据来源：巴西国家地理统计局网站。

（二）巴西农业保险补贴效果有利于反贫困

巴西作为世界第四大农产品出口国，其贫困问题通过发展农业来解决有巨大的潜力。20 世纪 50 至 90 年代，为解决贫困问题，巴西政府采取直接补贴、收购计划、保险计划等多方面开展政策制定尝试。20 世纪 90 年代中期，巴西针对家庭农业户实施"加强家庭农业国家计划"开展政策帮助，通过信贷补贴，技术支持，以期维护家庭农户的利益。为保障农民生产生活，巴西采取"零饥饿"计划，通过粮食收购、价格保证、农场保险、农业信贷增加的方式来实现保障农民生产生活。2003—2008 年巴西全国贫困人口减少了2400 多万人，其中农村地区贫困人口减少了 480 万人，经营家庭农业的农户贫困数减少得最为明显。"零饥饿"计划实施之后，巴西加大了对家庭农业的支持力度，通过粮食收购、价格保证计划、农场保险和增加农业信贷等措施，有效减轻了贫困状况。2004 年巴西实施"农场保障计划"，计划指出，当农场因受自然灾害影响导致总收入减少超过 30% 时，政府将承担换代责任；同时，巴西政府于同年开始实施"农村保险保费补助"计划，通过政府给予农民保费补贴，促进农户与保险企业产生联系，推动农村保险市场成长；2008 年巴西政府针对农业巨灾风险建立"巨灾保险基金"，以应对多变的自然灾害对农民生产生活带来的巨大影响。通过采取上述措施，巴西政府以期达到改善人民生产生活环境，激励农民购买农业保险，提高农产品产量，增加农民收入，降低贫困人口的目的。（见图 6-2 及表 6-4）

表 6-4　2016—2019 年巴西贫困人口比例（按世界银行贫困线标准）

年份	2016	2017	2018	2019
比例	22.5%	26.5%	25.3%	24.7%

数据来源：世界银行数据库网站。

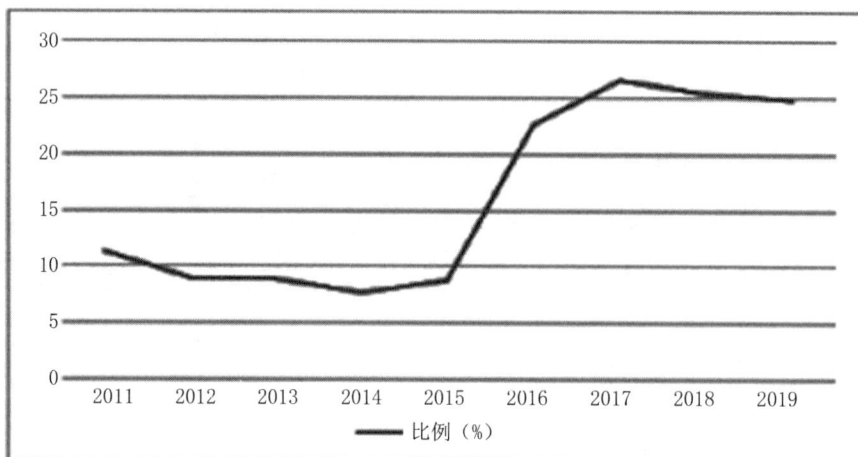

数据来源：世界银行数据库网站。

图 6-2　2011—2019 年巴西贫困人口比例　　（单位:%）

（三）巴西农业保险补贴造成财政压力

2015 年 10 月 4 日世界银行在《消除绝对贫困、共享繁荣——进展与政策》的报告中宣布，按照购买力平价计算，将国际贫困线标准从此前的一人一天 1.25 美元上调至 1.9 美元。在新的贫困标准下，世界银行根据当前贫困发展的特征，针对不同情况的国家制定了不同的评定标准。中低收入国家的贫困标准为每天 3.2 美元，高收入国家的贫困标准为每天 5.5 美元。巴西尽管存在很大的社会贫富差距，但其农业水平较高，在国际上处于农业大国地位，其国家收入也处于高收入行列。因此，对于巴西而言，其贫困标准为每日 5.5 美元。2015 年新的贫困标准下，巴西被评定为贫困的人口迅速飙升，由 2015 年的 890 万人，增加至 2016 年的 4550 万人，占巴西人口总数的 22%。同时，受世界经济危机的影响，中低收入人群的资产结构单一，一旦经济发展状况不好，这一阶层的人群收入很容易受到大的波动，严重者有致贫的可能。而高收入人群除了收入多，其资产构成也更具有多样性，更能够抵御经济危机和经济变动带来的冲击和影响。因此，受贫困标准变化和经济

208

危机的影响，2015 年前后巴西贫困人口数量开始止跌回涨。巴西的高财政支出令人惊讶，尤其是近几年财政支出屡屡攀升。而农业补贴对于巴西而言是一个重要的组成部分，因此高额补贴费用对于原本就很高的财政支出而言是一个不小的压力，高财政补贴不能作为农业持续发展的持续动力，因而也就无法从根本上解决农民的贫困问题。同时，农业补贴对于减小贫困人口而言的作用是有限的，在巴西，大农场主占据较多的土地，小农场主占据较少的土地，对于农业补贴的作用，虽然巴西政府对小规模农业生产者在信贷方面有所倾斜，但在实践中大农场主仍然是最大的信贷受益人群，占农户比例不到 10% 的大农场主获得 60% 的农业贷款支持。这会使得巴西的国内粮食种植人口流失。

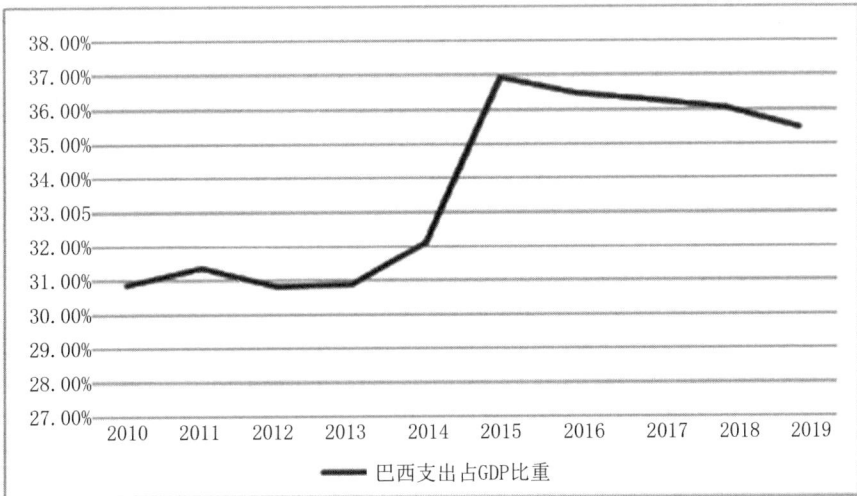

数据来源：巴西国家地理统计局网站。

图 6-3　2010—2019 年巴西支出占 GDP 比重

第四节　巴西农业保险中社会
控制因素对反贫困影响

农村社会控制是指国家主体对农村社会组织和个体在政治、经济和文化等方面的作用和约束①。农村社会学中社会控制因素是指社会组织对社会成员运用社会规范以及相应的方法，对其进行价值观念指导，行为约束和社会关系调节。本节基于农村社会学中社会控制的理论要求，通过分析巴西农业保险管理体系和农业发展水平对农民脱贫的影响，证明社会控制因素在农业保险保障和约束农民生产生活上的积极作用，从而不断提高农业发展水平来带动农民的生产积极性，实现反贫困的目标。

一、巴西农业保险管理体系对农村反贫困影响

（一）巴西为农民脱贫建立了较为完善的农业保险组织管理体制

在巴西的农业保险体系中，国有农业保险企业始终占据主导力量，私有保险企业对于国家农业保险政策一般采取选择性和强制性参与的形式，对于关键政策要求强制参与，通过私营和国有控股企业的相互协作和配合，推动巴西农业保险行业不断发展和前进。同时，在国内保险市场的基础上，通过国家再保险公司构建国内与国外再保险链接，开放再保险市场，分散直保企业风险，为再保险市场提供优质国际再保险服务，提高保险市场活力，完善风险保障体系。再加上政府补贴机制和农业保障计划的稳定运行，最终使得巴西形成了覆盖范围广泛，保障作用明显，运行机制完善的具有巴西特色的农业保险保障和补贴体系。2004 年巴西实施"农场保险计划"，创造性地提

---

① 吴思红：《论村民自治与农村社会控制》，《中国农村观察》2000 年第 6 期。

出由政府作为担保人为农户向银行担保，政府承诺如果由于灾害原因导致农场收入减少超过30%时，政府将代替农户作为贷款方承担还贷责任，以期通过政府的公信力，增加农户融资渠道，帮助农户获得生产资金。到2007年，该计划涉及20种农产品，参与该计划而受益的农户超过60万。2016年巴西农业保险覆盖面积达到2000万公顷①，覆盖全国三分之二容易受到气候灾害的土地。根据巴西农业部数据，2018年由联邦政府补贴办理的农业保险赔偿总额达到9.25亿黑奥，与2017年的1.876亿黑奥相比增长了393%，打破历史纪录，预计2020年将办理20多万份农业保险，可保护1560万公顷农田的作物价值②。保险覆盖范围显著提升，有利于提高农业风险保障水平，促进农民增产增收，实现贫困政策目标。同时，以国有农业保险公司为主更有利于稳定保险市场，国家补贴政策可以给农户更多的生产信心和积极性。

（二）巴西农业保险运行较为良好的管理体制确保了农民收入

巴西的农业保险体系概括来说，就是以国家支持为主导，通过补贴、保险和再保险，调动市场参与，通过政策的不断调整，分散风险，减少运营成本，逐渐形成的覆盖广泛，形式多样，充满竞争活力的，专注提升国家农业保障水平的体系。巴西政府支持型农业保险模式是政府提供政策支持、由国家保险公司或商业保险公司参与农业保险经营管理的模式。政府支持型农业保险模式是巴西创新农业保险的特色，是与巴西国情紧密结合的产物。同时这种管理模式下通过国家保障，给予市场充分的信心和发展机会，有利于巴西保险市场的稳定发展。2007年1月巴西国会通过法案取消了巴西再保险公司的专营权，开放了巴西再保险的国际市场。以便引进国外先进技术，提高巴西保险服务质量，提升巴西保险市场竞争能力，更好地促进再保险市场的发展。巴西的农业保险计划由中央银行独家经营，其他银行只作为代理，私

---

① 数据来源：巴西国家地理统计局网站。
② 数据来源：巴西国家地理统计局网站。

人部门很少参与。巴西以其不断完善的保险管理体系在促进农业生产、提高农民生产生活保障、提高农民收入方面做出了突出贡献。巴西政府以其政府主导的农业保险管理体系为农业保险反贫困事业做出了突出贡献，全国贫困人口比例从 2001 年的 35.09% 下降到 2016 年的 6.5%①，减贫成果显著。但是，根据世界银行颁布的最新贫困标准，2019 年巴西全国共有约 5174 万民众处于贫困线下，约占全国人口总数的 24.7%②。劳动力市场恶化是贫困人口增加的主要原因，贫困人数的反弹需要我们思考巴西农业保险反贫困的真实效果。

（三）巴西农业保险监管机制不完善不利于农民脱贫

巴西国有农业保险管理存在不足。对于巴西国有企业，如国有农险企业 IRB，它由政府控制，巴西政府成立国家再保险公司是为了摆脱本国保险和再保险业对外国再保险公司的过度依赖，同时培育国内再保险业，扩大本国的承保能力，使再保险费尽可能地留在本国，以利于本国经济发展。它是政府意志的产物，而非市场选择的结果。作为巴西国家法定的再保险特权者，IRB 在巴西有着特殊的地位，它是巴西国内保险市场与国际接轨的唯一渠道，割裂了国内保险公司与国际再保险公司之间的联系。此外，作为巴西农业保险基金和巨灾风险基金的管理者，IRB 承担着重要的管理责任和义务，因此对 IRB 的管理监督也是一项重要的机制，有助于管理体制的完善和发展。作为国有企业，IRB 在发展自己的同时还要带动私营保险企业的发展。IRB 的特殊性让对其进行良好有效的管理成为关键。然而，作为国有公司，在享受特权的同时意味着其失去了竞争的激励，同时 IRB 还作为再保险行业的监督者，这使得 IRB 的管理过程中不能出现差错。而缺乏有效的监督和激励机制不利于企业的良好持续发展。2013 年 10 月 1 日，巴西国家再保险公

---

① 数据来源：巴西国家地理统计局网站。
② 数据来源：世界银行网站。

司 IRB 由国有公司转化为私人企业。

二、巴西农业发展水平对反贫困的影响

(一) 巴西农业技术水平较高，有效预防巨灾风险

巴西幅员辽阔，资源丰富，成为世界上重要的农产品生产国和出口国。巴西农业生产始终以科技为支撑，注重附加值高的农作物品种和产业的发展。巴西注重农业保险创新，采用区域产量指数保险，当保单持有者的农作物遭遇风险受到损失，只有当整个地区的平均产量低于保险合同约定的产量时，才能得到赔款的一种集体农业保险，采取区域产量指数保险有利于扩大农业保险覆盖范围，为农业生产提供更科学、更专业的保障水平。2010—2019 年，巴西的农业国内生产总值总体呈上升趋势[1] (见图 6-6)。2019 年巴西农作物产量突破纪录，达到 2.415 亿吨，总产量较 2018 年增长 6.6%。根据巴西国家地理统计局数据，2020 年巴西农作物产量将延续 2019 年的增长势头，达到 2.432 亿吨。2020—2021 年度，巴西预计出口大豆 8679 万吨，同比增长 5.8%，出口玉米 3900 万吨，同比增长 13%[2]。巴西通过提高农业技术水平和创新农业保险产品，实现科学、专业、高效的农业保障水平，有利于进一步扩大农业保险覆盖范围，同时对于农民增产增收、降低贫困人口比例起到了促进作用。为了维持农业保险市场稳定，加强农业巨灾风险保障，巴西政府于 1954 年建立了农业保险稳定基金。由巴西国家再保险公司管理，政府进行财政补贴。国家财政预算不仅会提供基金支持，并且还会对出现亏空的基金进行补贴[3]。巴西政府实施的一系列减贫措施取得了良好成效，全国贫困人口比例从 2001 年的 35.09% 下降到 2016 年的 6.5%[4]，巴西

---

① 数据来源：巴西国家地理统计局网站。
② 数据来源：巴西国家地理统计局网站。
③ 郝演苏：《关于建立我国巨灾农业保险体系的思考》，《农村金融研究》2010 年第 6 期。
④ 数据来源：巴西国家地理统计局网站。

在减少贫困人口上做出的努力和成果得到了国际社会的充分认可。

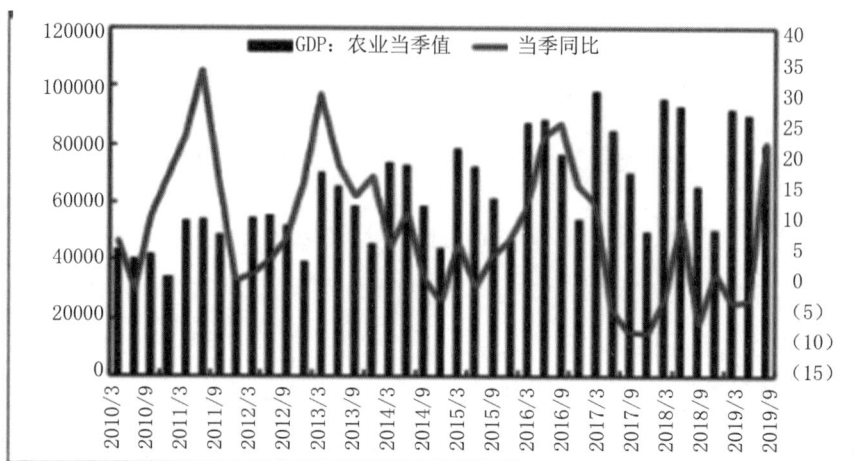

数据来源：巴西国家地理统计局网站。

图 6-4　2010—2019 年巴西农业生产值及同比增速

（二）巴西农业生产具有很大潜力，为农民脱贫提供了可能

巴西是世界上的农业大国，拥有得天独厚的农业资源，具有极大的增产潜力。巴西作为世界农业生产大国，占据了全球较大的出口市场。成为农业大国，巴西的土地资源丰富，主要集中在国内东南沿海地区，以热带经济作物为主，咖啡、蔗糖、香蕉、剑麻的产量居世界前列。同时在其国土范围内还有很大的土地面积可供开垦，2016 年，巴西的总耕地面积达 8097.6 万公顷，仅占国土面积的 7.8%，据世界农化网报道，巴西拥有超过 1.9 亿公顷的潜在可开耕种植面积。在 1997—2017 年的 20 年里，全球耕地面积增长了 3049 万公顷，其中巴西耕地面积增长了 1224 万公顷，占到了全球新增耕地面积的 40%①。可以说，巴西是未来世界的粮仓，利用好土地资源，巴西未来将拥有巨大的发展潜力。综合考虑巴西农作物单产水平提高潜力，包括畜

_____

① 数据来源：世界银行网站。

禽产品在内的主要出口农产品竞争力的不断提升，以及全球人口持续增长和部分发展中国家食物消费结构的转型升级，经济合作与发展组织和联合国粮农组织 7 月份发布的《2020—2029 年农业展望报告》预测，未来十年，巴西将继续加大其在全球农产品贸易中所占比重，其中优势农产品大豆、肉类、食糖产量和出口量将实现大幅增长。可见，巴西农业在其得天独厚的自然资源下，加上其政府独特的重视农业发展的一系列政策措施，未来在农业方面有其绝对的优势和发展潜力。

（三）巴西农业发展不平衡且土地利用率待提高不利于脱贫

尽管巴西的土地资源和农业资源有很大的潜力，但是其农业资源利用率极低，增速缓慢。数据显示，2000—2009 年巴西农业生产率的增速为4.08%，而 2010—2015 年的增速下降为 3.99%①。尽管巴西政府已经在信贷利率、保险等方面针对农村、农民实施了一些优惠措施，但是效果有待检验。巴西政府应增大对农业基础设施的投资和对农业创新的投资，才能更有效地保护农民的收入。巴西地广人少，土地资源丰富，尽管人均耕地面积可观，但由于历史和制度问题，目前形成的是土地过分集中的局面。土地资源分配的不均，产生了严重的社会收入分配不均现象，从而导致社会差距过大，造成社会不稳定。过大的贫富差距和土地资源差距还会严重影响国家政策和制度的实施效果，使政策无法有效达到改善贫困状态的预期。因此土地的私有化程度过高导致财富集中，不利于贫困人口的减少。另外，占农场总数 85% 的是自给性小农，以生产木薯、黑豆等为主，劳动生产率和经济收入都很低。此外，巴西还有无地的农民 1200 万人，他们生活在社会的底层，多半仍处于赤贫状态。巴西的地区发展也很不均衡。在巴西的南部和东部地区，大农场主掌握成片的大块耕地，有利于采用现代的科学技术进行生产，生产效率高，生产收益好。而在巴西的东北部和中西部地区，由于地形原因

---

① 数据来源：世界银行网站。

无法开展大规模机器生产，特别是东北部，虽有不少河流湖泊，但是由于没有灌溉系统和较好的科学技术，再加上气候干旱，农业基本上"靠天吃饭"，是全国最落后的地区。欠发达地区的小农主要依靠传统的耕作方式，有的甚至刀耕火种，对资源的破坏相当严重，生产效率也很低，与大农场主的机械化生产带来的高收入相比呈两种境地，这也造成了巴西的逐渐增大的贫富差距。

第五节　巴西经验借鉴及启示

本节通过以上对巴西农业保险反贫困的分析，得知巴西在立法、法律政策环境、政策建设、农村保险保障水平和范围以及农业保险管理上，通过不断的创新取得了一定的成果。并针对巴西农业保险反贫困经验中的不足，结合农村社会学理论的"三重维度"，从法律政策完善和机构体系建设等方面对其提出改善，并创新性地从提高保险文化软实力的角度出发，提出了提升农民参保热情的创新性建议，以便更好地实现巩固我国脱贫攻坚成果，建立解决相对贫困的长效机制的目标。

一、完善农业保险立法顶层设计

巴西农业保险立法工作开展较早，并不断加以调整、完善，这是巴西进行农业保险工作的切实保障。但在立法的实践过程中巴西农业保险也存在着立法操作性不强、缺乏实践依据等情况。因此，中国在农业保险针对反贫困进行相关立法时应当充分掌握和了解我国的实际情况，充分考虑实际状况，并且在立法后要严格贯彻执行。目前我国农业保险的立法不仅要促进农村经济发展，而且要将提高农村社会保障能力作为目标。要想通过农业保险促进农村经济发展，一是要充分发挥农业保险的经济补偿作用，将农业保险落实到风险管理体系中，通过农业保险来应对农业风险，为农民增产增收提供保障，有效降低贫困人口数量，助力反贫困目标的实现。二是要实行强制保险和自愿保险相结合的做法，对中国大宗的重要农产品如水稻、玉米小麦等大宗农作物实行法定保险，其他农产品自愿参保。三是要研究出台如何将农业保险和农业信贷捆绑起来的法律法规，并选择部分地区试点，这既有利于减少信贷机构的信贷风险，也能为农户提供一定的风险保障。四是要研究出台如何让政府救灾逐步向政策性农业保险过渡的法律法规。相关部门应该对《农业保险条例》加大政策宣传和贯彻力度。相关部门应该严格规范法律程序，使农业保险真正做到有法可依，有章可循，促进农业保险法制化、制度化、规范化发展，更好地保障农民生产生活，提高农民收入，更好地巩固脱贫攻坚的成果，进一步发展中国的反贫困事业。

二、落实农业保险政策支持，加快反贫困政策落实

巴西农业保险通过不断完善的政策支持推动了农业保险体系的健全发展。巴西政府采取税收优惠及农产品价格支持政策来防御农业风险，提升了农业保障水平，同时也稳定了农民收入，推进了反贫困战略的实施。但巴西的农业保险和优惠政策，真正应当照顾的小农场主即家庭生产者获得的实惠远不及大农场生产者享受到的。而巴西真正的贫困人口集中在小农场生产者和无土地者身上，尤其是无土地者，经常处于赤贫状态。因此要解决巴西的国家贫困问题，关键在于解决小农场主和无土地者的生产和生活问题，在政策制定上还要进一步向他们倾斜和贯彻。而在中国，根据《农业保险条例》规定，农业保险在我国被定位为政策性保险，因此我国农业保险的发展离不开政府的扶持。农业具有较大的自然风险和市场风险，应以国家财政为主导，推进我国农业保险的进一步发展，丰富农业保险的险种，落实农业补贴，降低农业保险的费率，为农民的生产生活提供更专业更全面的保障。政府需要进一步加强扶持政策的研究，加大农业保险扶持力度，稳步推进农业保险发展。首先，中央财政要加大支持力度，提高保费补贴比例，将更多的

农业保险品种列入补贴范围，进一步完善中央财政保费补贴方式，加快补贴进度，让经济发达与欠发达地区都能得到中央财政的保费支持，实现社会公平，有利于实现共同富裕；其次，各地方政府也应逐步提高对农业保险的扶持力度，体现在地方政府的财政收入应按照一定比例投入支持农业保险事业，为农民谋更多的福利。只有真正落实到农业补贴政策，加快补贴进度，才会提高农业保障水平，保证农民收入，实现共同富裕。

三、丰富农业保险品种，切实保障农民生产生活

巴西农业保险保障范围广、保险品种丰富，有利于提高农民的生产积极性，推动农民收入的增加，实现反贫困的战略目标。巴西的农业保险范围广，品种丰富，但其土地资源利用程度不高，小农场的农业技术水平发展也不高。因此农业保险对于农业生产来说，更好地保护了大农场主的利益，对于小农场生产者而言，提高生产效率才是解决其贫困问题的关键。我国农业保险应进一步丰富保险品种，满足农业经营者需求，提高农业保险保障水平。我国农业生产的土地分配不存在巴西那样的严重土地分配不平衡的状况，因此在学习巴西经验时也要做到因地制宜，结合实际。农业受自然因素的影响，具有较大风险，造成的损失往往也难以挽回。因此，发展我国农业保险，一是要加大国家财政支持力度，丰富农业保险品种，扩大农业保险覆盖范围，完善农业保险补贴项目，不断创新农业保险险种，将保险与信贷相结合，关注农民工的社会需求，并适当地推出保障水平高、保险费率低的优质保险险种。二是我国幅员广阔，不同区域的经济发展水平也不尽相同。因此，因地制宜地发展新型农业保险品种是发展现代化农业、激发农业新活力的必要条件。应根据不同地区的经济发展水平，有针对性地扩大保险范围、丰富保险品种，针对保障农民权益，提高农民收入等方面设计创新型保险，对农民生产生活提供全面切实的保障。三是要加大农业生产的技术创新，保障农业生产效率，同时结合保险项目开发，推动技术创新，减少开发成本，

提高创新积极性，实现解决贫困问题及共同富裕的战略目标。

四、创新农业保险机制，提升服务惠农水平

巴西农业保险拥有其独特的农村信用保险，将信用与保险挂钩；巴西还将信贷与保险结合，投保人必须按规定的"农事图"安排农业生产，否则不予赔偿，该创新计划将信贷与保险联系，进一步保障了农民生产生活，稳定了农民收入，保障了反贫困战略的实施。巴西的农业保险机制创新和体系发展已经较为完善，但在经营管理过程中对其处在关键作用的国有保险公司的管理不完善，同时由于其国有公司的独特垄断地位，也使得其发展存在效率低，缺乏竞争监督的问题，不利于持续发展。我国要创新农业保险机制，开创信贷与保险相结合的模式，建立农民生产和产量的支持机制，重视信贷支持在促进农业整体发展中的作用。一是要对农民提供各种农业生产信贷、投资信贷、销售信贷等，保证支农资金的投入，每年根据实际情况进行改革和修订。加强对生产者的金融支持而非价格支持，有利于提高农民再生产的积极性，增加农民收入。二是要根据中央提出的"探索建立农村信贷与农业保险相结合的银保互动机制"。借助银行网点优势，向保险公司提供代理保险销售、资金账户管理和保险业务宣传等业务，对参保农户提供贷款优先、利率优惠的信贷支持，鼓励农户提高投保积极性，扩大农业保险覆盖面，有效分散农业保险风险，发挥农业保险支农惠农服务和作用。三是要保证保险企业的有效管理，充分发挥农业保险市场创新激励机制，提高市场竞争性，推动保险市场有效率的发展。只有创新农业保险机制，将信贷与保险相结合，落实好服务惠农政策，并且充分发挥市场作用，调动农民积极性，才会实现农业保障水平的提升，加速反贫困战略的推进。

五、调整农业保险补贴政策，提高农民收入，保障农业生产

在巴西，农业保险工作在政府的补贴支持下开展得十分顺利、高效。巴西政府实施了农业保险保费补贴计划，在财政补贴基础上，政府还实施农业保险保费融资计划，部分保费由政府承担，对倾向于购买农业保险的农民增加 15% 的生产资料贷款额度。但由于其补贴范围覆盖广、金额大，对于国家财政来说是一笔不小的支出，也给原本就很高的巴西国家财政支出带来了不小的压力。面对巴西的农业补贴政策实践，我国应借鉴巴西农业保险立法的成功经验，首先，在不断落实现有农业保险法律政策的同时，不断完善丰富我国农业保险财政补贴的政策规定，同时扩大我国农业经营规模，扩大农产品补贴的种类和地域范围，完善和优化农业保险的财政补贴结构，提高补贴标准，开展补贴试点。其次，我国应该注意以下方面：一是要注意重新调整和确定我国农业保险补贴的主要目标，应该将重点集中在提高农业生产产量、保障农民收入水平上。二是要充分发挥农业保险经济补偿作用，在农业创收、脱贫致富上发挥更大积极带头作用。三是要不断完善和补充农业保险补贴的补贴项目，要根据不同地区的经济发展状况和主要作物结构，合理地安排农业补贴的地区补贴结构和补贴品种结构。

六、进行农业保险风险分散控制，降低成本

巴西政府对于农业保险有较大的政策支持力度和补贴力度，因此很难避免出现赔付率高，补贴力度高的现象。而无论是巴西还是中国，这种高赔付和高管理成本，必然与农民的低购买力之间会存在现实矛盾。为了解决这种高赔付率的问题，避免打击保险公司经营的积极性，巴西政府要求参保农户根据"农事图"进行生产，如果违反，则保险公司不对其进行赔偿。这一措施对减小保险公司的赔付率起到了重要作用，对维持农业保险公司的收支平衡也起到了积极作用。因为这种科学的种植方式在很大程度上保证了生产的

效率，有效地减少了损失的可能性，从而降低了赔付的概率。同时，巴西农业保险公司的再保险也对分散公司保险风险起到了重要作用。巴西开放再保险市场的措施，充分调动了再保险市场的积极性和竞争性，同时引入了国际再保险公司和先进的再保险技术，让再保险市场可以提供更加专业和有效的市场服务。再保险市场的充分发展能够有效分散保险公司面临和承受的高风险和高赔偿，稳定了国内的保险市场，进一步保障了农业生产的稳定，为农业反贫困提供了坚实的后盾。中国在面对农业保险的高赔付问题时，可以借鉴巴西经验，一是可以通过和高校合作，给农户安排专家指导和生产培训，科学规范地进行农业生产，提高生产效率。二是要效仿巴西，充分发展再保险市场，为保险公司提供分散分风险的有效途径；开放再保险国际市场，引入国外的先进再保险技术，为中国市场带来竞争活力。三是还可以通过农业保险与金融工具的搭配，在丰富金融市场和保险市场的同时降低和分散风险，保障保险市场的稳定。

第七章　印度农业保险反贫困的利益相关者理论分析

　　印度近年来农业保险体系日趋成熟，截至 2020 年，印度拥有世界 1/10 的可耕地，是世界上最大的粮食生产国之一，农村人口约占总人口的 72%。根据世界银行数据显示，2019 年印度农业增加值占 GDP 比重为 15.96%，相比 2018 年增长了 0.56%[①]。印度农业保险起步早，体系发展完备，在发展中国家中具有较强的代表性，已成为印度国家反贫困的重要政策之一。印度政府立足于本国的农业发展模式，通过完善的法律制度、政府财政补贴以及专业的保险协调机构、多样化的保险产品助力本国的农业保险产品发展。但印度农业保险中也存在实际操作困难、收益难以预期、无法有效抵御农产品价格风险等问题。总体来说，印度农业保险方面中央政府与地方政府良好合作以及保险公司与政府对于农业保险的衔接，都为我国农业保险更快更好发展以及利用农业保险巩固脱贫成果提供经验借鉴和启示。因此，本章节基于利益相关者理论，从农民、保险公司、政府三个主体出发，分析印度农业保险的各利益主体在反贫困进程中的推动作用，借鉴印度农业保险发展的有益经验，使农业保险政策更广地惠及农业生产，更好地巩固脱贫成果。

---

　　① 数据来源：世界银行数据库网站相关资料。

第一节　农业保险反贫困的利益相关者理论分析

反贫困是当今世界各国共同面对的发展壁垒，对于发展中国家来说，这项壁垒的推翻需要从经济水平相对较差的农民入手[①]。农业保险具有的经济保障、风险分散等基本功能，这也促使其成为国家反贫困的重要手段之一。根据利益相关者理论，农民、保险公司、政府是农业保险的三个核心利益相关者，也就是说，农业保险的反贫困绩效将受到其利益相关者的影响。印度政府对农民购买的农业保险的财政补贴最高多达50%。本节通过分析利益相关者理论在农业保险反贫困中的运用，分析印度农业保险反贫困中各主体的作用，为分析农业保险反贫困绩效奠定理论基础，也为我国发挥巩固和拓展脱贫攻坚成果、防范农民因灾返贫现象、加速促进农业农村现代化，发挥农业保险促进乡村振兴的作用提供经验借鉴。

一、农业保险在国家反贫困中的应用

（一）反贫困理论概述

人类社会的发展史既可以看作是人类从愚昧走向文明的历史，也可以看作是人类不断同贫困进行斗争，由落后走向繁荣的历史。在人类不断地同贫困作斗争的过程中，世界范围内广义的反贫困目标主要有三种：一是减少贫困（Poverty reduction），二是减缓贫困（Poverty alleviation），三是消除贫困（Poverty eradication）。减少贫困即减少致使贫困的因素，强调减少贫困人口的数量；减缓贫困即减缓贫困的程度，强调反贫困的结果应体现在程度的缓解上；消除贫困的含义则是根除和消灭，即把消除贫困作为反贫困的最终目

---

① 叶南客：《发达的另一面——发达国家中的贫困与反贫困》，《中国党政干部论坛》2002年第5期。

的和最终目标。

20 世纪 60 年代，瑞典经济学家冈纳·缪尔达尔提出反贫困概念，这是一种基于社会经济发展状况的狭义的反贫困概念①。20 世纪 80 年代，中国贫困问题逐渐受到关注，中国学者开始就国内现状提出反贫困问题的学术研究。其中，《富饶的贫困》一书首次以中国落后地区经济作为考察对象，系统地对中国反贫困问题进行探究②。此后，众多学者在此基础上提出了中国反贫困的可行路径。在反贫困问题中，处理好反贫困和发展之间的关系至关重要③，因地制宜地运用不同策略进行反贫困，识别贫困发生的恶性循环陷阱或其内生的循环机制，并寻找如何打破其恶性循环陷阱的突破口④。而农业保险在反贫困中可以将保险与信贷相结合，通过提高农业保险保障水平来扩大农民的农业贷款规模，进而更好地发挥农业保险在反贫困中的作用⑤。

不管是减少贫困、减缓贫困，还是消除贫困，都是人类反贫困事业中的阶段性目标。由于各个国家拥有不同的政治经济体制和不同的社会发展水平，各个国家对于反贫困的目标和期望也不尽相同，但总体来看，国际上对于减贫成果的考察主要集中在两个方面，一是经济增长程度，且经济增长必须具备益贫性特点。益贫性增长是亚洲开发银行减少贫困战略的三项支柱之一，益贫性是指贫困人口可以在经济增长的成果中受益，从而使经济增长方式更加有利于贫困人口脱贫。二是在经济增长以后公平性的问题，经济成果分享的不平等是很多发展中国家以及中等收入国家面临的主要问题，发展成果分享的不平等程度的加剧会导致相对贫困的恶化。中国在发展程度不平衡

① ［瑞典］冈纳·缪尔达尔：《世界贫困的挑战——世界反贫困大纲》，顾朝阳等译，北京经济学院出版社 1991 年版，第 123 页。
② 王小强、白南风：《富饶的贫困——中国落后地区的经济考察》，四川人民出版社 1986 年版，第 17—27 页。
③ 宋志辉：《印度农村反贫困的经验、教训与启示》，《南亚研究季刊》2009 年第 1 期。
④ 赵德余：《贫困陷阱的循环反馈机制及反贫困干预路径》，《上海交通大学》2020 年第 6 期。
⑤ 郑军、陈奇：《"保险+信贷"的"1+1>2"反贫困效用探究》，《贵州大学学报》2020 年第 6 期。

的背景下，实现了消除农村绝对贫困的目标。中国的经验说明，在发展不平衡程度不断加剧的情况下，必须通过超常规的减贫政策，向贫困地区和贫困人口提供强有力的支持，将贫困人口拉出贫困陷阱①。

（二）农业保险是国家反贫困的重要手段

保险本质上是一种契约经济关系，自起源就被认为是保障经济、分散风险的一项工具，国内外学者关于保险的功能有着不同的观点。在中国，有学者认为当代保险最重要的功能是经济保障，除此之外，促进资金融通和社会管理也是保险应具备的功能②。其中，经济保障是基本功能，资金融通和社会管理是保险行业为满足社会经济不断发展而衍生出的派生功能③。持反对意见的学者则认为，保险的功能可以总结为分散危险、补偿损失、积蓄保险基金和监督危险这四个要点，资金融通功能和社会管理功能不应包含在内④。在国外，20世纪中期，美国学者将保险功能解释为"保险的社会效用与代价"，认为保险的效用应该包括损失补偿、投资的重要渠道、防损和信用的基础。1980年后，《国际风险与保险》一书中明确提出保险的七个优势点：促进金融稳定、减轻焦虑、社会安全保障、推动经济、激活储蓄、促进风险管理、鼓励减损和资源配置⑤。尽管各国学者对保险功能的界定有着不同的观点，但对于保险的经济保障功能都持有认可态度。

现代农业保险作为保障农民经济的重要手段之一，近年来对农民的风险

---

①　李小云、季岚岚：《国际减贫视角下的中国扶贫——贫困治理的相关经验》，《国外社会科学》2020年第6期。

②　孙祁祥、朱南军：《保险功能论》，《湖南社会科学》2004年第2期。

③　张金林：《现代保险功能：一般理论与中国特色》，《中南财经政法大学学报》2004年第6期。

④　林宝清：《论保险功能说研究的若干逻辑起点问题》，《金融研究》2004年第9期。

⑤　［美］小哈罗德·斯凯博：《国际风险与保险：环境—管理分析》，荆涛等译，机械工业出版社1999年版，第57页。

分散、经济补偿作用日益显著①。保费补贴比例逐年提高，支付农民的灾害赔偿逐年增加，农业保险自然灾害补偿的作用得到充分发挥②，在一些气候变化幅度较大的国家，天气是阻碍农业发展的重要因素，而农业天气指数保险作为应对气候变化的重要农业保险创新型产品，在应对全球天气变化带来的农业生产风险方面有着重要的作用。而且农业天气指数保险在克服逆向选择、道德风险以及降低交易成本方面具有明显优势③。随着经济发展进入新常态，农业现代化进程加快，农业生产者面临的风险将不仅仅局限于生产环节，风险种类的增多促使农业保险业务日益重要，农业风险管理要求农业保险在农民经济保障中发挥作用。此外，党的十九大会议也明确指出，农业现代化是反贫困、全面建设小康社会的重要要求，乡村振兴要求现代农业与金融服务业相结合。因此，使农业保险成为国家反贫困的一项重要政策，抓紧完善农业保险制度至关重要。

对于发展中国家来说，农业既是基础产业，也是弱质产业。与发达国家相比，我国科技装备相对落后，现代农业人才严重短缺，金融支持力度不足，市场机制不完善等④。组织性较差导致农业生产者大多为个体小农生产者，对自然灾害的防御程度较差导致农业生产的风险大。农业安全生产关系国家的粮食安全、产业安全和经济安全，农业保险的目的就是为农业安全生产提供途径，对农业保险进行财政补贴就是为这个途径提供保障。就农业而言，农业风险的传播，破坏的是各国的农业经济安全秩序，影响的是世界粮食安全，其潜在的风险是引发全球粮食危机和危及国家安全战略。农业保险

---

① 庹国柱、朱俊生：《完善中国农业保险制度需要解决的几个重要问题》，《保险研究》2014年第2期。

② 黄延信、李伟毅：《加快制度创新，推进农业保险可持续发展》，《农业经济问题》2013年第2期。

③ 马国华：《国外农业天气指数保险发展实践及对中国的启示》，《世界农业》2019年第6期。

④ 王景利、张冰、李静：《我国现代农业发展的现状、问题与对策研究》，《金融理论与教学》2021年第1期。

财政补贴从根本上看，就是一个国家社会管理职能的一个重要的分配和管理工具，农业风险的分配和管理对于一国的粮食安全和国家经济安全至关重要。因此，充分发挥农业保险经济补偿、风险分散的功能是发展中国家促进农业发展，维护农民利益，推动经济可持续发展的必由之路。目前世界众多发展中国家都已开始建立政策性农业保险体系，将农业保险反贫困落到实处，这也说明，农业保险已成为发展中国家反贫困的重要手段之一。印度农业生产方式与中国类似，经营规模较小、对于天气依赖性较强、风险管理水平较低。因此农业保险所提供的经济保障对于社会经济稳定起到了重要的作用，成为政府支持农村地区发展有力的经济手段[①]。

二、利益相关者理论在农业保险反贫困中的应用

利益相关者理论最早出现在弗里曼的著作《战略管理：利益相关者管理的分析方法》一书中。该理论认为企业的发展与利益相关者的参与、投入密不可分，公司经营管理者应当综合各个利益相关者的利益诉求，平衡各个主体的利益分配，以争取所有利益相关者的整体利益最大化[②]。

近代以来，利益相关者理论被众多学者使用在各行业的理论分析中，如将利益相关者概念运用到电子政务领域，从受益者的角度，对中国电子商务的发展提出建议[③]；通过对利益相关者的诉求进行分析，提出中国应使利益相关者的权利对称化[④]，将利益相关者理论应用于优化教育精准扶贫绩效评估框架体系[⑤]。

---

① 秦洪军、陈雨：《精准扶贫视角下中国农业保险发展研究——基于美国与印度农业保险发展的比较与启示》，《农村金融研究》2019 年第 9 期。

② Freeman K. E. Strategic management：A stakeholder approach，Bostm：Pitman/Balinger，1984.

③ 杨宝军：《电子政务建设中利益相关者的角色定位》，《行政论坛》2003 年第 3 期。

④ 张世义：《高校学前教育专业本科人才培养中的利益相关者分类与特点》，《教师教育研究》2015 年第 5 期。

⑤ 郭晓娜、陈思其：《教育精准扶贫绩效评估框架体系优化——基于利益相关者理论》，《教育理论与实践》2020 年第 35 期。

中国已有众多学者对农业保险进行博弈分析研究，他们指出农民、农险公司、政府是农业保险的三个核心利益相关者。中国农业保险应从核心利益相关者出发，通过完善的法律制度，增加财政补贴力度，建立利益均衡机制，推动农业保险体系的进步。这也体现了中国农业保险与印度农业保险的不谋而合——农业保险应在反贫困过程中起到助力助推的作用[1][2][3]）。

在农业保险对经济社会的影响与反贫困绩效方面，相关学者也指出政策性补贴的额度与农民福利水平具有密切联系，并从福利经济学的角度论证了农业保险具有生产和消费的正外部性[4]，最终会实现社会效用的增加[5]。并且，农户的经济水平越差，政策性农业保险的经济福利效果越显著[6]，此外，财政支出结构也会影响农业保险的反贫困效果[7]。

通过对国内外学者对利益相关者理论在农业保险和反贫困领域应用的回顾可以得出，中国学者普遍认为农业保险应在国家反贫困进程中起到推动作用，并且农业保险的利益相关者在其过程中至关重要。因此，本章节在现有学者研究的基础上，运用利益相关者理论，从农业保险与农民的关系、农业保险的政府补贴、农业保险的保障水平等指标出发，分析农业保险利益相关者在农业保险反贫困中的推动作用。借鉴印度农业保险发展经验，对中国农业保险在巩固脱贫成果方面具有重要意义。

---

① 黄亚林、李明贤：《协同学视角下农业保险各主体利益实现的理论分析》，《农村经济》2014 年第 3 期。

② 黄颖：《中国政策性农业保险的困境和出路——基于利益相关者视角》，《农业经济》2015 年第 1 期。

③ 郑军、张航：《美国农业保险的利益相关者分析与成功经验》，《华中农业大学学报》2018 年第 2 期。

④ 庹国柱、朱俊生：《试论政策性农业保险的财政税收政策》，《经济与管理研究》2007 年第 5 期。

⑤ 俞雅乖：《政策性农业保险的补贴政策及绩效——浙江省"共保体"的实践》，《湖南农业大学学报》2008 年第 5 期。

⑥ 聂荣、闫宇光、王新兰：《政策性农业保险福利绩效研究》，《农业技术经济》2013 年第 4 期。

⑦ 郑军、秦妍：《财政支出结构如何影响农业保险的反贫困效果》，《西华大学学报》2021 年第 1 期。

第二节　印度农业保险反贫困的农民主体因素

印度作为人口大国、农业大国，农民数量多，基数大，是国家经济发展的重要推动力。印度高度重视国家粮食安全、农业生产历史悠久，但生产力水平相对落后，农业生产以小农生产为主，印度现阶段正处于农业现代化转型期，农业灾害多样且频发，农业大灾风险暴露较为严重。印度作为农业保险的新兴市场，近年来发展迅速，重点得益于中央政府的引导和大力扶持。深入探索印度农业保险运行制度，对促进我国农业保险发展和完善农业保险制度设计具有重要参考意义。根据利益相关者理论，农民是农业保险的核心利益相关者，农户的行为倾向是农业保险在反贫困进程中能否起到推动作用的重要因素。农民对农业保险的需求主要受两个方面影响，一是自身的经济水平和保险的补贴规模，二是农民的保险意识[①]。通过对印度农民主体因素的分析，借鉴印度政府对农业保险业务自上而下的推广宣传经验，2020年12月29—30日召开的全国扶贫开发工作会议上，国务院扶贫办做出部署，明确2021年是巩固拓展脱贫攻坚成果同乡村振兴有效衔接的起步之年。借鉴印度农业保险业务推广发展经验对于我国巩固脱贫成果，特别是巩固农村地区脱贫成果、推进乡村振兴、加速农业农村现代化具有重要借鉴作用。

一、印度农业保险反贫困农民参与的优势

（一）印度农业保险的高需求以及良好的保障程度

从农业生产结构来讲，截至2020年12月，印度的耕地面积大约为1.7

---

① 黄亚林、李明贤：《协同学视角下农业保险各主体利益实现的理论分析》，《农村经济》2014年第3期。

亿公顷，占世界总可耕地面积的 10%①，其中，种植业是农业生产结构最主要的部分，小农成分在农业生产经营者中占主导地位。从农业生产的条件来讲，印度位于低纬度地区，全年高温多雨，雨旱两季的气候差异大，农作物受气候，特别是降水的影响极大，由于独特的地理环境，地震、山体滑坡、飓风等自然灾害也对印度农业发展形成了巨大的威胁。由于印度的地理位置和自然条件，印度农业生产面临较多自然灾害，其中以干旱、飓风、洪灾尤为突出。这种高度依赖自然环境的生产结构和生产条件促使了农业保险的产生和发展。对于不均衡的生产结构，农业保险能够保障印度粮食储备和安全问题，维护社会稳定；对于不利的自然因素，农业保险能够直接保障农户的福利②。

（二）印度农业保险良好的参与情况

综合来看，印度农业保险取得了令人骄傲的成绩。截至 2018 年，综合作物保险计划参保农民总数达 7627 万人③，参保人数创下新高，保险总金额约为 2494.9 亿卢比，保费收入 40.3056 亿卢比，保险公司总赔付金额230.345 亿卢比，赔付比为 1∶5.71。首个天气指数保险为 200 多户种植落花生和蓖麻的农民提供低降雨量保险保障。2017—2018 年，印度各级政府农业补贴总额高达 23550 亿卢比，农业贷款减免达 12220 亿卢比。

基于此，印度农业保险逐步改革发展，将福利逐渐向较贫困的小农倾斜，满足了小农对贫困保险低成本、高保障的保险目标。使得农业保险在农民中的覆盖率逐渐增加，对反贫困进程的推动作用也相应增加。

---

① 数据来源：印度国家统计委员会网站。
② 陈文辉等：《中国农业保险发展改革理论与实践研究》，中国金融出版社 2015 年版，第 115 页。
③ 数据来源：印度农业保险监管和发展局。

二、印度农业保险反贫困农民参与的劣势

（一）农民参与程度低，权益得不到保障

在农业支持政策中，印度政府起着主导作用，不管是在政策制定还是政策执行都是典型的"自上而下"的政策方式。印度农民一直处于社会的底层，受教育水平低下，无法利用知识来表达和维护自身利益，特别是长期扎根于印度社会的种姓制度束缚了底层农民。农民在整个政策制定过程中的参与机制缺失，使政府制定的农业支持政策不能满足农民的切身需要，在政策具体执行的时候会出现农民不配合或者消极对待政策的现象①。例如，2020年9月，印度议会通过了《2020农产品贸易和商业（促进和便利）法案》《2020农民（授权和保护）价格保证协议和农业服务法案》和《2020基本商品（修正）法案》这三项农业改革法案引发了大规模的农民抗议，这三项法案消除了几十年来持续保护农民的措施，撤销了农产品最低价格保护机制，使大量农民聚集在新德里对政府进行抗议示威活动。截至2020年12月12日，抗议农民已超过30万人，35名农民在抗议过程中死亡②。印度农民与政府进行了多次协商，但均以失败告终。在政策参与以及政策反馈过程中，印度农民只能通过抗议示威、堵塞交通要道甚至打砸抢烧等方法表达不满，印度农民与政府的沟通渠道有限，无法有效地将自身诉求向政府表达。近几年印度农民负债率居高不下，农民自杀数量持续增加，农民收入甚至无法满足基本生计。可见缺乏农民参与的支持政策，不但不能使政策的效应得到应有发挥，有时反而会损害农民的切身利益，加大农民的负担③。

---

① 刘海丽：《印度农业支持政策研究》，2019年。
② 数据来源：印度调查报告资料。
③ 周批改、刘海丽：《印度农业支持政策的特点、成效与问题分析》，《云南农业大学学报》2020年第14期。

（二）农业保险保障农民的力度仍然不够

印度的国家保险计划作为一项全民保险制度，仍然没有实现全国农业的农业保险全覆盖，作为一项国民保险政策，印度的国家保险计划自 2010 年实施以来，平均每年有 1200 多万保户和 1900 多万公顷的参保土地，但是 2018 年国家农业保险计划的参保农民只占到全国人口总数的 80%。印度有将近 10 亿左右的农民，农村土地则只有 1.6 亿公顷①，相比于全国的数据，较低的农业保险覆盖率影响政府农业保险计划的实际实施效果，使贫困农民得不到农业保险保障。而且，印度农业保险政策因覆盖力度不足导致政策实施的效果不能得到很好的反馈，政府对政策的调整缺乏依据。从印度宣布独立以来，政府就大刀阔斧地进行土地改革和农业补贴，然而取得的成效并不大，农业改革反而使社会种族矛盾等问题更加突出。

（三）政府承受巨大的农业保险赔付压力

印度农民在国家农业保险中自付保费较低，印度国家农业保险的低保费、高赔付、高补贴的运行方式也让政府财政承受了巨大压力，导致印度农业保险计划在巨额亏损状况下运行。此外，只能由印度政府用财政收入填补巨额的农业保险亏损差额，对于经济并不发达、财政预算有限的发展中国家来说，印度政府财政面临巨大的农业保险赔付压力。例如，2018 年印度各级政府农业补贴金额高达 23550 亿卢比，农业贷款减免高达 12220 亿卢比，而当年印度政府收入仅为 143523 亿卢比②，农业保险的高补贴金额致使政府财政赤字严重，导致 2019 年印度 GDP 增速仅为 5%，2020 年印度农业增长率仅为 2.8%③。

此外，一旦国家发生了重大灾难，国库就要承受巨大的支出，农业保险

---

① 数据来源：印度国家农业保险计划网站。
② 数据来源：印度联邦政府网站资料。
③ 数据来源：世界银行数据库资料。

的高支出会影响国家的其他方面支出。而且由于农业保险赔付太多导致其他
国家关键性补贴行业无法正常运行，这不利于国家其他行业的发展，也不利
于国家的正常运转。国家农业保险计划对于参保作物的结构分配不合理，国
家农业保险计划的保险作物主要集中在种植业，这也让许多农户无法加入国
家农业保险计划中①。

第三节　印度农业保险反贫困的保险公司主体因素

农险公司是农业保险的主要提供者，中国目前农业保险公司多以商业模
式运营，受市场影响大，这也使得农险公司成为农业保险的核心利益相关者
之一。而农业保险的利益分配与多个利益相关者均紧密相关，任何一个主体
的分配不合理都会使农业保险体系整体的效率降低②。保险公司作为核心主
体，应使农业保险最大程度地发挥其经济保障功能，以推动国家巩固和拓展
脱贫攻坚成果、全面推进乡村振兴、加速促进农业农村现代化。而保险公司
对农业保险助力乡村振兴的作用主要受农业保险市场发展状况和农业保险经
营模式的影响。此外，农业保险的再保险机制是整个市场的保障机制，对反
贫困的作用也至关重要。这说明了保险市场有没有提供成熟农业保险的能
力，再保险机制能否对保险市场进行保障是农业保险公司主体的发展重点。

一、印度农业保险公司参与反贫困的优势

（一）印度农业保险的多层次经营模式

印度主要采用以政策性农业保险为核心的多层次农业保险体系，在这种

---

① 蔡君廷：《我国农业保险发展的政策范式——来自印度农保体系的经验与启示》，《现代商业》2018 年第 10 期。

② 张伟、岑敏华、郭颂平：《基于成本收益分配的中国农业保险补贴模式——利益相关者理论视角》，《农村经济》2011 年第 11 期。

多层次经营模式中，保险公司处于承上启下的重要位置，印度保险公司接受联邦政府和各级邦政府的指导和监督也接受来自联邦政府的财政补贴和管理，保险公司运行国家的农业保险使农民参保。多层次的农业保险体系使得印度农业保险的经营框架是以联邦政府为中心，分别对各邦政府、保险公司、金融机构进行监督领导，对农户、保险公司进行财政补贴；各邦政府再对保险公司进行指导监督，并对农民进行宣传教育。

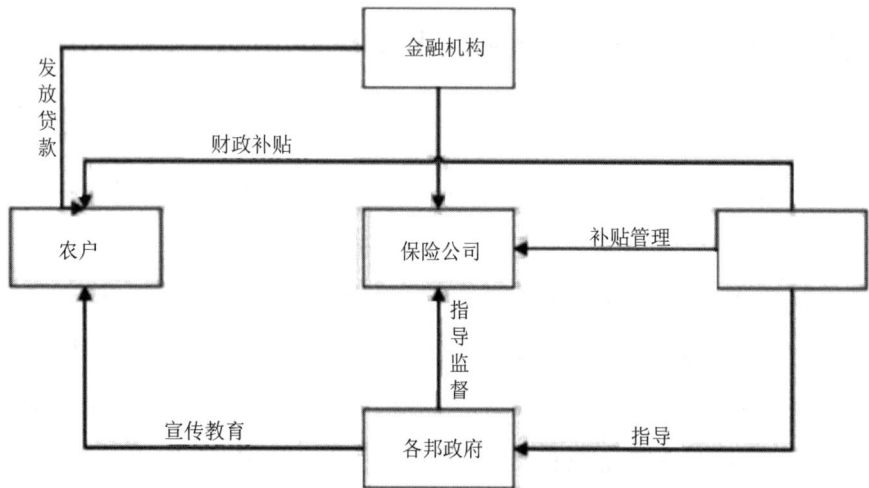

图 7-1　印度农业保险经营流程①

　　政府主导的政策性农业保险以较高的财政补贴占据了印度农业保险的大部分市场，国家农业保险计划对粮食作物和油料作物的高赔付率，有效地减少了印度农民的灾后损失，有力地推进了国家反贫困事业的进程。近年出现的商业化新保险也是印度保险体系的重要组成部分，在这样的经营框架下，金融机构与保险公司受政府引导，农民的保费得到补贴。政府通过财政政策解决了农民保费过高的问题，保险公司通过辅助引导提高了农民的农险参与度，农民通过农险获得了经济保障，农业保险的反贫困作用能够得到充分发挥。

----

　　①　资料来源：根据印度保险监管和发展局相关内容绘制完成。

（二）不断拓展的印度再保险市场

印度保险业实行自由化以来，国内再保险公司一家独大，印度综合保险公司（GIC）实现了对印度保险业务的全覆盖，为 GIC 在国内的再保险业务提供了保护，维持了业务规模。目前，印度农业再保险市场主要由印度综合保险公司主导，商业再保险进行补充，通过设置外资持股比例将再保险市场逐渐向私营和外资主体放开。2020 年，印度再保险市场 50% 的份额被印度综合保险公司占领，印度综合保险公司已成为绝大多数农业保险再保险合约的首席再保人[①]。

同时，印度还建立了赔付率超赔再保险的制度，对于农业保险公司承保的粮食作物和油料作物，一旦赔付率超过 100%，超过部分的赔付责任由政府承担，对于经济作物和园艺作物，政府则是承担超过赔付率 150% 的部分，除此之外，还有一些其他业务由印度农业保险有限公司和国际上的再保险公司共同承担。印度再保险经纪的开放程度高，众多经纪公司在世界各地都开设了分公司，因此，印度的保险经纪在印度市场和国际市场都占有较大的市场份额。2015 年，印度《保险法修订案出台》，该法决定开放印度再保险市场，释放了印度再保险行业的巨大潜力，外资的进入也为印度成为亚洲再保险中心提供了可能性[②]。

二、印度农业保险公司参与反贫困的劣势

（一）农业保险公司参与反贫困缺乏积极性

印度国家农业保险计划项目是由印度的国家农业保险公司（AIC）负责具体执行和运营，但国家农业保险公司在农业保险计划项目中并没有获得任何的利益。它所承担的管理费用是由国家进行补贴，例如：2018 年印度政府

---

① 数据来源：印度综合农业保险公司网站。
② 袁晓园：《印度向外资开放再保险市场》，《中国保险报》2015 年 7 月 30 日。

与农业保险公司按照 1:1 的比例为贫困农户提供农业保险保费补贴。2020年，综合农业保险公司代表联邦政府持有国家农业保险公司 35% 的股权，是最大股东和实际控制人，对国家农业保险公司的经营有很大的影响力。

作为国有农业保险公司，国家农业保险公司在农业保险运营过程中没有任何的风险和收益，农业保险公司的任务是负责农业保险项目落地到农民之间及其中的金融流动。在这样的条件下，农业保险公司没有动力去拓展农业保险更多的项目以及积极分保抵御风险。印度农业保险公司依赖于印度共同合作信用社区、地区性乡村银行等乡村金融机构来运作，但是共同合作信用社区自身经营混乱，印度农业信用工作调查小组就曾经指出过它存在资源浪费、管理失误、治理水平低下等多个问题，农业保险运作过程中存在的问题会影响印度农业保险的实际实施效果。

（二）农业保险公司的推广成本高

由于众多的农业人口，印度人均耕地面积较小。2020年，印度人均耕地面积只有 0.092 公顷，农业生产组织性差[①]，由于人口分布不均匀，在人口密度较大的地区小农户的数量更多，农业生产的组织性更差，农业生产十分分散。分散的小农经济使得农业保险公司在落实和管理农业保险项目时，需要付出更多的运营成本，导致农业保险的推广成本相对较高。负责运营保险项目的农业保险公司受到高推广成本的影响存在消极运行农业保险的行为，使国家农业保险计划的实际效果受到影响。此外，国外保险公司在印度推行农业项目时也会受到印度农业技术水平低等因素影响，导致公司在印度推广农业项目的成本高于其他国家。例如，2020年，印度的农业机械化总体水平不足 50%[②]。2020年，天宝公司（Trimblei Inc）在印度开展业务时，就需要先将其精密自动驾驶技术与卫星导航系统植入印度拖拉机设备之后，才能开展其后续业务，农业技

---

① 数据来源：联合国数据库资料。
② 数据来源：印度农业部网站资料。

术水平低及精准农具的使用率低均导致印度的农业保险公司的运营成本提高，高运营成本不利于农业相关业务的扩展，也不利于农业保险项目的推广。

第四节 印度农业保险反贫困的政府主体因素

在现行 WTO 规则下，农业保险是国际上重要的非价格农业保护工具，属于绿箱政策范畴，是促进农民保收和增收的重要措施。政府作为农业保险的核心利益相关者，通过财政手段补贴农业保险已成为世界各国发展政策性农业保险的普遍方式，政府对于农业的相关支持政策业是农业保险得以发展的重要基础和反贫困的重要影响因素，自 2007 年以来，对于农业保险的财政支持也已成为中国政策性农业保险发展的行动主轴[1]。也就是说，农业保险与政府反贫困是相辅相成、互相推动的关系。现阶段，印度主要依靠政府主导农业保险工作，采用先试点后推广的方式，其农业保险主要通过中央政府农业部、邦级政府、农业保险公司及销售保险的代理人四个层级的相互协作完成[2]。此外，印度政府积极学习借鉴国际上的经验，不断对本国的农业保险产品进行创新，一方面推出了改进版的国家农业保险项目，另一方面试点天气指数保险，并创新了将小额保险与小额信贷相结合的小额信贷保险产品，降低了农业保险经营过程中的成本和风险。

一、印度农业保险反贫困的政府积极政策

（一）不断优化的印度农业保险财政补贴

农业保险作为印度反贫困的重要政策之一，与政府的财政补贴密不可

---

[1] 肖卫东、张宝辉、贺畅、杜志雄：《公共财政补贴农业保险：国际经验与中国实践》，《中国农村经济》2013 年第 7 期。

[2] 秦洪军、陈雨：《精准扶贫视角下中国农业保险发展研究——基于美国与印度农业保险发展的比较与启示》，《农村金融研究》2019 年第 9 期。

分。农业保险通过给予保障程度对等的保费补贴、经营管理费补贴、税收优惠、再保险补贴和巨灾风险准备金等财政补贴方式支持农业保险①。从 1985 年印度实行农业保险试点计划（PCIS），该计划主要由政府领导，政府对农民的保费提供 50% 的补助，到 2000 年随着农村信贷体系逐渐发展，印度政府开展因地制宜的保险支持计划，根据农作物和生产地区的不同，为各地政府提供 10% 的财政补贴。再到 2016 年，农民只需要交纳早春农作物 1.5% 的保险费，秋收农作物 2% 的保险费，商业园艺作物 5% 的保险费。2020 年，印度政府为印度农业和农村经济发展支出 2083 亿卢比②。此外，印度政府借助立法的手段和方式，通过运用国家货币、财政政策，加强对农业保险的支持力度，增加保费补贴，减少保费支出，从而达到减轻农民的经济压力，实现农村反贫困的目标。

通过近年来农业保险财政补贴政策的不断发展，印度农业保险的承保标的逐渐覆盖所有的粮食作物、园艺作物和畜牧业产品，政府的财政补贴也逐渐覆盖所有地区和保险公司。这种政府主导的农业保险使得印度农业保险体系发展成熟，为农业发展可能出现的风险提供了保障，同时也解决了印度国内的粮食问题，保障了农民的经济利益，农产品产量大幅增长，实现自给有余，推动了国家反贫困进程。此外，印度也在积极学习借鉴国际上的经验，不断对本国的农业保险产品进行创新，一方面推出了改进版的国家农业保险项目，另一方面试点天气指数保险，并创新了将小额保险与小额信贷相结合的小额信贷保险产品，降低了农业保险经营过程中的成本和风险。

（二）积极通过政策引导提高农民的保险意识

印度自建国以来，便是人口大国、农业大国，2020 年，农业就业人数占总就业人口的 41.5%③，农业也已成为拉动 GDP 增长的重要产业。由于印度

---

① 姜莉：《金砖国家农业保险财政补贴制度比较研究》。
② 数据来源：印度联邦政府网站。
③ 数据来源：联合国数据库资料。

贫困人口基数大，政府对农业研究试行时间早，在农业保险研究试验阶段，政府实施的积极引导政策使印度农民对农业保险有了较早的认知和较长的接受时间；另一方面，印度政府在试行阶段投入了大量财政补贴，从试点工作到推广工作，持续了数十年，特别是印度综合保险公司、印度农业保险公司的设立，广泛地提高了农民对农业保险的认知程度，为农业保险反贫困做出了极大的贡献。

例如 1985 年印度政府正式推出的综合作物保险计划（CCIS）。这项计划由政府主导，国家财政支持，历时十多年，给予参保农户极大的赔付补贴，使得农民整体参保率提高。2010 年，印度政府出台了改进的国家农业保险计划（mNAIS），对之前国家农业保险计划的弊端做了修正，如实行风险区划、采用精算公平费率等，用以代替原有计划，并允许商业保险机构参与。印度最新的农业保险计划是在 2016 年实施的总理农作物保险计划（PMFBY），该计划的目的是克服国家农业保险计划和农作物保险计划的弊端。总理农作物保险计划整合了改进的国家农业保险，2020 年印度总理农作物保险计划（PMFBY）市场覆盖率达到 95%。与上一年相比，转变巨大，市场份额达到 18 万卢比（约 30 亿美元）①。四家印度公共服务公司的参与总理农作物保险计划（PMFBY）。2020 年 9 月 20 日，印度上议院通过《2020 年农产品商贸条例草案》《2020 年价格保证和农业服务条例草案》这两项关键的农业改革法案，对农民权利充分赋权，不再对粮食进行保障价格回购，允许农民自己买卖粮食，允许社会资本介入粮食市场。

表 7-1　印度农业保险发展政府的部分扶持计划

年份	政府扶持计划内容
1961	任命官员专门进行试点方案，在旁遮普邦的六个地区进行农业保险试点
1972	设立印度综合保险公司，保险公司与联邦政府以 3 : 1 的比例承担赔偿责任

---

① 数据来源：印度农作物保险计划网站。

年份	政府扶持计划内容
1985	设立印度总保险公司，将农业保险试点扩大到 14 个邦，两个联邦
1999	开展国家农业保险计划，将险种扩大到谷物、油料、园艺等作物
2010	实行 mNAIS 计划，对国家农业保险计划进行修正
2016	实施总理农作物保险计划，大幅度提高农业保险保障水平、覆盖区域和补贴水平
2020	通过《农产品商贸条例草案》以及《价格保证和农业服务条例草案》，对农民充分赋权

资料来源：印度保险监管和发展局网站。

印度农业保险几十年来的试点及推广对印度农民的保险意识起到了启迪和激发作用，使印度农民对农业保险有了初步认知，增加了小农经营者对农业保险业务的有效需求。农民保险意识的显著提高有利于农业保险更好地发挥其保障农民经济利益的作用，奠定了印度农业保险助推反贫困的基础。

二、印度政府农业支持反贫困政策存在的问题

（一）政策较少考虑对农村社会的影响

印度农业支持政策取得的成效是明显的，但存在的问题也不容忽视。政策是对利益的调整，必然产生经济和社会的多重影响。印度农业支持政策过分强调经济利益，较少考虑对农村社会的影响，由此在取得农业经济发展明显效果的同时，产生深层的社会问题，制约了农业支持政策效益的发挥，某些政策在现实中甚至产生了相反的效果。2018 年，印度国家农业和农村发展银行的一项研究发现，印度超过一半的农民负债。2019 年，印度有超过一万名农民因农业改革导致生活无法维持而自杀[①]。在农业支持政策中，印度政府起着主导的作用，不管是在制定中还是执行中都是典型的"自上而下"的

---

① 数据来源：印度调查报告资料。

政策方式。印度农民一直处于社会的底层，农民参与缺失，农民权益得不到保障。

（二）政策结构不合理，政策落实困难

印度农业保险支持政策主要集中在种植业，导致农业生产结构单一。例如，2018 年印度种植业产值增加率为 11.1%，而畜牧业产值增长率仅为 4.6%，渔业产值增长率仅为 1.0%[①]，印度种植业的产值增长率远高于畜牧业和渔业。印度农业由于印度复杂的历史社会背景以及宗教信仰冲突等因素，使得每一项农业支持政策都存在激烈的反对者，因而印度出台的不少农业政策在实际中并没有贯彻落实。政策调整和更改频繁，政策效应发挥不稳定。印度的绝大多数土地是大农场主拥有和经营的。边缘农民、小佃农对土地的控制非常低，并且拥有的农业基础设施相当差，致使土地所有权集中，少数农场主攫取政策利益。印度采取了经营管理费补贴，但补贴的比例都不高，补贴的范围也不大。税收优惠作为一种间接补贴方式，使用的频率也不高。保费补贴是发展中国家最普遍的一种财政补贴农业保险的方式。但是，保费补贴方式也存在一定问题，财政补贴并不是越高越好。保费补贴虽然可以提高农业保险的渗透率，但是对于经济不算发达、财政预算有限的发展中国家来说，实践表明一刀切的保费补贴已经不能实现补贴效用的最大化。

（三）农业发展带来的环境污染代价

印度政府为了改变粮食短缺的状况，制定政策大力鼓励向西方学习先进农业技术。但盲目学习西方农业技术，导致印度农业生态环境遭到严重破坏。印度政府还不计后果地鼓励农民开垦土地，过度的土地开垦放牧严重破坏了农业土地的生态平衡，使林地面积逐渐缩小，农业生态遭到破坏。例如，2020 年 10 月农民在收获后焚烧田间残留的农作物残渣，导致 10 月份首

---

① 数据来源：印度农业合作与农民福利部网站。

都新德里的空气污染程度达到 2019 年以来最严重水平，此外，农民焚烧残留农作物造成的污染占污染源的三分之一以上，2020 年 10 月份，首都新德里的 36 个监测站中，半数以上的空气污染检测程度为重度污染，印度农业快速发展带来的环境污染不容忽视①。

总的来看，印度农业支持政策逐步形成了比较完整的体系。在政策推动下，印度农业科学技术和基础设施获得了很大发展，印度的粮食匮乏问题基本得到解决，农产品的出口还成为印度出口的重要部分。然而，印度农业支持政策存在的问题不少，一些政策在现实中产生了相反的效果。在当今世界联系紧密、经济全球化的背景下，农业要想提高竞争力就必须在提高农民素质、农产品品质、农业设施、农业科学技术等方面下功夫，这些都依靠政府制定科学有效的支持政策。研究分析当代印度农业支持政策的成效及问题，可为我国在农业政策制定方面提供经验与教训，促进中国农业政策制定中更好地发挥农业保险的作用，促进农业的可持续发展②。

第五节　印度农业保险反贫困的启示

通过以上几章节对农民、农险公司、政府三者对反贫困影响的分析可以得出，农业保险的反贫困绩效与利益相关者的行为倾向有极大的关联度。中国与印度同为发展中国家，农业保险市场的发展较印度而言不够成熟。印度农业保险中政府通过政策引导提高农民保险意识以及多层次的农业保险经营体系都值得我们借鉴，但印度农业保险中也存在政府与保险公司衔接不畅、政府财政压力过大、农业保险政策不能有效改进等问题，中国应从农业保险的利益主体出发，积极培育农民保险意识，加快立法进程，构建完善的财政

① 数据来源：印度联邦政府网站。
② 周批改、刘海丽：《印度农业支持政策的特点、成效与问题分析》，《云南农业大学学报》2020 年第 14 期。

补贴体系和再保险保障体系，以促进各主体的利益协调，增强农业保险在推动乡村振兴事业上的作用。

一、加强农民保险意识对反贫困的助推作用

印度政府对农业保险的支持力度大，全国性农业保险计划多，保险公司及邦政府宣传教育到位，因此，印度农民虽然受教育程度同样较低，对农业保险的认知程度却高于中国农民。因此我国应借鉴印度政府由联邦政府到各邦政府、由保险公司到农民这种自上而下的农险宣传教育模式。但是印度农民较低的受教育程度也导致印度农民无法利用知识来表达和维护自身利益，无法有效向政府等机构反馈政策的不足，最终无法促进印度农业保险的改进。农民在整个政策过程中的参与机制缺失，使政府制定的农业支持政策不能满足农民的切身需要，在政策具体执行的时候出现农民不配合或者消极对待政策，使得政府对政策的调整缺乏依据。

中国政府应立足于国情，一是落实中央一号文件关于农业保险促进乡村振兴方面的要求，明确政府在农业保险反贫困过程中的责任和义务，加强农业保险的宣传力度，加强农民对农业保险的认知教育，改变农民对农业保险的刻板印象，提高政策性农业保险的形象。二是从基层做起，发挥乡镇政府和农业保险公司的作用，积极普及农业保险的作用和优点，增强农民防范风险的意识，提高农民购买农业保险的意愿，为农业保险业务在全国范围内的普及奠定思想基础。三是畅通政策沟通渠道，通过信访以及谈话等方式让农民加强政策效果反馈，让农民能参与相关农业政策的改进和优化过程中，使农业政策的改进得到充分依据。

二、提高再保险体系对巩固脱贫成果的保障作用

印度建立由政府牵头的全覆盖再保险体系，此外，印度还建立了赔付率超赔的再保险制度，对于农业保险公司承保的粮食作物和油料作物，一旦赔

付率超过 100%，超过部分的赔付责任由政府承担，对于经济作物和园艺作物，政府则是承担超过赔付率 150% 的部分，除此之外，还有一些其他业务由印度国家农业保险公司和国际上的再保险公司共同承担。印度再保险经纪的开放程度高，众多经纪公司在世界各地都开设了分公司。但是印度再保险市场绝大部分都被印度国内再保险公司垄断，印度通过《保险法》规定再保险公司地位的方式保护国内再保险市场。印度保险业实行自由化以来，国内再保险公司一家独大，2019 年，印度综合保险公司占据了整个市场 60% 的农业保险业务①。由于新经营主体的增多威胁了印度综合保险公司的业务份额，国内保险公司受到冲击，印度保险监督和发展委员会（IRDA）规定，各保险公司向海外分保的业务最多只能占总业务量的 10%，印度再保险市场长期被国内保险公司垄断，缺乏外部竞争，不利于印度再保险市场的发展。

农业保险的系统性风险问题使农业保险经营面临着较大的巨灾风险，中国自然灾害种类多，威力大，巨灾巨险一旦发生，就会造成难以承受的后果。目前，中国农业保险再保险市场虽然开放，主要业务活动仍是中国再保险（集团）股份有限公司垄断性的承办，再保险市场主体缺失。而保险公司对巨灾的赔付能力较弱，面对巨灾，很可能造成公司亏损的局面。对此，印度建立了赔付率超赔再保险制度，对政府和保险公司的赔付比例进行了详细的划分，使得印度农业保险总体保障水平和保障深度都要高于中国。借鉴印度的再保险制度，中国一是对农业保险再保险业务提供财政支持和政策引导。二是应在全国范围内建立农业再保险体系，建立农业巨灾风险基金，将资本引入农业保险再保险市场，适当地将农业保险的巨灾风险分散给资本市场。三是建立巨灾兜底制度，利用国家财政为农业巨灾设置一道防护屏，以保障农业生产的稳定性，降低农民和保险公司的生产经营风险，推动国家反贫困事业的实现②。

---

① 数据来源：印度综合农业保险公司。
② 王红珠：《论中国农业保险巨灾风险分散机制的建立》，《江西财经大学学报》2010 年第 2 期。

三、发挥经营模式在农业保险反贫困中的引导作用

印度农业保险实行以各级联邦政府为中心，保险公司为辅助的多层次经营模式。印度这种政府主导、以小农经营者的保险需求为中心的农业保险符合国情，从而能够在反贫困进程中起到重要作用。多层次的保险经营模式使印度联邦政府对各邦政府、保险公司、金融机构进行监督领导，对农户、保险公司进行财政补贴；各邦政府再对保险公司进行指导监督，并对农民进行宣传教育。但多层次的经营模式也使得保险公司存在推行政府政策时不积极的问题，此外，农业保险公司由于在农业保险项目中没有任何的风险及利益，农业保险公司没有动力去拓展农业保险更多的项目以及积极分保抵御风险，会影响政策实施效果。

中国农业保险目前经营模式众多，各个地区的农业保险试点都相对成功，但没有形成一个统一的标准，不利于发挥农业保险的整体效用。借鉴印度农业保险经营模式的经验，中国农业保险一是在突出农业保险公共性和政策性的同时，将农业保险与市场机制相结合，将中国推进乡村振兴的战略目标与现阶段农业保险经营模式相结合；二是加大政府对农业保险的支持力度，发挥政府的引导作用，将政策性农业保险落到实处；三是充分调动市场主体的积极性，发挥农民和保险公司在农业保险中的积极推动作用，最终构建政府引导、市场运作的农业保险经营模式。

四、提高财政补贴在农业保险反贫困中的支持作用

印度农业保险覆盖范围大、惠及农民人数占农民总人数比重高，并对拥有系统的财政补贴给予支持，国家对农业保险的财政补贴总体相对均衡，国家的财政补贴对于提高农业保险覆盖范围和提供农民保险意识都发挥了重要推动作用。但印度政策性农业保险的低保费、高补贴、高赔付的运行方式让政府财政承受了巨大的赔付压力，导致农业保险计划在巨额亏损状况下运

行，巨大的亏损差额只能由政府财政进行补贴，让印度政府承受着非常大的补贴压力，该项计划也是在亏损的状态下进行的，一旦国家发生了巨大的灾难，国库就要承受巨大的支出，如果由于赔付农业保险太多而导致对其他国家关键性补贴行业无法正常运行，这对于国家其他行业来说则是一个灾难性行为。并且国家农业保险计划对于参保的作物覆盖面还是有致命的缺陷，这也让许多农户无法加入国家农业保险计划中。

对此，中国政策性农业保险的财政补贴问题应从以下几个问题入手：一是通过补贴保险公司管理费支出，解决农业保险经营成本高的问题，以保证保险市场的有效供给；二是通过补贴农民的保费支出，解决农民买不起保险的问题，以增加保险市场的有效需求；三是通过再保险建立巨灾巨险兜底机制，解决巨灾巨险分散难、赔付少的问题，以保障农民与市场的基本利益得以实现[1]；四是优化农业保险财政补贴结构，扩大农业保险财政补贴制度的适用范围，建立差异性补贴体系。此外，政府还应注意的一个问题是，对不同地区不同产品，应制定不同的保费费率，以达到农业保险事业的均衡发展。

五、发挥法律法规对农业保险反贫困的保障作用

印度自 1947 年就逐步建立起农业保险法律体系，1965 年就已出台《作物保险法》，2020 年 9 月 20 日，印度上议院通过《2020 年农产品商贸条例草案》《2020 年价格保证和农业服务条例草案》这两项关键的农业改革法案，对农民权利充分赋权，不再对粮食进行保障价格回购，允许农民自己买卖粮食，允许社会资本介入粮食市场。但从印度农业支持政策的演进过程中可以看出，每届政府更迭都会对政策做出重大调整或者重新制定。由于印度的党派众多且竞争激烈，政府更迭频繁，频繁的农业政策调整使得农业支持

---

① 庹国柱、朱俊生：《关于农业保险立法几个重要问题的探讨》，《中国农村经济》2007年第 2 期。

政策效果滞后性和冲突性愈发明显①。再加上印度复杂的历史社会背景以及宗教信仰冲突等因素，使得每一项农业支持政策都存在激烈的反对者，因而印度出台的不少农业政策在实际中并没有贯彻落实，此外，农业补贴政策中也存在补贴结构不合理过分偏重种植业、忽视畜牧业和渔业等问题。

鉴于中国农业保险发展现状和国家反贫困事业的最终目标，中国农业保险以政策性农业保险为主，对法律法规具有较高的依赖性。因此，中国政府一是从法律制度入手，颁布专门的农业保险法律法规，促进农业保险各利益主体的利益协调，以发挥制度框架对农业保险的引导作用，为中国农业保险的发展奠定法律保障基础②。二是适应环境变化对农业保险政策不断进行调整，并通过立法的形式落实政策避免政策的频繁更改损害农民积极性和政策稳定性。三是重视对农业保险财政补贴制度的立法，由国家财政资金对农业保险计划进行补贴，对财政补贴制度的实施和监管，形成完备的配套措施。

六、促进农民、农险公司、政府在反贫困中的利益协同

印度农业保险体系以政府为中心，建立了联邦政府、各级邦政府、保险公司和金融机构的多层次农业保险运营机制，明确了各部门的职责和义务，政府在法律支撑的前提下，给予农险公司和农民财政补贴，有效调节了农险公司与农民的利益冲突，但印度农业保险公司由于在保险计划项目中并没有任何的利益。它所承担的管理费用是由国家进行补贴，因此在反贫困进程中积极性不高，导致政府的农业保险政策无法有效落实，政府与农业保险公司并没有有效衔接农业保险计划。

借鉴印度农险机制的经验，同时结合中国农业保险发展现状，中国政策性农业保险应从激励机制、保障机制、效率机制这三个方面促进主体利益的

---

① 周批改、刘海丽：《印度农业支持政策的特点、成效与问题分析》，《云南农业大学学报》2020 年第 14 期。

② 王韧：《中国政策性农业保险制度优化路径探析》，《经济经纬》2009 年第 5 期。

协同。使三个主体在利益博弈中保持平衡，力求做到"政府推动、市场运作、农民自愿"的运营体系。在财政补贴制度中，应当明确财政补贴的主体及其权利、责任与义务。农业保险财政制度补贴的主体如前文所述涉及政府主体、企业主体、农民主体。一是明确补贴主体之一的政府在农业保险中的职责、中央与地方政府的职责，参保主体的职责，与农业保险相关的政府部门，如财政、农业、林业、税务等部门的职责，二是明确未履行职责的法律后果。就财政补贴制度的主体之一的保险经营主体而言，应当建立农业保险市场的准入和退出制度，再明确经营资格和补贴资格的衔接。三是推出自愿与强制相结合的模式。农民有权利选择自愿投保，但是在违反保险合同义务时，也应承担相应的责任。补贴主体是农业保险财政补贴制度的构成要件，明晰的主体范畴、主体之间的权利义务分配皆需要设立专门的法律来规制，提高财政补贴的指向性和针对性。

第八章　菲律宾农业保险反贫困的 "福利三角"理论分析

　　菲律宾是早期落实政策性农业保险的发展中国家之一,其国家、市场与家庭三方的良性互动已经成为菲律宾农业保险反贫困实践的关键,但在其发展过程中也存在着很多棘手的问题。"福利三角"理论提出国家、市场与家庭三方的协作框架,能够为对菲律宾农业保险反贫困实践的分析提供理论支持。本章节基于"福利三角"范式,从国家、市场(经济)、家庭三个理论视角出发,分析了菲律宾实施的农业保险制度,并据此提出相应建议。根据"福利三角"范式,应加大政府政策与财力支持力度、健全法律保障体系与农业巨灾风险分散体系等,更好地巩固和拓展反贫困事业成果,全面推进乡村振兴、加速促进农业农村现代化。

第一节　农业保险反贫困的 "福利三角" 理论分析

　　"福利三角"范式是 Evers 在罗斯提出的"福利多元组合理论(welfare mix)"基础上,结合社会发展的新趋势总结出的。经过近 40 年的发展,由国家、市场与家庭三者合力构建国家福利的"福利三角"范式满足了研究社会学问题所需的政策理论,使得社会政策的互动变得多元化。将该理论引入农业保险反贫困问题的研究中，通过国家、市场与家庭三个维度的分析，可细化各主体在农险反贫困中的具体责任、优化农险实施策略，更好地巩固和拓展反贫困事业成果。

一、"福利三角" 理论阐释

"福利三角"范式是分析社会政策的重要概念视角之一。"福利三角"理论最初来源罗斯提出的福利多元组合理论（welfare mix）。福利多元组合理论指出，当一个国家社会福利供给情况告急时，国家的综合福利提供应通过福利多元化的联合调整转化为国家、市场和家庭的福利供给范式。社会的整体福利由国家、市场和家庭三方提供的福利综合得到[①]，社会政策中的具体内容细化为三部分，即国家、市场与家庭三类的责任与贡献。福利供应者之间的协调与联合、家庭成员之间彼此帮衬以提供经济援助，成为非正式福利的焦点；市场福利中企业的作用凸显，在员工面临遭受社会风险等时承担包容公民的福利性责任；在治理与建设方面，国家作为正式的社会福利政策供给主体，提供基本生活保障兼营救职能[②]。"福利三角"范式强调行动者和制度在面向国家、社会与家庭三方提供的福利社会中如何安排与协作。从社会福利政策角度来看，行动个体被具体嵌入多领域、多元化的社会制度安排中，个体首先获得的社会福利并不是来自负责分配的国家制度，而是另外两个视角：市场与家庭经济制度。市场经济制度与家庭经济存在的基础，是作为整合福利的国家政府组织积极参与两种制度安排而形成整体福利。具体社会生活中，社会成员面对三者联动机制的影响，与国家、市场与家庭三个主体之间是相互补充的，具体行为也将反作用于各个主体。三者之间的关系如图 8-1 所示：

---

① Ruggie, Mary, et al., "Shifts in the Welfare Mix: Their Impact on Work, Social Services and Welfare Policies", *Contemporary Sociology*, Vol. 21, No. 1 (1992), p. 39.

② 王慧娟：《超龄农民工养老困境研究：基于福利三角理论的社会政策分析》，《社会工作与管理》2016 年第 6 期。

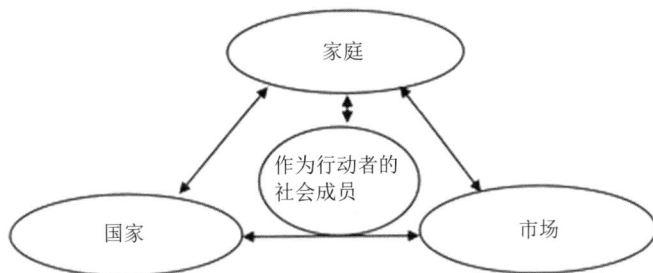

图 8-1 "福利三角"三方互动关系

二、基于"福利三角" 范式的农险反贫困研究

农业保险是国家推行的政策性金融手段，具备维护农业收入稳定、降低贫困发生率的功能，在国家反贫困政策中发挥不可取代的作用。中国的政策性农业保险反贫困的发展需要国家重点扶持，在主观上影响政策性农作物保险效用的因素主要有两个：风险保障水平和政府保费补贴比例[①]；为使投保农民得到农业保险合同约定赔款，应建立农险反贫困的巨灾风险分散机制[②]；国家重视农险反贫困的补贴机制对从事农业生产的农户家庭具有较强的激励作用，有利于增进社会福利[③]。

目前，中国已有大量学者进行关于"福利三角"理论的研究："福利三角"理论是各国对现代社会农业保险进行研究的重要理论。国家、市场与家庭三者之间互为补充与替代关系[④]；部分学者基于"福利三角"理论对相关社会政策议题展开了研究，涉及城乡社会保障制度的衔接问题、农民工养老保险参与意愿等方面。这些相关研究为本书利用"福利三角"理论研究农业

---

① 梁来存：《政策性农作物保险的扶贫效应评价——基于短期预期收入变化的视角》，《湘潭大学学报》（哲学社会科学版）2021 年第 1 期。

② 庹国柱：《试论农业保险创新及其深化》，《农村金融研究》2018 年第 6 期。

③ 杨新华：《我国政策性农业保险发展的财政激励研究》，《金融与经济》2009 年第 12 期。

④ 梁土坤：《个体差异、企业特征、制度保护与流动人口社会保险可及性——基于"福利三角"理论模型的实证研究》，《社会保障研究》2017 年第 1 期。

保险提供重要参考。对于中国政策性农业保险的发展，相关学者提出：探索并建立农业再保险法律制度，提升农业生产者及经营者抵御各种风险的能力，促进农业稳步发展①；从保障性与生产性财政支出两方面对国家财政支出的统计数据进行研究分析，探究财政支出结构如何影响农业保险反贫困的效果②；通过研究农业保险巨灾风险分散机制与乡村振兴的耦合协调程度，进一步分析农业保险巨灾风险分散的环境、能力等因素与乡村振兴的相关性，对农业保险风险分散机制提出完善策略③。"福利三角"为农业保险反贫困政策提供公平保障、自主选择、团结共有的价值链条，构造出一个三者之间团结协作的制度框架。基于此，本章节以"福利三角"理论为分析框架，从国家、市场（经济）与家庭三个维度的理论视角出发，分析菲律宾的农业保险反贫困制度，借鉴菲律宾利用政策性农业保险反贫困的实践经验和教训，提出相应对策，解决中国政策性农业保险在反贫困过程中面临的不稳定性等问题。

第二节　菲律宾农业保险反贫困的国家视角

"福利三角"理论是分析社会排斥和融合的理论，农业保险福利领域中的最终供给方是国家④。学者 Wright 和 Hewitt⑤ 在政策性农业保险缺少国家政策与法律扶持的环境下，进行长期反复的独立研究，最终得出结论：在这种环境下，国家实施的农业保险反贫困战略难以持续稳固的运行。国家作为

---

① 刘学杰：《论我国农业再保险法律体系的构建》，《农业经济》2020 年第 12 期。

② 郑军、秦妍：《财政支出结构如何影响农业保险的反贫困效果》，《西华大学学报》（哲学社会科学版）2021 年第 1 期。

③ 郑军、李敏：《农业保险大灾风险分散机制与乡村振兴的耦合协调发展研究》，《电子科技大学学报》（社会科学版）2020 年第 6 期。

④ 张务农：《福利三角框架下的高等教育福利制度研究》，《东南学术》2014 年第 3 期。

⑤ B. D. Wright, J. D. Hewitt, "Risk Crop Insurance: Lessons From Theory and Experience", *California Agricultural Experiment Station*, Vol. 28, No. 5（1994），pp. 37-49.

农业保险反贫困福利中的最终供给主体，需要利用政府政策和法律的强制性手段规范农业保险的经营与发展。所以，本节基于"福利三角"中的国家理论视角，借鉴菲律宾农业保险反贫困的政府政策与法律环境的经验和教训，有利于对巩固和拓展反贫困事业成果提出合理建议。

一、菲律宾农业保险反贫困的政策环境

政府政策支持农业保险的发展成为菲律宾国家农险反贫困成功的典型做法。在通过探索菲律宾农业保险政策的制定及实施基础上，分析其政策的亮点和不足，借鉴其发展经验将提升农险反贫困的政策效率。

（一）菲律宾政府对农业保险反贫困的积极政策实践

1. 政府对农业保险反贫困重点扶持

菲律宾将国家重点选择性扶持作为促进政策性农业保险发展最主要措施，通过国家政策强制性力量加大农业保险反贫困工作力度。1978 年，菲律宾为防止农村贫困人口因灾返贫，将《农作物保险法》作为农业保险反贫困的纲领性文件并在全国全面推行。地方政府按照法律文件指导将实施农险反贫困的强制与自愿模式进行绑定，组织各参与主体在整个社会快速且稳定经营，参与政策性农业保险的农户家庭被强制性要求，严格按照法律规定政策性农业保险反贫困的各项细则实施，以降低农户遭受的农业经济损失，保障各农户家庭的农业收入[①]。直到 2021 年菲律宾仍然不断地完善以《农业保险法》为核心形成的政府与市场相结合的农业保险制度，增强农民抗风险能力，成为解决贫困地区因灾致贫、返贫问题的有效手段。

菲律宾于 1980 年 6 月成立农作物保险公司（PCIC），注册资本 715 亿比索（约 3400 万美元），其中三分之二为普通股，由政府全部认购；其余三分

---

① 罗帅民、郭永利、王效绩：《菲律宾的农业保险计划》，《保险研究》1997 年第 5 期。

之一为优先股，由社会民众认购①。菲律宾政府为巩固农业生产地位，在第二年促进该公司建立真正意义上的农作物保险。这种国家重点选择性扶持模式有明显的国家垄断。按贫困程度不同，菲律宾全国分为六类地区，不同地区扶贫投入比例也各有不同。以立法为基础，全面对农业保险进行规范，将其纳入法制化轨道。同时，通过相关部门合理扶持，强制性要求农户参与公司农业保险，从而对农业巨灾提供保险责任。2020 年 11 月 PCIC 已赔付了约3.47 亿比索，以帮助受到该国极端天气干扰的农民和渔民（被保险人）正常生计②。

2015 年 6 月棉兰老国际投资局正式启动，是联合国开发计划署和农业部——菲律宾作物保险公司（DA-PCIC）与几个其他机构合作的一个项目。它的目标是减少易受气候变化带来风险地区的贫困。WIBI 是"棉兰老气候脆弱农业社区风险转移机制扩大"项目下的一种保险形式，它被称为"扩大Mindanao 气候脆弱农业社区的风险转移机制"，该项目旨在解决气候风险引起的农户家庭损失，例如气候变异性和气候变化引起的自然风险灾难。截至2020 年，有约 4200 余名农民参加了 WIBI，超 3000 公顷土地由 PCIC 承保。

2. 政府对农业保险反贫困的政策引导

菲律宾自 1973 年开始，陆陆续续发布了多项针对农业保险的反贫困政策。在 1973—1981 年间，成立 PCIC 并成功实行"全国性农作物保险计划"，通过国家重点扶持，建立真正意义上的农作物保险，随后增加玉米、烟草作物等可保农作物，为菲律宾农业保险反贫困奠定基调。菲律宾第 1467 号总统令强调设立菲律宾农作物保险公司、规定其职权和行为、政府保险费补贴及其他目的的命令。第 16 条规定，为促进法令实施取得实效，在国家政策允许范围内，全国及省、市、镇的税收和税收评估对菲律宾农作物保险公司均免除。表 8-1 整理了 1973—2020 年菲律宾农业保险反贫困方面的部分国

---

① 数据来源：菲律宾农业部网站。
② 数据来源：菲律宾农业部网站。

家政策文件。

表 8-1　1973—2020 年菲律宾在农业保险反贫困方面的部分政策文件

年份	农险反贫困政策	主要内容
1973	实施"全国性农作物保险计划"	建立保险贷款保险基金，向农民提供贷款风险保障，充分调动农民生产积极性
1978	颁布"建立菲律宾保险公司"总统法令	规定了具体的营业内容，实施农作物保险计划，以支持马萨加那——99 水稻生产计划
1980	成立农作物保险公司	通过国家重点扶持，建立真正意义上的农作物保险，随后增加玉米、烟草作物等可保农作物
1981	开展农作物保险	菲律宾国家宣布正式开展农作物保险，首选水稻作为菲律宾农业保险农作物
1995	《1995 年菲律宾农作物保险公司法修正案》	更具代表性，菲律宾农作物保险公司章程修正案正式被签署于法律，农业保险不仅仅局限于早期的水稻
2001	第 42 号行政命令	规定由财政部监管农作物保险公司，保持农业保险反贫困政策与实际计划的协调
2002	第 74 号行政命令	农业保险公司复归属于农业部，促进农作物保险公司业务的开展
2010	加强执行《全面土地改革计划》	加快农业现代化步伐，重视利用农险缓和贫困地区农民收入不平等，促进农民收入稳定增长
2013	2013 年第 10 号系列《菲律宾良好农业实践认证条例》取代行政通告	对全国范围内的优秀农业实例进行通告
2020	农业和渔业集群巩固方案	促进菲律宾更大包容性的农业综合企业发展

资料来源：菲律宾农业部网站。

（二）菲律宾政府农业保险反贫困政策的不足

1. 农业保险保费补贴相对迟缓

基层财政保费补贴跟进不上，导致菲律宾贫困农户对农业保险反贫困的认识不到位，严重影响着农业保险反贫困工作的推进。2020 年 12 月 17 日，菲律宾作物保险公司（PCIC）已赔付了约 3.47 亿菲律宾比索，以帮助重建受保险农民和渔民的正常生活保障，这些农民和渔民最近受到该国极端天气干扰的严重影响。

同时，PCIC 根据农业部部长威廉·达尔的严格命令，迅速开展核查和调整活动，并相应提供赔偿资金。这笔款项是 PCIC 客户在 PCIC 七个行政区报告的 15 亿英镑估计损失的初始付款，余额处于不同的处理阶段，将在所需文件完成后 10 天内公布。大约 121000 名受保农民和渔民报告了损失，他们的常备稻米、玉米、高价值作物、牲畜饲养、渔业以及支持其业务的其他资产受到影响。农业保险保费补贴的迟缓可能导致被保险人、家庭农场成员或雇员做出一些不合理的农业生产行为，会让本可避免的风险带来更多的损失。

2. 农业保险反贫困的政策执行力不足

2019 年 10 月 24 日，农业部部长威廉·达尔为了保护农业和渔业产品的交易，创建了安全和贸易办公室（CREST-O）来监管执法，这是一个统一和综合的监管执法单位，农产品交易直接在其监督和控制之下。菲律宾渔业专家史密斯认为应当以"管理"之维补充"开发"之维，提升菲律宾渔业政策的执行力度①。比如菲律宾对渔业的农险反贫困政策，在一定程度上对沿岸市域水域渔业资源的耗竭和渔业造成恶化，并且导致小规模渔民更加贫困和非法争抢有限资源，一部分渔民甚至使用炸鱼等违法方式进行捕捞。20 世纪 80 年代之后，菲律宾农业部的渔业统计数据愈加具有迷惑性：看似总产量不断大幅度上涨，整个菲律宾的渔业也显示出迅猛的发展态势，但是菲律宾渔业的养殖环境十分恶劣，尤其是其海藻产量的不断高涨掩盖了菲律宾渔业在 90 年代的退步下滑，而此时菲律宾的渔业其他产品产量下降充分展现了菲律宾渔业危机的严重性。

菲律宾关于保护渔业资源的农险反贫困政策规定并未有效化解其渔业危机，主要在于渔业政策执行力度不足。菲律宾农业部于 2016 年发布了

---

① 刘宏焘：《二战以后菲律宾的渔业政策与渔业危机的形成》，《学术研究》2020 年第 2 期。

2016—2020 年全国渔业发展计划，该项计划将在产业之间达成共识，确保农业保险反贫困的政策执行力度。该项目的重点是在沿海地区建设超过 500 家的渔业登陆中心（CFLCs），将渔业捕获损失率从 25%降至 18%①，改善渔民农户的经济条件，落实反贫困政策。菲律宾渔业与水产资源局局长佩尔兹指出，政府对于此次的项目计划信心满满，菲律宾在 2016—2020 年间的渔业产出能力会显著增长，并提高在全世界水产业中的竞争力。

二、菲律宾农业保险反贫困的法律制度

菲律宾国家在提出农业保险反贫困政策初期，对农业保险法律制度进行深入研究，并制定了较为健全的法律体系。分析菲律宾的农业保险反贫困法律制度，借鉴其农业保险法律制度体系建设过程中的优势以及存在的不足，对完善中国农业保险反贫困法律体系建设有重要的借鉴意义。

（一）菲律宾农业保险反贫困法律制度的优势

1. 法律体系健全

通过分析公司 Verisk Maplecroft 公布的风险研究报告，分析了暴风雨、洪水、地震、海啸、火灾、火山爆发和山体滑坡在 1300 多城市所构成的威胁，100 个城市有 21 个是在菲律宾。另外，世界上最容易受到自然灾害的 10 个主要城市中，有 8 个城市是在菲律宾②。在自然灾害如此频繁的菲律宾，其政府对农业保险极其重视，并在发展过程中形成了一套较为完整的法律体系。

1978 年，菲律宾处于农业保险反贫困政策的发展初期，菲律宾政府不断强调健全的法律制度在农险反贫困机制运行中的保障作用。法律体系的核心作用是为政策性农险反贫困机制稳定运行提供切实保障，因而，同年菲律宾

---

① 数据来源：菲律宾农业部网站。
② 数据来源：菲律宾统计局网站。

颁布了一部专门针对农业保险的法律——《农作物保险法》，为建立农业保险可持续运营的制度框架开启了全新道路。菲律宾为确保国家农业产业化及稳定发展，政府按照市场运行规则，出台法案对农业保险补贴等优惠政策进行修订①。表8-2整理了1978—2021年菲律宾农业保险反贫困方面的部分法律文件。

表8-2　1978—2021年菲律宾在农业保险反贫困方面的部分法律文件

年份	文件名称	主要内容
1978	《农作物保险法》	确定农作物保险制度的运行框架，实行水稻强制险，对农作物保险费率做出具体规定并由政府、银行与农民共同承担
1978	《关于成立菲律宾农作物保险公司的总统令（1467号）》	菲律宾主打农险反贫困的农作物保险公司正式成立，该公司采用股份制形式。有明显的国家垄断，完全由国有保险公司经营
1991	《小农大宪章》	保护农业部门，明确农业经济的增长发展是反贫困的必不可少的环节
2000	《一般银行法》	菲律宾政府实行金融机构改革，鼓励银行在农村贫困地区经营，保证农户在参与农险反贫困中能够获得贷款
2018	《农业和土地改革信贷强制性信贷分配规则修正案》	将合规证券的25%强制性信贷分配，贷款组合的25%用于农、渔业。债券由菲律宾开发银行和菲律宾土地银行发行，收益用于向农业和土地改革部门转贷
2021	《农业法》的《IRR》修正案	促进银行在农业部门增加投资

资料来源：菲律宾共和国政府网站。

2. 法律规定细节化，可操作性强

1978年《农业保险法》第4条说明了对被保险人的相关要求，其中规定获得农业贷款的农户必须参加农业保险，其他农户可自由参加农业保险。第5条规定了保险费率及其分担，第6条规定了保险费补贴。1980年修订案

① 姚壬元：《菲律宾政策性农作物保险的做法及其启示》，《保险职业学院学报》2010年第2期。

增加的第 14-A 条规定信贷机构代表农作物保险公司，成为核保人。《1995 年菲律宾农作物保险公司法修正案》第 3 条规定，在任何情况下，农业保险应包括投入的生产成本，农民本人、家庭成员及雇佣工人的劳动力价格，以及董事会谨慎决定承保的预期产量的一部分；第 13 条规定了损失赔偿申请与申诉制度；第 14 条规定了保险费优惠制度。

可操作性强还体现在《农业保险法》对于农业保险的财税支持，其中规定如下：在第 6 条规定，政府提供保险费补贴，纳入财政预算；该法第 8 条规定，菲律宾农作物保险公司的授权股本为 7.5 亿比索，其中 5 亿比索由政府全额认购；在 1995 年《菲律宾农作物保险公司法修正案》中规定，为促进本法令取得实效，国家政策允许范围内的所有具有效力的全国、省、市、镇的税收和税收估价对公司全免除。前述的免除仅适用于公司本身。上述税收和税收估价对与公司有业务往来的，并由个人和其他法人承担的，则不免除；国家另外设立数额为 5 亿比索的政府后备基金，以帮助小农应对公司农作物保险计划下超过保额部分的所有损失。

（二）菲律宾农险反贫困的法律制度对农险监管不足

自 2018 年来菲律宾农业发展缓慢，年平均增长率仅为 1.3%[1]，专家建议菲律宾农业部应加强农业保险发展战略设计以及提升监管能力。由于农业保险的政策性和公益性，导致实施农业保险反贫困制度的跨部门协作沟通十分复杂。一方面，为达成农业政策的一些目标，农业保险要根据农业产业结构调整进行设计，但是农业产业结构调整的政策主要由农业部等部门制定；另一方面，农业保险需要大量的保费和管理费用补贴，而这种补贴投入主要由财政部进行决策。这就要求菲律宾保险监督署具备良好的和各相关部门沟通的能力[2]。

---

① 数据来源：菲律宾农业部网站。
② 庹国柱、朱俊生：《关于我国农业保险制度建设几个重要问题的探讨》，《中国农村经济》2005 年第 6 期。

1991 年《菲律宾地方政府法典》给予了菲律宾地方政府更大的自主监管权力。该法典将更多地赋予地方政府和当地的社会农户组织对农业保险反贫困政策的监督管理权，以保障低收入农民的收入来源。2020 年 11 月农业部部长威廉·达尔为不断精简和有效实施重大农业和渔业项目，指定了新的官员组成"重启"的新管理团队。该团队将监督战略举措的实施，特别是在全国建立农业工业商业走廊、实施包容性农业综合企业方案、监督政策和方案的制定和实施，以进一步提高水产养殖、市政和商业渔业部门对国民经济的业绩和贡献。

第三节　菲律宾农业保险反贫困的市场视角

20 世纪 80 年代，受新自由主义思想的影响，西方国家在福利提供上将视野转向市场以缓解福利国家危机。"福利三角"互动关系中强调市场（经济）对应的是正式组织①。市场在农业保险的"福利三角"关系中发挥资源配置最佳模式的特点，体现出自主和选择的价值（杨钰，2013）②。同时相关学者 Carter 和 Michael③ 对市场视角下农业保险的经营模式、保障范围及风险分散机制进行研究，得出建设性的研究成果：从长远稳定性与风险保障角度考虑，适宜的农业保险经营模式、保障范围与风险分散机制将直接与农业保险反贫困绩效挂钩。市场从这三个角度营造出的自主、选择的交换空间能够满足不同农户的差异性需求，促进中国农业保险反贫困事业的发展。因此，本节基于"福利三角"中的市场理论视角，针对农业保险反贫困的经营

① Ruggie, Mary , et al., "Shifts in the Welfare Mix: Their Impact on Work, Social Services and Welfare Policies", *Contemporary Sociology*, Vol. 21, No. 1 (1992), p. 39.

② 杨钰：《转型期我国福利社会的构建——基于福利三角范式的现实思考》，《兰州学刊》2013 年第 7 期。

③ Carter and Michael, "Underwriting Area-based Yield Insurance to Crowd-in Credit Supply and Demand", *Department of Agricultural and Resource Economics*, Vol. 24326, No. 31 (2007), pp. 335-362.

模式、保障范围及风险分散机制三方面分析菲律宾农业保险反贫困制度，借鉴其先进的发展经验和实践教训，对加强中国农业保险反贫困的市场化程度及其保障能力、实现农民产量和收入的提高有重要意义。

一、菲律宾农业保险反贫困的经营模式

从菲律宾农险反贫困的实践经验中不难发现，农业保险的快速发展在很大程度上依赖于是否存在一种符合国情的农业保险经营模式。通过分析菲律宾农险模式措施、特色以及不足，可提出完善中国农业保险反贫困经营模式所应采取的对策，以提高农业保险反贫困的工作效率。

（一）菲律宾农险反贫困经营模式的优势

1. 经营模式与国家政策紧密结合

菲律宾农业相互保险的经营模式与农业保险反贫困政策紧密结合。该经营模式通过政策执行将农险落到实处，满足贫困农户生存、预防、发展的需要。菲律宾政策性农险反贫困具有完备的农险反贫困法律法规体系。菲律宾在1978年先后制定了《农作物保险法》和《关于菲律宾成立农作物保险公司》两部法律，农业保险公司也是在此时成立的。该法律对保费的具体承担方式做了明确的规定，即分别由政府、银行、农民三方共同承担。

菲律宾作物保险公司迎合菲律宾政府的政策导向，积极行动，并且PCIC在2020年GCG治理委员会（GCG）进行的公司治理绩效评估中再次获得政府企业的最高评级。根据2016—2020年治理绩效评估数据显示，PCIC连续5年出现在这一评估的榜首。最近发表在GCG网站上的评价报告显示，PCIC获得100.52分，是在这5年评估的80家国有和受控公司中得分最高的。它和国家电力公司同排第一并常年名列前茅①。

---

① 数据来源：菲律宾农业部网站。

2. 推行普惠制强制保险

菲律宾对贷款的农业生产者实行普惠制强制保险。菲律宾在具体实施强制农业保险制度的设计过程中，政府和市场实际表现和具备的相互协作系统之间具备直接的关联[①]。《菲律宾农作物保险公司法修正案》第2条规定，政府的政策是充分支持农业保险计划，将其作为管理农业风险、稳定农业生产者在遭受农作物（包括农业设施和相关农业基础设施）损失时财务波动的机制，最终促使金融机构向农业部门发放信贷，所以必须实行强制保险。第3条规定，公司为遭受自然灾害，植物病害、虫害的合格农民提供保险。公司先为谷类作物提供保险，此后再无歧视地扩展至其他农作物及非作物类农业财产，包括但不限于机器设备、运输设施及其他相关基础设施。

菲律宾是一个农业大国，全国40%以上的土地用来进行农作物生产，农业人口占全国居民的一半以上。但是该国是一个自然灾害多发的国家，尤其是热带风暴给农户的农业生产带来极大的威胁。从2020年1—11月，由于10月和11月出现四次强台风，菲律宾共损失了419560公吨皮莱，价值69.4亿比索。台风尤利西斯号造成了145800吨的损失；"金塔"号造成了112000公吨的损失；"罗利"号造成了64250公吨的损失；"Pepito"号造成了63160公吨的损失[②]。因此，每个从金融中介机构得到贷款的菲律宾农民都被强制参加保险，充分发挥农险救济功能，解决农户因灾致贫问题并防范返贫风险，实现脱贫致富的目标。

（二）菲律宾实行农险反贫困经营模式的不足

1. 农险经营高额费用和资金不足

菲律宾政府授权农作物保险公司可将其资本增加到20亿比索（约416万美元），并以其投资收益来支付经营费用。然而，政府未能充分履行其对农作物保险计划的财政补贴职责。政府的资金常年无法按时按量到位，在

[①] 黄颖：《农业保险普惠制中的强制机制研究》，《现代营销》2017年第5期。
[②] 数据来源：菲律宾农业部网站。

2020 年 6 月，到位的资金也只有约 10 亿比索①。因为资金常年不足，导致农作物保险公司的经营管理效率逐年降低，无法完成政府要求的农业保险反贫困计划。

2020 年 7 月菲律宾农业部向本土银行额外支付了 14.4 亿比索②，用于根据农业竞争力增强基金（ACEF）信贷方案向农业保险公司提供贷款，以弥补农业保险经营资金的不足。ACEF 于 1996 年首次实施，并将于 2022 年 12 月结束。ACEF 农业项目大部分位于卡加延河谷地区，以及西明多罗省、新埃西亚省、伊莎贝拉省和卡皮兹省。ACEF 贷款计划旨在通过向农业保险公司提供负担得起的信贷，从而提升农业保险公司的经营效率，促进提高农民和渔民的生产力和收入。

2. 农险业务运作效率不高

PCIC 一直将贷款农民视为其主要目标市场。然而，自 1990 年之后，农作物保险的覆盖面不断下降，但菲律宾土地银行及其合作伙伴却一直报告其贷款农民及渔民数量持续增加，这就导致农业保险业务具有欺骗性，业务的开展必然无法顺利开展。2020 年 PCIC 声称已发放大约 4 亿美元的农业贷款，为受灾害影响的高价值作物种植者和受新冠肺炎疫情影响的农民提供援助，并且通过无条件现金赠款和扩大实施稻农生存和恢复援助方案，向 16 万多名小农提供零息贷款③。但实际中，很多小农的基本生活依然没有得到改善。

2020 年 9 月 3 日，农业部部长达尔通过电话会议与美国——东盟商业理事会（US-ABC）主席亚历克斯·费尔德曼（Alex Feldman）签署了一份谅解备忘录，将伙伴关系制度化，并加强农业保险的合作，提升农业保险经营的效率。2021 年 2 月菲律宾将帮助农业企业家，尤其是 PCIC，降低遵守经营管理负担的成本和工作量，提高农业保险业务运作效率。

---

① 数据来源：菲律宾农业部网站。
② 数据来源：菲律宾农业部网站。
③ 数据来源：菲律宾农业部网站。

二、菲律宾农业保险反贫困的保障范围

提升政策性农险的保障范围有助于解决农险反贫困制度持续发展过程中面临的较为突出的难题。深入分析菲律宾承保面、险种及费率的区分等与农险保障范围密切相关的问题，可为中国政策性农险反贫困工作提供较好的借鉴与参考意义。

（一）菲律宾农业保险产品的优势

1. 保险承保范围广且险种丰富

1981 年，菲律宾政府首次将水稻明确界定为农业保险必不可少的保险作物。第二年，菲律宾政策性农业保险中再次添补了市场机制规范的玉米保险。在前期将水稻和玉米作为保险标的是由于以下 3 个原因：（1）水稻和玉米都是菲律宾的主食作物且播种面积最广；（2）水稻和玉米的培育在技术、投入水平和耕作办法等方面较为规范，有助于风险管理；（3）两者都有很多年的生产损失统计数据，在制订费率和确定赔偿水平方面更加容易。

在 1991 年，PCIC 作为统筹实践农业保险的机构暂时为烟草作物提供规范性支撑；1993 年实现了政府对高价值粮食作物重点财政支持的保险市场[1]。到 2021 年，菲律宾对全国范围内 90% 以上的农作物品种都进行了保险保障[2]。挑选代表性农作物作为保险标的使得菲律宾"政策性农业保险反贫困"变得更加名实相符，进而迈入规范化、多样化和精细化时代。

2. 保险费率区分精准

菲律宾政府认识到政策性农业保险反贫困工作面临着必不可少的高风险性，因此将纯损失率作为保险费率，将提高农业生产数量和质量效益，提升

---

[1]　姚壬元：《菲律宾政策性农作物保险的做法及其启示》，《保险职业学院学报》2010 年第 2 期。

[2]　数据来源：菲律宾农业部网站。

农民福利水平。农作物保险费率每 3 年调整一次，水稻费率一直未变，玉米则因赔付率较高而向上进行了调整。例如：2018 年，菲律宾水稻损失率为7.35%，费率为 8%；玉米损失率为 5.58%，期初费率为 7%，后调整为13%。损失在平均产量90%以上时按全损计算赔款，损失不足10%的免赔①，具体计算标准如下表8-3 所示。

表 8-3 2018 年菲律宾水稻与玉米保费及赔款计算标准

农作物	水稻		玉米	
损失率及费率	损失率	费率	损失率	费率
	7.35%	8%	5.58%	期初费率为7%，后调整为13%
损失类型	全损		部分损失	
分类标准	损失在平均产量90%以上		损失不足10%	
赔偿标准	按全损计算赔偿		免赔	
农户类型	贷款农户		自筹资金农户	
总费用承担标准	2%，剩余费用政府承担4.5%、银行承担1.5%		2%，剩余费用全部由政府承担	

资料来源：菲律宾保险监督署网站。

3. 定损时间较快

菲律宾《农作物保险法》规定当农业保险事故发生时，被保险人需要在发生损失后 10 天内通知保险公司并要求勘险，作物的定损工作一般在收到通知后 1 个月内完成。首先需要定损员勘查保险地区，与原保单所附的地图进行比较，以确定是否为全损；若是全损则根据"农场标准计划和预算表"估计损失发生时的实际发生成本，并根据这个实际发生成本计算保险赔款；若勘查后确定为部分损失，通常需要定损员在收获时返回农场确定受损产量，若不能返回，则依据收购商和授权农民合作社的报告确定损失产量。

---

① 数据来源：菲律宾农业部网站。

PCIC 还配有 90 名专职定损员，当发生巨灾时，就会召集后备定损员（设有后备定损员小组）作为 PCIC 代表参加定损小组，后备定损员小组由经过定损培训的农学专业学生或农民等构成。为了消除农民怕 PCIC 雇员在定损中偏向 PCIC 的思想，PCIC 开始利用专业定损员进行定损工作。

2021 年 1 月 5 日菲律宾政府发布的十二项关键战略将指导农业部开展重大方案和活动，包括建立安全网措施，如现金援助、补贴信贷和作物保险的定损理赔，并为实现农业部门的 2.5% 适度增长铺平道路①。为了实现发展议程的"农业 4.0"议程，农业部还将实施数字农业战略。这些措施包括加速完成全国农民和渔民登记系统，利用卫星技术扩大农作物保险覆盖面，并迅速估计作物损害和自然扰动造成的损失。十二项战略的总体目标是以包容性的方式使菲律宾农业价值链迅速实现现代化和工业化，以提高生产力，使农村人口摆脱贫困，改善生计，增加农民收入。

（二）菲律宾农业保险产品的劣势

1. 农业保险业务密度集中，经营出现亏损

农业保险公司开展农险业务密度集中但却面临经营出现亏损的现象。2020 年 10 月 28 日因台风"昆塔"造成的农业渔业损失和损失总额从先前报告的 4.0173 亿比索增加到 7.0587 亿比索，产量损失 33545 公吨，影响 25483 名农民和渔民，在伊洛科斯大区、卡拉巴松、比科尔地区、西维萨亚斯和赞邦加半岛的农业区有 19971 公顷②。受影响的商品包括大米、玉米、高价值作物、渔业、牲畜、灌溉和农业设施。出于对农险经营风险的考虑，菲律宾农业保险在运营初期便提倡"低保额、低保费、低保障"的经营理念，但由于反贫困的政策性农险面临的不可估计的自然风险，以及存在逆向选择和道德风险等问题，使得这种经营理念并不能准确评估农险保险标的风

---

① 数据来源：菲律宾农业部网站。
② 数据来源：菲律宾农业部网站。

险状况。

菲律宾从事农业生产的农户遭遇的农业潜在风险极大但大多数农户主动或被动地自留风险。全国仅有农业保险覆盖地区的农业生产全面落实农业风险的保险保障。加之过于频繁的海啸、台风等自然灾害侵扰，农作物一旦遭遇这些灾害，必然导致巨量的损失赔付，这对于菲律宾政府和 PCIC 来说都是难以承受的代价。

2. 国家垄断抑制私营保险公司农业保险的发展

菲律宾在 20 世纪 80 年代成立了 PCIC，并明确了它对农业保险的国有垄断性质。市场经济理论①告诉我们，市场经济的主体应该是多元化的，竞争的主体越多，表明市场经济越有朝气和活力。个体弱，垄断强，表面看来似乎没有太大的关联。通过分析可得出结论，国家垄断的农业保险在占据越来越多的市场份额的情况下，私营保险公司开展的农业保险生存空间必然会受到挤占和排斥。

菲律宾《农作物保险法》规定，PCIC 及分支机构由菲律宾政府和金融机构共同出资建立，其中由政府控股并负责 75% 的保费补贴和保险公司业务费用②，金融机构负责农业保险的具体经营。由于菲律宾对于农业保险的垄断，导致很多保险公司很少单独开设农业保险产品，大多是配合政府的政策进行保险工作。2021 年菲律宾将积极建立"农业—工业—商业走廊"和农业技术中心。这些中心将成为已确定生产地区的农业和渔业产品的加工和销售中心，并与私营保险公司合作，开拓设计更多的农业保险产品。

三、菲律宾农业保险反贫困的风险分散机制

农业保险风险分散机制是农业保险反贫困的重要组成部分，在弥补农户

---

① 张馨：《"市场失效论"和"公共产品论"不成立吗——论市场经济下财政学的理论基础》，《财贸经济》2021 年第 1 期。
② 数据来源：菲律宾农业部网站。

农业自然灾害造成的损失等方面发挥重要作用。参考菲律宾多层次、多样化的农业风险分散形式，在借鉴菲律宾经验基础上，对完善中国农业保险风险分散机制和拓展农业保险反贫困事业成果有着深刻的意义。

（一）菲律宾农业保险反贫困的风险分散形式丰富

1. 菲律宾农业保险的再保险制度

菲律宾政府利用长效农业再保险基金及农业保险再保险机制在更多主体间有效抵御农业巨灾风险，提升了农户家庭参保积极性。《1995 年菲律宾农作物保险公司法修正案》第 9 条规定，为了分散保险公司的风险，允许保险公司采取任何措施去寻求再保险办法①。农业保险的风险被菲律宾专门农业再保险公司利用多样化途径分散给其他各国，调动各国农业再保险公司组成的联合体将再保险经营市场化。最终解决了农业保险公司保障能力受限的难题，显著促进了菲律宾农业产出的增加，间接增强了菲律宾政策性农业保险反贫困效应。

2012 年，菲律宾水稻总产量为 789 万吨，比去年同期的 758 万吨增长 4.2%；玉米总产量为 347 万吨，增长 4.8%。下半年水稻总产量达到 389 万吨，同比增长 10%；2013 年实现大米自给的目标不变；2016 年，菲律宾下半年水稻产量 1048 万吨，较上年同期增长 6.73%；玉米产量 451 万吨，增长 8.98%。2016 年全年水稻产量 1814 万吨，玉米 733 万吨；据统计，菲律宾 2020 年稻米产量同比增长 2.6%，达到创纪录的 1930 万吨②。在构建的市场运行机制下，国际资本市场和保险市场能够有效分散政府扶持的政策性农险巨灾风险。当不同层次的协作组织紧密衔接在一起时，农险业务的运行效率大幅度提高。此外，落实多途径的农险补贴政策，将加强农民投保积极

---

① Olivier Mahul, Charles J. Stutley, Government Support to Agricultural Insurance: Challenges and Options for Development Countries, Annex E, International Experiences with Agricultural Insurance: Findings from a World Bank Survey of 65 countries, *World Bank*, 2010, 185.

② 数据来源：菲律宾农业研究局网站。

性。水稻等农作物保险的保险费率为8%，参与农业保险的农户家庭仅仅负责支付保险费率中的2%，政府利用财政补贴解决其余保费负担问题①。

2. 充足的农业保险准备金

菲律宾农业保险公司自21世纪之后开始将部分责任进行分化，为保证能够正常发挥农业保险反贫困的保障功能，PCIC建立三种农业保险准备金。PCIC总准备金是为抵御农业保险中高赔付的风险转移业务提取的。另外还有一种账务也可称为准备金，但严格来讲是PCIC净资产的一部分，即分配结余，这一资金来源农业保证基金，属公司已付（实收）资本。菲律宾农业再保险公司紧跟政府政策引导，选择强制性农业保险，保障国家保险公司在农业领域的正常运营。

菲律宾农民参与农业保险不仅可以得到政府的财政补贴，还可以得到银行的补贴支持，即由政府、银行和农民三方共同承担农作物保险产品的保费。具体做法是：水稻、玉米等农作物保险的保险费率为8%，其中农民仅承担其中的四分之一。如果农民是银行的贷款者，则银行承担1.5%的费率，政府承担4.5%的费率；如果农民是非贷款者，政府承担剩下所有的费率，银行将不承担任何费用②。

（二）菲律宾农业保险反贫困的风险分散机制缺陷

1. 再保险制度仍需完善

2020年，菲律宾再保险形式是保额的14%—26%。菲律宾分布在世界各地的保险业务，欧洲占42.9%，亚洲（不含菲律宾）32.3%，澳洲10.5%，非洲10.3%，中东4%③。

因自然灾害等使得农业遭遇重大经济损失，但农业保险再保险机制仍未健全。因农险各经营主体内在承保规模受到限制，需依靠中央财政支持的农

---

① 卜庆国：《农业巨灾保险国际典型模式的比较研究》，《世界农业》2017年第5期。
② 罗帅民、郭永利、王效绩：《菲律宾的农业保险计划》，《保险研究》1997年第5期。
③ 数据来源：菲律宾统计局网站。

业保险再保险机制发挥分散巨灾风险作用。独立的农险供给主体明显难以实现农险最大的效用，即使商业性保险公司也难以单方面承受农业巨灾风险（洪灾、旱灾等）。菲律宾对建立健全政策性农险反贫困的再保险体系仅仅做出初步规划，即使是商业再保险机构也同样未能解决构建农险再保险体系的相关难题。

2. 农业风险管控的技术水平有待提高

2020年6月8日，为了使菲律宾农业数字化，农业部通过种植者产品公司（PPI）和萨苏瑞股份公司于6月8日签署了一份协议备忘录（MOA），利用卫星技术为菲律宾提供更好的农作物保险。农业部部长威廉·达尔和菲律宾作物保险公司总裁阿蒂·乔维·伯纳贝见证了农业部的签署。达尔说，该项目将帮助农业部改善其对于农作物的救灾行动计划，特别是在风险管控方面，加大改进作物监测的力度。严重依赖实地工作的传统信息来源在菲律宾是不够的。当菲律宾实现农业部门的现代化时，同时也必须不断探索相关技术，以提高自给自足和生产力。

e-Kadiwa是农业部针对农业风险监控数字平台，它突出了数字技术的成本降低能力，将农民与消费者以及高科技公司联系在一起，对农业风险规避有重要的意义。2020年，为寻求技术上的合作，菲律宾政府选择Satsure AG公司为他们的农业风险监控提供技术支持。Satsure AG是一家设在瑞士的开发商，其工作包括遥感卫星和其他传感源，以监测农业作物组合和估计农业产量，目的是改善风险管理，改善作物保险和农业贷款给农民。该项目在500万美元的最初资金支助下，目标是在6个月内为种植其他水稻的10万公顷土地提供卫星成像，为种植其他各种作物的40000公顷提供卫星成像。它将在新埃奇亚、伊洛伊洛和北哥打巴托进行试点①。

---

① 数据来源：菲律宾农业部网站。

第四节　菲律宾农业保险反贫困的家庭视角

社会的整体福利是国家、市场（经济）和家庭提供的福利整合。家庭作为福利个体社会化的第一场所，在微观层面上体现的是团结和共有的价值，对于其他两方必然都有所贡献①。在农业保险的福利体系中，家庭的首要功能是实现基本的保障，从而为整个社会农业保险反贫困的实现提供一个起点。通过带动贫困农户自主参与的保险意识、提高农户家庭组织性，能够实现农业保险扶贫对象主动型的脱贫带动效应②。因此，本节基于"福利三角"中家庭理论视角，分别从农户家庭农业保险反贫困的意识与组织性两个方面分析该视角下菲律宾农险反贫困的发展经验，并分析其实际发展中的不足，对稳固中国农业保险反贫困成果的政策目标有深刻的借鉴意义。

一、菲律宾农业保险反贫困的农户家庭组织性

农业保险反贫困中的农业合作组织是一种专业性强、具有信息优势的组织，不仅可以降低农户个体进行农产品交易的交易成本，还对地区经济的发展起到良好的促进作用。分析菲律宾农户家庭农险反贫困组织性程度，借鉴菲律宾政府在政策上积极引导鼓励农业合作组织的发展经验，以此提高农民收入，促进农业经济发展。

（一）菲律宾农业保险反贫困的农户家庭组织性

1. 农户家庭组织规范化

1984 年菲律宾成立的农民组织，其成立的宗旨是"形成一个强大而广

---

① 吴立保、陈秀梅、张永宏：《大学生就业的社会福利排斥：福利三角模型的视角》，《江苏高教》2013 年第 3 期。

② 孙香玉、钟普宁：《对农业保险补贴的福利经济学分析》，《农业经济问题》2008 年第 2 期。

泛的农民同盟，改变当前贫困和不公"，主要活动之一就是通过合法的手段解决农民生活困境。1986 年出现了对菲律宾社会产生巨大影响的"人民力量"革命，广大的人民力量在菲律宾的历史上展现了雄伟的政治成就。并且，阿基诺政府（1986—1992）和拉莫斯政府（1992—1998）在社会各领域实施民主政治建设，为社会农户组织的参与合作打开了合法的大门。1987 年菲律宾颁布的《宪法》认可和支持社会农户组织的力量；《社团法》规范和管理社会农户组织的行为；《税法》则对社会农户组织的税收进行减免和奖励。在相对开放的社会环境中，菲律宾社会农户组织实现了快速发展，其机构数量和组织扩展都在逐年增加。

截至 2020 年底，菲律宾全国共有公民社会组织 81.2 万个，比 2019 年增长 14.2%；菲律宾全国共有社会团体 40.5 万个，比 2019 年增长 5.4%；基层群众性自治组织共有 61.2 万个，村委会 61.4 万个，同期增长 0.7%；居民小组 90.2 万个，居委会成员 61.2 万人，同期增长 3.9%，全年共有 19.1 万个村（居）委会完成选举①。

2. 农户组织的高效运营

在 2019 年 8 月，新闻发布会上农业部部长部达尔说："我们必须抓住每一个机会来让菲律宾农民生活更好，赋予他们权力，"他补充说，农业部现在将把农业视为一个产业，通过拥抱价值链体系并实现制度化。菲律宾从市、村各级民间社会组织中，每个地方固定一至两名工作人员作为各村的农险反贫困的宣传员，负责辖区内农民专业合作社的业务指导、政策咨询、信息统计等服务，每隔一段时间访问当地的农户组织并进行巡回调查研究，面对面解答农业保险反贫困制度方面的疑问，帮助农民深刻理解农业保险的扶贫作用和公益属性，解决地方农户组织在农业保险管理方面的问题，使各地方的农民组织高效地进行农业运营活动。表 8-4 列举了 2019 年经过菲律宾政府官方认可的民间社会组织名单。

---

① 数据来源：菲律宾统计局网站。

表 8-4　2019 年菲律宾官方认可的部分民间社会组织名单

时间	组织名称
2019 年 5 月	农业相关任务基金会
2019 年 7 月	新塞戈维亚合作社联合会
2019 年 9 月	自由农民合作社联合会
2019 年 11 月	菲律宾农学家协会
2019 年 11 月	西卡普/STRIVE

资料来源：菲律宾农业部网站。

（二）菲律宾农业保险反贫困的农户家庭组织性的不足

1. 农户年龄普遍老龄化

根据 2019 年农业部发布的报告，从 2008 年到 2018 年，菲律宾农业劳动力从 35% 下降到 26%。令人震惊的 9 个百分点的下降意味着农民的数量在不断地减少。截至 2020 年，菲律宾农民平均年龄 57 岁，劳动力稀缺将成为严重的问题。

为了鼓励年轻人对农业、渔业、饲养牲畜和类似的农业渔业活动感兴趣，确保农业不会退步，农业部的社会责任是制定相关行动计划。因此，菲律宾政府与私营部门合作，向年轻一代的菲律宾人重新介绍种植粮食的好处和优点，以吸引他们进入农业行业。但是，为了迎接这一挑战，菲律宾政府必须考虑，农业从来就不是对青年有吸引力的领域，它通常被视为补偿不足的辛苦劳动。

2020 年 8 月 20 日在一场题为"21 世纪菲律宾农业与经济"网络研讨会中，农业部部长说："菲律宾青年是确保菲律宾农业获得安全、有弹性的关键驱动力，从而在今年和之后几年实现更好的经济发展。鉴于我国农民老龄化，青年的参与对农业部门是一种必要的推动。"他补充说："我们在发展议程中有许多项目，支持学生和年轻的农工开办他们的农业渔业企业，并实现他们的愿望。"对于千禧一代，菲律宾农业部开通了"KAYA"金融支持计划，该计划为年轻人提供高达 50 万比索的无担保贷款，只需在五年偿还。菲律宾政府还强调，农业课程必须纳入正规学校课程，必须把实际所传授的东西与现有的技术进步和创新联系起来。鼓励使用智能手机、计算机、互联网和其他电信系统传递农业信息。随着菲律宾人口的持续增长，对粮食的需求将不可避免地增加。在这个前提下，菲律宾需要一代精神饱满、勤奋的菲律宾青年来拯救国家，政府也要重点帮助他们。

2. 大多数农户组织生产技术落后

菲律宾很多人都认为农业是一个枯燥乏味的部门，其中一个最常见的原因是缺乏机械设施和机械化中心。菲律宾的岛屿众多，农业土地过于分散，这也导致其农业的产出效率不高。总体而言，菲律宾目前的农业组织机械化服务发展特色是依靠农户家庭或者农民个体，仍然缺乏专业的机械化服务制度。虽然其发展的基本条件仍然落后，但是未来的菲律宾农业组织机械化的发展潜力，拥有备受瞩目的发展前景。

为了吸引更多的人参与农业发展建设，菲律宾农业部门计划分配投资和公共资金，用于建立更多的生产、产后和增值基础设施。2021 年，菲律宾政府将拨款总额 12 亿比索用于各种农业项目，用以改善生产和增加当地农民的收入。农业部部长达尔于 2021 年 1 月 29 日在普林斯萨港访问时宣布了这一消息，他在"稻米竞争力增强基金"（RCEF）下分发了价值 1.05 亿英镑的农业机械①。机械化支助是向普森萨港和附近各市的农民和渔民分发的其他援助和干预的一项措施。

二、菲律宾农业保险反贫困的农户家庭意识

政策性农业保险已不仅仅是防范自然风险的管理手段，更多地融入国家现代农业保险建设中，在农村的反贫困事业中发挥更大作用。但中国农民受到传统封建管理思想的影响，保险意识的淡薄严重阻碍了农险反贫困工作的

---

① 数据来源：菲律宾农业部网站。

发展进程。借鉴菲律宾加强农户农险反贫困保险意识做法，打造更好的平台，助力政府支农、惠农政策落地，推动现代化农业全面发展，激发农民的种植积极性，助力农业繁荣、经济发展。

（一）菲律宾农民对农业保险反贫困的意识

1. 农户的保险意识较强

菲律宾农业经济结构稳步调整、农村经济稳定发展，农民保险意识不断提高。2003—2020 年，菲律宾累计受益农户 2569 万户次，农户家庭农业保险的参保率自 2003 年的 28.54% 上升到 2020 年的 83.26%[1]。菲律宾居民识字率达到 94.6%，在亚洲地区名列前茅[2]。并且，菲律宾的劳动力成本远远低于其他发达国家的水平，这就导致其吸引了许多发达国家的保险公司在菲律宾开展农业保险业务，实施反贫困的政策性农业保险提高了菲律宾农户家庭对农业保险产品的认知程度与互助的心理意识，这为农业保险在更大的时间和空间上对分散农业风险起到重要的推动作用。

菲律宾可参加保险的水稻、玉米的生产者主要为下列两类：一类是贷款农民，这类农民强制参加；另一类是自筹资金农民，这类农民自愿参加。从实行效果来看，贷款农民对强制参加保险没有不满，其主要原因是保费补贴很高。与此同时，由于受到政府农业信贷政策的鼓舞，自筹资金农民参加保险的户数也在不断增加。

2. 农户参与农业保险的积极性很高

2020 年 7 月，菲律宾农业部在对农户保险意识的培训和推广方面，在农业培训学院（ATI）提供 16245 个奖学金名额。通过 ATI 等机构院校培训了 579 批农民以及 24 批种子种植者、检验员、分析员和其他推广中介机构，共有 18350 人参加[3]。菲律宾为农户家庭设置区域性风险管理机构，积极参与

---

① 数据来源：菲律宾农业部网站。
② 数据来源：菲律宾统计局网站。
③ 数据来源：菲律宾农业部网站。

农业保险的农民可在当地建立的 PCIC 地方代表处或通过已经取得授权监督
的农业保险机构管制代办，强制要求办理银行农业贷款的农户家庭参与，投
保的农民能够亲自体会农业保险的保障作用，从而加强农民对农业保险的认
知水平。PCIC 与各农业主管部门建立资金联系，农民可享受农业部与土改
部的农业保险保费补贴。PCIC 负责薪金的支付，进行经济活动的农村工作
人员在规定时间内向 PCIC 提供农作物保险标的种植和成效报告。

2020 年 PCIC 研究证明，农民政策性农业保险的需求水平较为理想，这
种农险形式的实践巩固了农民的保险意识，进一步提高菲律宾农户家庭的农
业保险参保率。与此同时，PCIC 总裁阿蒂·乔维·伯纳贝敦促农民鼓励他
们共同参加 DA 下的各种农作物保险计划，并向利益相关者提供改善服务，
包括使用现代技术，使农民能够方便地获得索赔。PCIC 还推出了自己的智
能手机应用程序，使理赔人员能够评估实地受损的农田，并及时将索赔评估
传送给 PCIC 区域办事处。

(二) 菲律宾农民普遍受教育程度不高

菲律宾农业生产力低下的原因之一是农民往往忽视学习政府提供给他们
的生产技术。2018 年菲律宾职业化农户因其掌握农业生产技术，对农村经济
发展的贡献占总体耕地的 80%、占总体农业产值的 50%[①]，远大于一般从事
农业生产的农户，但是职业化农户在该国比例较低，更多农民的种植能力和
保险思想仍然落后。农民个人的受教育程度和技术影响着农业保险反贫困事
业的根基。

2018 年 4 月前农业部部长皮约尔指示，农业培训学院 (ATI) 开发一个
模块，使农民和渔民能够有效地进行金融知识的学习，确保农民信任保险、
参与保险。金融扫盲方案将由农业信贷局与农业信贷政策委员会 (ACPC)
密切协调实施，将教育农民、渔民、牲畜饲养者、蔬菜种植者和其他农业利

---

① 数据来源：菲律宾农业部网站。

益攸关方深入了解保险的意义和作用，使他们能够明智地为缴费参保，避免风险带来的损失。2020 年 12 月，农业部支持参议院和众议院（HOR）的拟议立法，从椰子税的收益中设立椰子产业信托基金，为农民、其子女、农村妇女和青年提供奖学金方案，通过国际开发协会和农业培训学院，对农业种植者及其家庭提供在农场学校登记册中列出的培训教育，提高农民的受教育程度。

第五节　菲律宾农业保险反贫困的启示

从"福利三角"的视角来看，政策性农业保险根据一定时期的国家政策目标建立的，由市场、家庭机构（合作社等）协作运行的非营利性保险，旨在解决农民"因灾返贫"的困境。菲律宾政策性农业保险就是通过建立国家、市场与家庭三方的良性互动关系而发展起来的。中国发展政策性农业保险，也应积极从"福利三角"协作关系方面入手。借鉴菲律宾政策性农业保险对中国的发展具有重要的现实意义。本节通过回顾对国家、市场与家庭三个理论视角下对菲律宾农业保险反贫困制度的分析，提出以下五点关于巩固和拓展农业保险反贫困事业成果的相关建议，推进乡村振兴、加速促进农业农村现代化。

一、加大政府对农业保险反贫困的政策与财力支持力度

菲律宾的政策扶持和引导是其实践农业保险反贫困计划的关键，但在此实践过程中出现了财政补贴缓慢和政策执行力不足的问题。鉴于此，中国政府利用政策扶持和财政补贴干预与引导农业保险已成为国家推行宏观经济政策不可或缺的手段。政府可积极鼓励农业保险公司，提供农险反贫困持续有效运行的供需配套体系，探索多渠道的政策性农业保险推广制度，有效提高中国政策性农险的参保率与运行效率。此外，政府对农业保险提供津贴补助

可以使更多的贫困地区农户参保，有利于改善农户贫困状况。中国在发展过程中应明确农业保险的政策性，改革农业保险补贴政策、完善农业保险支持制度，同时避免出现菲律宾补贴缓慢和政策执行力不足的问题。

总结菲律宾在农业保险反贫困政策实施方面的经验教训，可提出以下建议：一是政府应该建立初始资本和农业保险准备金。只要是政府参与经营的农业保险都应由政府出资建立初始资本和农业保险准备金，尤其是当农业发生灾害受到损失之后，充足的农业保险准备金会帮助农民的灾后重建；二是政府应承担农业保险大部分的管理费和保险费补贴。其中包括农业保险费，专项宣传员的福利待遇、薪资以及基础化建设的资金消耗；三是对农业的税收实行优惠政策。农业保险制度是一种公益性的社会工具，同时拥有着政策属性。因此需要对农作物一切险的经营实行免税政策；四是完善与优化农业保险的反贫困制度。政府要创新农业保险的财政补贴方式，根据不同农村地区的实际情况适当地增加财政补贴投入，让农业保险反贫困效果更加显著；五是加强产品的创新，从单一性特定产品的农业保险保费补贴形式，逐步走向满足农户差异性的再保险体系支持等环节延伸，减少贫富差距，促进农村经济持续稳定发展。

二、建立健全农业保险反贫困的法律保障体系

菲律宾健全的法律制度体系和可操作性的法规是其实施农业保险反贫困计划的必要前提，但是在具体的实施过程中出现了法律监管不足的问题。中国要借鉴菲律宾的经验教训，完善现有农业保险反贫困的法律体系，保障法律法规的可操作性，在实践中不断查漏补缺，避免出现监管不足的问题，确保中国农业保险反贫困事业的成果不被破坏。

总结菲律宾农险反贫困法律制度体系的经验教训，可提出以下建议：一是以《农业保险条例》为基础，制定切实可行的行业指导规定，并出台有关业务环节的具体管理规范，以法律的形式保障农业保险的发展，确保农业生

产者的利益；二是在现行保险法与相关法规的基础上，有必要明确列出农业保险机构和地方政府的权力与职责。将地方政府具体保障责任设为前提，对疏忽政策性农业保险反贫困事业的相关机构予以相应惩罚。避免地方政府支持农业保险的随意性，并以此提高农户保险意识；三是政府在法律上为保险业务提供一定支持。对各农业保险公司的保险业务制定相应法律条款，这些条款应包含多层次的风险分散途径，使得农民参与的农业保险业务有法可依，而不仅仅是笼统地将农业保险纳入保险范围，无法发挥其应有功能。另外，强化管理和制度建设，提升农业保险可持续发展能力，确保中国反贫困政策性农业保险可持续发展；四是加强互联网技术在农业保险行业中的应用。现代农业保险监管机制中的风险预警、评价和监控等离不开互联网技术的支撑。农业保险的监管必须将风险的预警、评价和监控结合在一起，才能引导保险公司的经营方向，避免偿付能力不足引发的财务风险。在市场经济体制下，注重农业保险与互联网技术的融合，加快农业产业现代化进程，才能达到提升农业保险监管效率的目标。

三、因地制宜选择合理的农业保险反贫困经营模式

菲律宾的农业保险反贫困经营模式与农业部政策紧密结合，并且强制农民参与保险，确保农业保险发挥其反贫困的作用，但是由于农业保险的政策属性，导致其在经营过程中出现高额经营费用、业务效率较低等问题。所以在发展农业保险过程中，中国不能完全照搬菲律宾国家的做法，而是总结经验尽快建设符合国情的多元化政策性农业保险反贫困的经营模式，促进农业保险积极、健康发展。中国政策性农险反贫困经营模式整体指导方向应为政府支持型多种经营模式，如商业性公司以盈利性为经营目标，在追逐利润的激励下，可以提高经营效率、控制经营成本；而合作组织则可有效地规避道德风险和逆选择，减少甚至避免定损环节的纠纷，降低交易成本，提高经营效率。

总结菲律宾农险反贫困经营模式的经验教训，并且积累各地政府多种农业保险反贫困经营模式的探索与融合经验，可提出以下建议：一是应发挥政府经济与市场经济两种制度作用。政府的政策与财力支持是中国发展政策性农险反贫困最基本的保障，市场化风险分散机制则协同政府政策支持提高农险运行效率。在各地实施农险反贫困过程中，明确政府作用并以地方政府统筹协调为保障，在某些区域进行试点，根据实际发展情况进一步复制推广；二是借鉴菲律宾农险经营模式，中国也可试行强制农业保险与自愿农业保险相结合的经营模式，推出因地制宜的"保险+期货"模式，将巨额赔付风险分散，适当地将强制与自愿两种农险经营方式结合起来。在提高投保率的同时不仅为农业生产提供强有力的风险保障，也促进了农险反贫困制度发展的运行效率；三是结合农村金融，完善农业保险经营模式。通过保险公司开发出农业信用保险产品，由农业相关企业进行投保，让贷款机构担当受益人。农业相关企业可以替贫困农民可能面临的巨灾风险和其自身的信用风险投保农业信用保险产品，而贷款机构能够以农业相关企业购买的农业信用保险为根据，为其发放助农贷款；四是开展实施有各级政府保障的联合保险。由地方政府支持的互助保险公司经营农业，由于其经营成本符合市场规律，能够从根本上实现挽回农业损失的可能性，有利于农民积极参与，防止道德风险和逆向选择的发生。

四、积极探索新型农业保险反贫困的风险分散机制

菲律宾农业保险反贫困在设计风险分散机制方面建立了再保险制度，并且有充足的农业保险准备金，帮助分散巨灾对农业造成的风险，但是其再保险制度仍不够完善，也未充分地将先进技术运用到农业风险管理中。所以中国不能完全对菲律宾的农业保险风险分散机制照搬照抄，要结合本国的实际情况，设计合理的风险分散机制，将先进的信息技术运用到农业生产中，预防巨灾风险对农户带来的巨大损失，保障农村反贫困事业成果不受破坏。

总结菲律宾在农险反贫困风险分散机制方面的经验教训，可提出以下建议：一是建立中央财政支持下的农业大灾风险准备基金是应付农业保险巨灾风险损失的较好选择之一。其资金来源可以包括：政府财政预算拨款、经营农业保险的保险公司及再保险公司按保费收入的一定比例投入等①；二是完善中国的巨灾风险分散制度的建设。中国需按照政策引导、市场主导的原则建立再保险、建立健全巨灾准备金等分散农业保险的再保险体系。农业风险具有不确定性且不可避免，农户参与农业保险可减少损失。需要在《农业保险法》或《农业保险条例》等相关法律里明确农业再保险，使得农业再保险体系的运作有法可依，有章可循，推动中国农村经济发展，巩固农业基础地位；三是设立农业保险再保险公司，这是风险分散体系中欠缺的一个重要环节。中国农业保险主管部门应充分调动国内外商业保险机构的积极性，构建农业巨灾损失向国际市场分散的再保险公司机制，减少中国农业保险机构超常规损失。另外，设立农业保险再保险基金，根据再保险的不同类型给予不同待遇，使原保险人在遭受损失的时获得赔付保障；四是利用先进技术预防并监测巨灾风险。以国家农业的重大需求和农村农业现代化建设作为先进技术应用的主战场，不断地完善农业风险信息监测预警智能系统，突破对巨灾风险监测预警核心关键技术，继续深入开拓数字乡村智能化管理等关键技术的研究，加快促进农村农业现代化建设。

五、增强农户对农业保险反贫困的风险意识

菲律宾农户的保险意识和参保积极性是其农业保险反贫困计划实施的根本，但由于菲律宾仍然处于不发达阶段，很难迅速地提高农民的受教育程度，这也给菲律宾农业保险进一步拓展反贫困事业制造难题。农民是中国最大的社会群体，同时也是组织化和受教育程度最低的群体。由于缺乏组织性

---

① 庹国柱、朱俊生：《农业保险巨灾风险分散制度的比较与选择》，《保险研究》2010 年第 9 期。

和教育，农民整体力量相当弱势，其正当权益被忽视或者侵占，也降低了小规模农户参保积极性。中国应重点提高农民的组织性和受教育程度，保障反贫困事业的成果不打折扣。

总结菲律宾在提升农户组织的保险意识和组织性经验，可提出以下建议：一是加强农业保险宣传教育。国家、省、市、乡、村的各级政府管理的各分支机构可以通过在银行等公共场所和农业保险农村服务站播放宣传《农业保险条例》的电子滚动屏幕，在各乡镇村的政府机构张贴农业保险宣传海报，组织开展现场咨询活动，派遣专业宣传员深入农村向农户宣传农业保险的作用和意义，不断塑造农业保险良好的外部发展环境；二是各涉农单位要明确各自在农业保险工作中的角色定位，主动配合保险公司业务人员开展工作，双向开展保险宣传计划；三是在全国各乡镇开展以"保险必需，规避风险"为理念的农民合作社活动，提高农民的风险保障意识。农民合作社需要严格按照制度规章的标准因地制宜地进行种植养殖等生产活动，建立健全组织的经营管理制度和风险管控机制，提高农民合作社对于风险的管控能力。

第九章　俄罗斯农业保险反贫困的 SCP 范式理论分析

从反贫困视角来看，农业现代化离不开农业保险保障。尤其是对俄罗斯这样的大国来说，农业保险是国家降低农业风险、发展农村经济、提高农民生活水平和增加国民福利的重要组成部分，农业保险行业机制建设也逐渐成为国家反贫困的关键手段。就目前俄罗斯农业保险发展绩效来看，虽然取得了成绩，但仍有不足之处需要进一步改善。因此，如何构建更加完善的农业保险制度成为当下一个重要任务。本章以 SCP 范式为理论基础，探讨了俄罗斯农业保险在行业结构、行业主体、行业绩效方面的特征，指出俄罗斯农业保险发展的优势与不足，从而对我国农业保险发展提供宝贵启示，巩固和拓展我国农村脱贫攻坚成果，确保农民富裕富足。

第一节　农业保险反贫困绩效与 SCP 范式的理论分析

SCP 范式提出，不同的结构呈现不同的主体行为，从而影响市场绩效①。在不同外部环境下，会引起农业保险市场结构的多样化，并导致主体行为的

---

① Hege Gulli. *Microfinance and Poverty: Questioning the ConventionalWisdom*, New York: International American Development Bank, 1998, p. 62.

差异性，最终得到不同的绩效。本节中，第一部分简要论述了中外有关农业保险反贫困绩效的理论，同时也证明了农业保险反贫困的合理性，并对国内外相关研究现状进行借鉴与学习，在前人研究的基础上，明确了本书的研究方向；第二部分对 SCP 范式进行了定义的解释和发展脉络的论述，简要介绍了其前期的产生与中后期的发展演变历程，同时在收集整理文献的过程中，也结合了不同地区的数据指标，说明本书相关理论的科学性和合理性，并且指出本章节在分析的框架上选用的是 SCP 范式模型；第三部分从农业保险行业的反贫困绩效角度出发，研究与分析农业保险在市场主体、市场行为和市场绩效方面的推动作用，并从正反两方面对目前俄罗斯农业保险发展做出了客观分析，对探究我国农业保险如何守住 2020 年全面脱贫攻坚成果，促进保险行业快速发展，加速促进农业现代化具有重要意义。

一、农业保险反贫困的国内外研究综述

（一）国外农业保险反贫困的文献综述

国外对农业保险反贫困的探索始于对金融扶贫的研究。20 世纪 90 年代，国家金融业的发展与反贫困的关系开始受到广泛关注，并上升为学术界的热门议题。在研究初始阶段，一些学者将金融应用在反贫困问题中，他们得出金融具有打破贫困地区信贷约束的功能，同时有利于缩小城乡贫富差距，推动实现脱贫的最终目标[1]。也有类似观点认为，通过向农村贫困人群提供贷款、保险等金融服务，有利于帮助其扩大收入来源，一定程度上降低农村地区经济脆弱性[2]。有的学者则认为微型金融能够提高村民对闲散资金的利用

---

① Galor, Oded and Joseph, Zeira, "Income Distribution and Macroeconomics", *Review of EconomicStudies*, Vol. 60, No. 1 (1993), pp. 35−52.

② Janzen S. A., Carter M. R., Ikegami M. Can insurance alter poverty dynamics and reduce the cost of social protection in developing countries? *Journal of Risk and Insurance*, 2020, 32 (2): 344−363.

效率，实现最佳利用率，从而达到缓解贫困的作用①。通过研究财政补贴对农业保险的影响，获得保障的农户会根据自然灾害和赔付经验不断更新决策，从而达到反贫困的效应②。基于埃塞俄比亚地区金融业的发展态势，分析相关数据发现，银行、信贷、保险等金融机构的发展与金融行业的逐渐崛起，能够有效带动居民消费水平提高，刺激地区经济稳步上升，降低贫困的发生率。有的学者还提出，金融机构对国家和社会风险的遏制作用不仅表现在降低客户的损失风险上面，还表现在其自身所具有的内部控制和监察管理制度能够增强对存在违法倾向企业的辨别和掌控能力③④。随着研究的深入与成熟，人们借助"倒 U 型"曲线，得出金融发展与收入水平之间不同的数量关系，在初期，金融会导致一定程度上的分配不公平，但在中后期阶段，金融业的进一步发展会扩大受益群体范围，农村地区也可以享受金融服务带来的好处，逐渐缩小城乡收入差距⑤。

（二）国内农业保险反贫困的文献综述

随着我国保险业体系的日益成熟，国内有关农业保险反贫困的文献研究越来越多，还有学者对国际上不同国家农业保险发展的差异进行考察研究，为我国农业保险的发展提供了经验借鉴和科学理论指导。在中国的反贫困过程中，农业保险在保障农业生产、稳定农民收入方面发挥了积极作用，已成

---

①　Hege Gulli, *Microfinance and Poverty*：*Questioning the ConventionalWisdom*, New York：International American Development Bank, 1998, p. 103.

②　Cai J., Janvry A. D., Sadoulet E. Subsidy Policies and Insurance Demand. *American Economic Review*, 2020, 28（3）：1181-1120.

③　Swain R. B., Floro M., *Effect of Microfinance on Vulnerability*, *Poverty and Risk in Low Income Households*, *Department of Economics*：*Uppsala University*, 2007, p. 26.

④　Laura C. Huang, James R. Wong, Javier Alonso-Llamazares, Carlos H Nousari, Victor L Perez, Guillermo Amescua, Carol L Karp, Anat Galor, "Pseudopemphigoid as caused by topical drugs and pemphigus disease", *World Journal of Ophthalmology*, Vol. 5, No. 1（2005）, pp. 1-15.

⑤　Maurer, Noel and Haher, Stephen, "Related Lending and Economic Performance：Evidence from Mexico", *Journal of Economic History*, Vol. 67, No. 3（1999）, pp. 551-581.

为帮助我国农村贫困人口脱贫的一个重要工具①。近年，出现了通过指标来衡量农业保险的反贫困绩效。农业保障水平、农户所获福利和保险密度能够有效地反映出农业保险保障水平提高对于乡村经济贡献率的程度②；另一种被广泛认同的说法是，通过政府财政补贴增多、报销比例提升、封顶线提高、起付线减少这四个指标，得出农业保险的反贫困绩效③。理论研究表明，农民收入增长离不开财政支撑，对于不同贫困程度的农民政府可以采取不同的补贴机制，在多样化的农业保险补贴机制下，农民能更有效地摆脱贫困脆弱性④。考察研究全国 31 个省份中，不同区域农业保险支出与收入的相关数据，分析人均农业保险支出对农村居民家庭经营第一产业收入的影响程度的差异，得出农业保险对于大多数农民收入的增长起到了十分重要的促进作用。其中，政府重点扶持农业保险的省份对第一产业的贡献率更加明显。⑤

二、SCP 范式的理论分析

（一）SCP 范式的产生与验证

从产业组织结构理论的视角来看，在不同外部客观环境的相互作用下，会引起市场结构的多样化，从而导致企业绩效的差异性。结合产业组织理论，以哈佛学派的梅森和贝恩为代表，首次提出市场结构（Structure）、市场行为（Conduct）与市场绩效（Performance）之间存在的紧密联系与逻辑关系，并将其归纳总结成一个系统的、完整的分析框架，简称 SCP 范式。SCP

---

① 张建、徐景峰、康凯：《基于多重均衡模型的农业保险精准扶贫效果研究》，《现代财经》2020 年第 7 期。

② 罗静：《基于 DEA 模型的我国农业保险效率分析》，《经济学研究》2015 年第 4 期。

③ 黄薇：《保险政策与中国式减贫：经验、困局与路径优化》，《管理世界》2019 年第 2 期。

④ 景鹏、郑伟、贾若、刘子宁：《保险机制能否助推脱贫并守住脱贫成果？——基于资产积累模型的分析》，《经济科学》2019 年第 2 期。

⑤ 庹国柱：《中国政策性农业保险的发展导向——学习中央"一号文件"关于农业保险的指导意见》，《中国农村经济》2013 年第 7 期。

范式从特定市场结构、市场行为和市场绩效三个方面，分析了企业应对不同的外部条件时，会做出的战略行为调整，以及采取不同的应对措施。其基本含义是，市场结构是经济运行过程中的基础，它决定市场中企业的作为，市场行为的差异性又直接导致最终不同的绩效结果。依据该理论，企业为了获得最佳市场绩效，要重视三者之间的紧密联系，适时优化市场结构，合理地调整市场行为。许多学者针对行业市场结构—效率—绩效的相互关系进行了验证与分析。在这一理论形成早期，一些国外学者分析检验得出，传统 SCP 理论假设符合行业发展一般态势[1][2][3]，这为后来理论的成熟与发展奠定了基础。

（二）SCP 范式的发展与演进

科斯、诺斯等人在 SCP 范式的基础上，以交易费用理论为切入点，结合产业组织制度来研究产业发展相关的系列问题，这些新制度经济学的代表人物被当今学者们称为"后 SCP 流派"[4]。该学派的学者们深入分析交易双方交易时的成本和产权问题，并提出：第一，市场结构作为经济活动的外生变量，不同的市场结构是在制度的影响下形成的；第二，经济主体的交易行为对于经济活动的最终选择和交易成本也有直接影响；第三，交易双方的产权也会影响市场绩效，通过明确产权有助于避免交易双方存在的信息不对称，降低交易过程中的风险，提高交易资金的利用率，有利于交易活动高效平稳运行。也有学者认为，通过建立有效合理的机制有利于激发经济活力，激励

---

①　Thompson Paul H., "Management Control of Personnel", *Journal of Accountancy*, 1974, p. 34.

②　Kahane, "Technical Note-Insurance Exposure and Investment Risks: A Comment on theUse of Chance-Constrained Programming", *Operations Research*, *Vol.* 25, *No.* 2 (1977), *pp.* 330–337.

③　M. McCabe, Robert C. Witt, "Insurance Pricing and Regulation under Uncertainty: A Chance-Constrained Approach", *The Journal of Risk and Insurance*, Vol. 47, No. 4 (1980), pp. 607 –635.

④　刘家顺：《产业经济学》，中国科学出版社 2006 年版，第 153 页。

经济主体投入第一产业生产之中，从而有利于良好社会秩序的构建，保障了社会合理分工与相互合作的有序进行，实现社会福利的最优化和市场绩效的最大化。随着时代的革新与科研水平的进步，学者们开始借助不同的指标来衡量绩效。在美国，市场集中度较低的私人农业保险公司，其经营绩效相对来说比较高①②。而当用经济损失率作为指标衡量市场绩效时，保险行业的市场结构、行为与绩效的关系会受不同保险险种的影响而产生差异，究其原因，是由于多样化的保险种类形成的供需数量差距所造成的③。

三、基于 SCP 范式的农业保险反贫困的理论分析

上一部分中提到，SCP 范式认为市场结构决定效率，进而影响绩效。学者们通过选取指标对农业保险投入与产出进行有效估计与科学输出。其中，市场集中度和供需平衡度被众多学者认为是市场结构的重要内容和指标，反映了同一行业不同企业之间的竞争力关系④；业务创新能力和行业人才储备是市场主体行为的组成要素，有利于扩大企业规模，提高企业的利润，推动良好社会结构的建设和企业竞争力的提高⑤；社会福利覆盖率和保险补偿水平是衡量保险市场绩效的重要指标。农业保险作为农村风险分担的金融服务机制，有利于减轻农民农业经营负担，减少贫困人口发生率，也有利于整合

---

① Hueth D. L., *Economics of agricultural crop insurance: theoryand evidence*, Dordrecht: *Kluwer Academic Publishers*, 1994, p. 38.

② Klein R. W., "Federal crop insurance: the need for reform", *Journal of Insurance Regulation*, Vol. 39, No. 11 (2008), pp. 23-63.

③ Swain R. B., Floro M., *Effect of Microfinance on Vulnerability*, *Poverty and Risk in Low Income Households*, Department of Economics: Uppsala University, 2007, p. 134.

④ 朱俊生、张瑞红：《互联网医疗助推医疗服务改革》，《中国人力资源社会保障》2017年第10期。

⑤ Fabian Capitanio, Maria Bielza Diaz-Caneja, Carlo Cafiero, et al., "Does market competitiveness significantly affect public intervention in agricultural insurance: The case in Italy", *Applied Economics*, Vol. 43, No. 27 (2010), pp. 4149-4159.

农业资金①，形成风险分担体系，扩大金融服务边界，有力地推动反贫困事
业的发展。本书通过分析俄罗斯农业行业的生产特性，并合理运用农业保险
这一政策性金融手段，不断增强以农业保险为重要举措的反贫困效应，获取
如何推进反贫困事业进程的启示，进而对我国巩固和拓展脱贫攻坚成果、促
进农业高质高效的发展具有显著的理论和现实意义。

第二节 俄罗斯农业保险的市场
结构对反贫困绩效影响

市场结构是现代产业组织理论之一，也是 SCP 框架中最基础的概念和研
究主题②。在 SCP 理论框架中，衡量市场结构的指标主要是市场集中度和产
品的供求关系。所以，本节内容通过选取市场集中度和产品供求平衡度这两
个指标，对俄罗斯农业保险业的行业结构进行深入探讨，对比分析并得出不
同的市场结构将对反贫困产生不同程度的影响。

一、俄罗斯农业保险市场集中度对反贫困绩效影响

市场结构是现代产业组织理论之一，主要是指在某个特定的市场，各个
主体在交易活动中所占的份额和所具有的竞争特性，其中最重要的指标就是
市场集中度。市场集中度不断降低有助于促进市场的壮大，能为行业发展带
来最大绩效；而较高的市场集中度会对市场发展水平具有显著的抑制作用，
不利于开发整个行业自身发展的创造性③。通过分析俄罗斯农业保险市场集

---

① 李丹、魏帅：《农业保险高质量发展探究——基于财政补贴、市场竞争、产品管理视
角》，《理论探讨》2021 年第 1 期。
② 祝仲坤、陈传波、冷晨昕：《市场结构如何影响了农业保险规模——基于 2007—2013
年的省际面板数据》，《保险研究》2016 年第 2 期。
③ 胡炳志：《金融管制的产业经济学分析》，《产业经济研究》2003 年第 1 期。

中度的变化，从而对我国农业保险市场发展提供启示。

（一）俄罗斯农业保险市场集中度近年来呈下降趋势

1. 早期俄罗斯农业保险市场集中度达到最高

苏联时期，国内仅有两家国有保险公司，国家保险公司（Rosgosstrakh），它主要负责向个人提供人寿和财产保险；另一家是对外贸易保险公司（Ingosstrakh），由于它覆盖面广，对内和对外都开展了保险业务，所以从业务量来看，它承保业务量最大、规模最大。从当时保险业务分布结构来看，90%的保险业务集中于这两家保险企业，而且自愿保险只占总保险额的40%多，有将近60%[①]是强制性保险，对普通大众来说保险还没有成为一种长期有效的投资。市场集中度的畸形增长，使得该时期农业发展水平低下，并对政府存在着高度依赖性，1985年，政府对农业的补助高达2270亿卢布，占农业总投入的68%，余下32%由农户自行承担，由于农业保险对风险保障的薄弱性，一些农场主积累了大量债务，农业经营成本上升导致农场收益骤减，到20世纪90年代，90%的大农场都处于亏损状态，国家经济发展水平处于低迷状态。[②]

2. 苏联解体后农业保险市场集中度的调整

1992年苏联解体，旧的国家保险体系已不再适应经济转型的需要。俄罗斯在加快商业保险体系调整的同时，鼓励并保护农业保险业的市场发展和良性竞争。1999年，时任职俄罗斯总统叶利钦修改和补充《俄罗斯联邦保险业务经营法》，该法案目的是限制俄罗斯以外的其他国家保险公司的经营活动。该法颁布之后，俄罗斯保险市场蓬勃发展。至2000年左右，俄罗斯国内注册了2600多[③]家保险公司，这些公司以莫斯科、圣彼得堡为中心，分布在周边大中城市和经济发达地区，一定程度上降低了市场集中度；从农业产

---

① 数据来源：《欧亚经济2017》。
② 数据来源：俄罗斯联邦统计委员会网站。
③ 数据来源：博思数据研究中心网站。

量来看，农产品数量缓慢增长，食品供应逐渐稳定；从收入水平上看，经营收入大幅度增长，2005 年，三分之二的农场实现扭亏为盈；从对国家反贫困的贡献上来看，农业作为经济基础集中了俄罗斯国内约 13% 的基本生产设备和 14% 的劳动力，产值约占生产总值的 6%①，城乡收入差距有所缩小，农业失业率也大大降低。

3. 新时期俄罗斯农业保险市场集中度的优化

进入 21 世纪，俄罗斯农业保险业进入了繁荣时期。国内农业保险公司纷纷设立遍布全国的分支机构，从 1999 年全国共 4820 家分支机构，到 2020 年增加至 7000 多家，各大农业保险公司还通过利用网点布局密集的优势，优化了市场和产品的结构，大大降低了市场集中度，激发了市场活力。普京认为，俄罗斯通货膨胀率史无前例般降到了 5.7%，离不开农业部门的突出贡献。而农业水平的飞速进步离不开农业保险市场的迅猛成长和理赔业务的日益成熟②。2020 年，作物保险的土地面积占全国耕地总面积的比例已经接近 60%，农业保险广度的扩大，使更多农户得到了有效的保障，并推动俄罗斯农业增长了 8%，进而使得俄罗斯反贫困事业产生了良好的绩效③。

(二) 俄罗斯农业保险市场集中度依旧过高

1. 从 HHI 指数看——俄罗斯有下降趋势，但依旧过高

市场结构的主要衡量指标是市场集中度，常用的指标之一为表示相对集中度的赫芬达尔-赫希曼指数（简称 HHI 指数）④。美国司法部门对 HHI 指数进行了分类：当 HHI 指数处于 0.18—0.3 之间时，市场属于高寡占 I 型；当 HHI 指数超出 0.3 时，则为高寡占 II 型市场。俄罗斯在 2010—2020 年间，

① 数据来源：《2013—2020 年农业发展和农产品、原材料和粮食市场调控国家纲要》。
② 数据来源：俄罗斯联邦统计委员会网站。
③ 数据来源：俄罗斯农业部网站。
④ 邵全权、柏龙飞、张孟娇：《农业保险对农户消费和效用的影响——兼论农业保险对反贫困的意义》，《保险研究》2017 年第 10 期。

农业保险行业 HHI 指数从 0.36 下降至 0.32，体现了市场的良好发展态势①，尽管经过俄罗斯政府管控有所下降，但仍然处于高寡占 II 型。在高市场集中度影响下，行业缺少有效竞争的推进，而且低承保率不利于为农民提供风险保障，加剧了农业行业的压力。

2. 从市场份额看——俄罗斯市场份额集中度高

规模经济理论认为，企业在成长初期只有取得一定市场份额，才能有更大的生存和发展空间，进一步获得规模效益。而在此之前，新企业不可避免地处于市场竞争的劣势位置。在规模经济的影响下，新兴农业保险企业由于业务量小，经营风险大，难以应对赔付问题，加上近几年，俄罗斯越来越多的新法规出台使得保险市场的很多小型保险企业难以生存，市场集中度的问题也得不到解决。从 2019 年保费收入来看，前 10 大保险公司拥有整个市场的 55% 的市场份额，前 20 大公司拥有 68.87% 的市场份额②。高度集中的市场份额，使得保险公司无力通过增加大量风险单位来分散农业风险（如表 9-1）。由于保险市场的不均衡，这些损失大都由农民自己承担，许多农民一夜之间倾家荡产，给该地区反贫困事业以沉重打击。

表 9-1　2014—2019 年俄罗斯农业保险公司经营情况

年份	2014	2015	2016	2017	2018	2019
已注册农业保险公司数量（家）	369	334	256	234	212	187
农业保险公司分支机构数量（家）	5321	5434	5523	5476	6123	6019
注册资本（卢布）	1506.3	1720.5	2012.4	2532.7	2834.1	3420.6
已签约合同数量（亿份）	0.96	1.064	1.18	1.38	1.47	1.58
保费收入（亿卢布）	5061	6140	7750	9547	9790	10230

资料来源：俄联邦国家统计局：《俄罗斯统计年鉴（2020）》。

---

① 数据来源：《国际统计年鉴 2020》。
② 数据来源：俄罗斯中央银行网站。

二、俄罗斯农业保险市场供需结构对反贫困绩效影响

产品供求关系是市场结构的一个重要指标，市场供需平衡能对市场行业带来良好的经济效益，并推动该行业快速发展；反之，市场供给不足不利于激发该行业的经营活力，市场需求不足就会导致市场经济发展缓慢[①]。本节通过研究俄罗斯农业保险市场供需关系，从而促进我国农业保险市场供需结构均衡发展。

（一）俄罗斯农业保险供需趋于平衡

1. 俄罗斯农业保险企业的增加产生了良好经济效益

从供给结构来看，俄罗斯保险业经历了由国家操控到市场经济的巨大变革，由早期仅有两家国有保险企业，到经济过渡时期，保险企业雨后春笋一般迅猛增加。仅几年时间便由最初的寥寥无几，迅速发展到几乎遍布全国。而在推动俄罗斯农业发展的几大要素中，农业保险起到了至关重要的作用，从而也直接影响了国家 GDP 的增长变动。2000 年普京上台执政后，将推动农业重现辉煌地摆在国家战略中最重要的领域，他说道："俄罗斯经济的复兴离不开农业的复兴。"俄罗斯在 2000 年时名义 GDP 仅为 7.3 万亿卢布，到了 2020 年初上升至 109.36 万亿卢布[②]，名义 GDP 在进入 21 世纪以来增长了约 15 倍，而其中，农业科技的贡献率高达 60%[③]。

2. 俄罗斯农业保险需求结构的优化推动了行业规模效益

从需求结构来看，俄罗斯占地面积 1700 多万平方公里，是全球面积最大的国家，其中有潜在农用价值的土地约 4 亿公顷[④]，同时，俄罗斯地广人

---

① 李雪飞、新望：《城乡市场供需结构失衡的表征、原因及其调整》，《中国农村经济》1999 年第 3 期，第 42—45 页。

② 数据来源：俄罗斯联邦统计局网站。

③ 数据来源：《俄罗斯东欧中亚研究 2020》。

④ 数据来源：《世界发展指数 2016》。

稀，得天独厚的天然条件在推动农业发展的同时，也激发了农业保险的潜在市场需求。在农业保险的有效供给与高保障水平下，2020 年是俄罗斯农业发展的第二大丰收年，其中粮食总产量达到 1.31 亿吨，仅次于 2017 年的 1.355 亿吨；与此同时，俄罗斯的小麦市场份额从 21 世纪初以来翻了两番，据统计，仅仅 2018 年整整一年就向全球出口了 3520 万吨小麦①。农业保险带动行业经济效益提高的同时，也推动国家 GDP 的同步增长，进而实现良好的反贫困绩效（见图 9-1）。

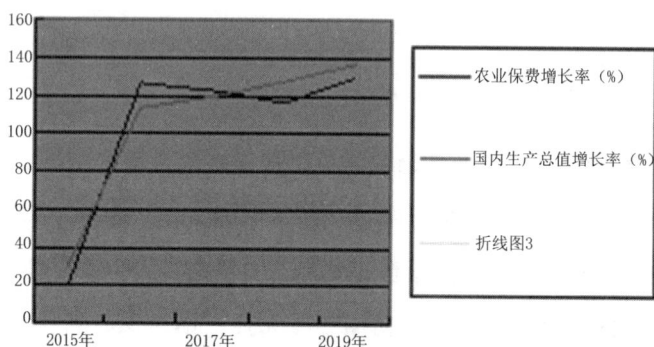

数据来源：俄罗斯联邦农业部。

图 9-1　2015—2019 年俄罗斯农业保险与国内生产总值增长率

（二）俄罗斯农业保险供需仍有缺陷

1. 俄罗斯农业保险企业供给仍存在不足

俄罗斯的保险市场充满了激烈的竞争，俄罗斯采取市场化的政策来支持保险市场的发展。因而俄罗斯保险市场充斥了各种规模的保险机构，中小保险机构的数量甚多。而同时这些中小保险机构很容易成为被大型保险机构兼并的"猎物"。在 2008 年全球金融危机的冲击和俄罗斯政府不断提高监管标准的背景下，俄罗斯的保险市场结构发生很大变化，加上俄罗斯近年来不断

---

① 数据来源：俄罗斯农业部网站。

提高保险机构的最低注册资本以及准入条件，使得许多中小保险机构被淘汰。截至 2019 年，注册保险公司数量已经锐减到 187 家，相对于 2004 年的 1063 家，注册保险公司数量减少了 83%,① 不利于激发保险业的经营活力。

2. 俄罗斯农业保险需求结构仍存在差异

目前俄罗斯的需求结构已经优化，但仍存在缺陷，俄罗斯农民很少会自愿投保农业保险，主要是因为支付保险费（尤其是在春季）过高和缺乏对保险的本质作用的了解，加上农民心存侥幸心理，所以农民自愿投保是极为罕见的。根据俄罗斯农业部在 2008 年的统计，俄罗斯农作物保险覆盖不到总播种面积的三分之一，尽管有政府政策的支持和生活水平的改善，2020 年农业保险覆盖率翻了一倍②，但俄罗斯保险公司提供的农业保险仅覆盖常见农作物，而缺乏为水产养殖和农业生产者财产提供保险，农业保险无法对农业提供全面保护，不能全面地为农民分散风险，对反贫困事业产生了消极影响。

第三节　俄罗斯农业保险的市场主体
行为对反贫困绩效影响

市场主体指的是在市场经济条件下参与市场活动的个人或组织，如生产者、经营者以及消费者③。农业保险公司是农业保险的市场主体之一，其业务创新能力对行业的走向和发展态势至关重要，而公司的人才储备也直接影响企业的经济绩效。本节内容选取业务创新能力和人才储备作为分析行业主体行为绩效的指标，对俄罗斯农业保险业的行业主体行为进行研究，通过对比得出不同的市场主体行为对反贫困产生的不同程度的影响。

---

① 数据来源：俄罗斯中央银行网站。
② 数据来源：俄罗斯农业部网站。
③ 王克稳：《论市场主体的基本经济权利及其行政法安排》，《中国法学》2001 年第3 期。

一、俄罗斯农业保险公司业务创新能力对反贫困绩效影响

保险公司业务创新是市场主体行为一个重要组成部分，保险公司业务创新能促进人才发展、提高创新技术、保障绩效从不平衡、不全面到平衡、全面发展；保险公司业务创新不足会影响公司员工的主动性和积极性，不利于对农民提供全面的保障，不利于有效发挥保险保障功能①。本节通过分析俄罗斯农业保险公司业务创新的优势与不足，进而完善我国农业保险公司业务创新发展。

（一）俄罗斯重视农业保险业务创新

1. 俄罗斯农业保险范围及形式上的创新

在人类行为的约束体系中，非正规制度具有十分重要的战略地位。对于俄罗斯来说，非正规制度对保险业的创新发展起到十分重要的作用。由于保险意识的差异和农业保险发展的现实状况，所以俄罗斯在推进农业保险创新的过程中，从客观经济基础出发，制定了一系列农村发展规划。从范围来看，提出将作物保险土地面积占全国耕地总面积的比例从原来18%的比率，提高至40%，增大了对粮油、第二产业工业品原料、第一产业农作物等的赔偿范围；俄罗斯联邦在世界上首次成功地建立了保险覆盖范围广的农业保险机构及机制，其保险范围包括干旱、积温不足、洪涝、干旱和人工灌溉资源匮乏以及其他不寻常的天气等自然风险，以及对疾病、虫害和火灾等农作物灾害提供保障。农作物保险的覆盖水平由50%提高到70%。

同时，俄罗斯结合农工综合体，将保险责任范围扩大到从农业生产、销售到服务的各个环节。从形式上看，保险企业通过建立农业保险储备金，保证发生巨灾后保险公司积累的资产足以弥补和赔偿。在创新驱动力的作用

---

① 戚文海：《创新经济：经济转轨国家经济发展道路的新取向——以俄罗斯为研究重点》，《俄罗斯中亚东欧研究》2007年第6期。

下，俄罗斯农业保险行业对巨灾的赔偿水平大大提升，赔偿金额也由 2010
年的 277 亿卢布增加至 2019 年的 923 亿卢布①。

2. 俄罗斯农业保险产品内容的创新

俄罗斯重视创新对提高经济绩效的乘数效应。2009 年起，俄罗斯创新发
展以信息技术为核心的高新技术农业保险产品，如区域产量险、天气指数险
等，通过将损害程度指数化，有利于农业保险企业攻克承保、定损和理赔的
难题。科技与保险的结合便利了农户与保险公司的双向交易，刺激了农户参
保的积极性，激发了保险公司的市场活跃度，提高了经济效益，降低了农户
的参保门槛，推动了反贫困进程。俄罗斯经过近 10 年间不断创新业务，进
行农业保险内容创新，提高农业保险的覆盖率，截至 2019 年，农业保险覆
盖率已经提高到 70%②，极大地推动了反贫困事业发展。

（二）俄罗斯农业保险业务创新的不足

1. 俄罗斯农业保险业务创新周期过长

任何一种农业保险产品都有其周期性，如果不能适应外部环境变化而及
时创新，就必然发展不起来，2010 年，俄罗斯遭遇了罕见干旱，粮食产量减
少约三分之一，当年对粮食的保险只有完全成本保险，即在生产的过程中出
现了波动，如受到病害或者天灾的影响，只会获得相应的成本补偿。而对于
农民的收入损失保险也是近几年才开发研究出来的，农民在购买了这款保险
后，对那些因为灾害而导致价格下跌的农产品，都能以同等的市场价格获得
相应的赔偿。因此，不管粮食产量、品质出现问题而导致价格降低，农民都
不会因此遭受损失。农业保险业务创新周期如此之长，对农民造成的影响较
大，农民在这段时间因遭受自然灾害，缺少农业保险的保护而导致收入直接
受损（表 9-2），直接危害农民的生活水平。

---

① 数据来源：中华人民共和国农业部网站。
② 数据来源：俄罗斯农业部网站。

表 9-2 俄罗斯农民 2015—2019 年小麦损失金额

	2015 年	2016 年	2017 年	2018 年	2019 年
收购价格（卢布/吨）	27972	26205	28102	30123	31027
损失金额（亿卢布）	1023.32	1123.45	982.77	762.93	525.45

数据来源：俄罗斯农业部网站。

2. 俄罗斯农业保险业务创新缺少明确的法律保护

目前俄罗斯政府没有明确的法律去保护农业保险公司开展业务创新，2006 年颁布的《俄罗斯联邦农业发展法》以及 2016 年颁布的《俄罗斯联邦保险机构法》对农业保险公司仅仅只有政策补贴支持：对于那些农民从保险机构获得贷款将由联邦主体从联邦预算中获得的补偿金进行补偿。但补助金不超过其实际支付费用的 95%，而没有对于其公司的创新业务进行保护。

缺少法律保护的农业保险公司在进行业务创新的时候，一方面保险产品易于被模仿，另一方面保险产品创新难以得到专利保护，使创新企业的优势得不到保护，挫伤了一些农业保险公司进行业务创新的积极性。俄罗斯农业保险产品的创新周期平均时间为 3 个月，相比于其他欧美国家要足足多一倍时间①。而当出现热销的保险产品，各大保险公司就会争相借鉴，从而满足不了多元化的保险需求。也存在一些农业保险公司缺乏市场调查而导致设计出来的产品脱离市场需求。再加上产品开发是一项技术性很强的，而保险产品创新本身具有风险性，可能失败带来较大的损失，因此一些农业保险公司出现了畏难情绪，采取跟进、模仿的策略，也正是因为缺少必要的法律保护，从而不利于农业保险的业务创新。

---

① 数据来源：俄罗斯中央银行网站。

二、俄罗斯农业保险公司人才储备对反贫困绩效影响

农业保险公司人才储备会直接影响企业的经济绩效，人才储备充分和人才优势会给保险业带来巨大的经济效益，进而推过社会发展；反之，当人才供给不足和人才两极分化则会导致保险公司的工作效率低下和服务质量不足，进而影响农业保险的推广[①]。本节通过分析俄罗斯农业保险人才储备来为我国全面开展高质量农业保险人才建设提供宝贵建议。

（一）俄罗斯农业保险人才储备充分，人才培养速度适应经济发展需求

1. 俄罗斯农业保险行业人员优势明显

效率差异化理论认为，提高行业人员的素养与能力，可以有效提高企业运作效益。这一理论又被称为"管理协同假说"[②]。在这一理论的指导下，俄罗斯农业保险行业无论是从企业管理还是经营方式都形成了自身的竞争力，即拥有了能提高企业经营管理绩效的人才。俄罗斯农业保险行业拥有高效的管理团队和优秀的人才储备。俄罗斯前总理弗拉德科夫曾经说过：必须高度重视知识资源、人力资本来推动行业发展。俄罗斯重视人才对农业保险行业的影响，充分吸收全国各个地区的专业人才，承担着开展农业保险的任务。俄罗斯联邦政府对高等教育机构的拨款从 2006 年的 2 亿卢布增至 2019 年的 20 亿卢布，共 57 所[③]高校进入教育规划行列，其中政府明确提出要大力培育农业保险方向人才。

---

① 许飞琼：《中国保险业人才战略：现状、目标与关键措施》，《保险研究》2011 年第 12 期，第 108—112 页。

② Jack Sinden, "Editorial-Decision rules, government rules, and the costs of vegetation protection in New South Wales", *Journal of Forest Economics*, Vol. 9, No. 1 (2003), pp. 56-62.

③ 数据来源：中华人民共和国农业部网站。

2. 俄罗斯人才优势为农业保险业带来巨大的经济效益和社会效益

从 2014 年到 2019 年期间，俄罗斯在农业保险方面共培养了约 20 万①相关人才投入各个保险市场。并且，俄罗斯培训机构已开始系统地培养保险和精算方面的专家，通过他们深厚的理论知识和丰富的承保经验，为保险公司运营提供保障。在人才的推动下，俄罗斯农业保险行业飞速发展，保障水平逐年提高，年均保费增长速度接近 5%②，成为世界上农业保险发展最快的国家之一，大大提高了农民生活质量，使保险公司与农户实现"双受益"，提高了社会福利，推动了俄罗斯的反贫困效应。

（二）俄罗斯农业保险专业人才短缺，人才多集中于大城市

1. 俄罗斯农业保险专业人才依旧短缺，不利于保险行业的高质量发展要求

农业保险标的的特殊性决定了其可保性较差的特征，由于缺乏大量的数据，相关的精算、测量技术难以到位，因而保险公司在农业保险的经营中面临风险不易确定与不易分散，农业保险的费率难以计算等问题，能够担任专业技术岗位的人才凤毛麟角，这影响了保险公司的工作效率和服务质量。尽管俄罗斯培训机构已经培训了大量的人才，但对于俄罗斯这个农业发达的国家还是远远不够的，截至 2019 年，俄罗斯农业保险就业人员将近 40 万，但俄罗斯是个农业大国，这么多的从业人员仍不到农民数量的 1%③，这也导致在农业保险服务上面的人才匮乏，从而影响农业保险的发展，耽误了农业保险反贫困事业的进程。

2. 俄罗斯农业保险人才多集中于大城市，人才两极分化严重

俄罗斯农业保险发展极度不平衡，2019 年上半年仅莫斯科一市保费收入

---

① 数据来源：俄罗斯农业部网站。
② 数据来源：俄罗斯联邦统计委员会网站。
③ 数据来源：俄罗斯农业部网站。

即占全国的 50.8%，是整个远东地区的 25 倍。① 作为俄罗斯最发达的城市，俄罗斯的首都，可以说经济状态相对发达和稳定，全国 187 家保险经营主体中多数公司集中在莫斯科、圣彼得堡两个联邦直辖市及经济发达州的首府，这就导致专业人才全都流向了大城市。如果只针对发达城市进行大幅度的推广，却忽视了其他中小城市的保险业推广，这会使得农业保险人才两极分化，极大地影响农业保险的推广。俄罗斯目前还有好多州没有本地注册的保险公司，这与俄罗斯国家经济发展不均衡，资源和财富大量集中在莫斯科等大城市有关，应该积极改进和完善，必要时推出特殊农业险种以符合当地的收入水平。

第四节　俄罗斯农业保险的市场绩效对反贫困绩效影响

市场主体的结构和行为的不同，会导致企业最终经济绩效的不同，即市场绩效存在着差异性。近年来，俄罗斯保险行业的市场绩效取得了良好成效，结合 SCP 理论，两个重要表现在于政府对农业保险的财政补贴力度逐年增大，农业保险赔款的补偿水平也在逐渐提高。本节内容将政府财政补贴力度和农业保险赔付对于农业风险损失的补偿比重作为指标，从而有利于深层次分析研究俄罗斯农业保险行业的绩效。

一、俄罗斯农业保险财政补贴对反贫困绩效影响

国际经验表明，农业保险反贫困绩效的实现离不开政府财政上的大力支持。有学者指出，若要保证农业保险持续发展，就必须有政府对其进行保费

---

① 数据来源：俄罗斯联邦统计委员会网站。

补贴，这样既能将农民的吸引力集中，又能发挥农业保险的保障作用[①]；相反，政府农业保险财政补贴缺位也会抑制当地农业的发展，限制了政策性农业保险保障功能的实现。本节通过研究俄罗斯政府财政补贴机制从而帮助我国政府避免陷入困境，更好地为发展农业巩固脱贫攻坚成果。

（一）俄罗斯农业保险得到政府财政的大力支持

1. 俄罗斯政府在不断完善农业保险补贴机制

2006 年，俄罗斯通过了《俄罗斯联邦发展农业法》，该法第 12 条明确提出，国家采取多种方式对农业保险予以支持。此部法律的出台，使得农民获得保险赔偿数额的大小完全取决于实际损失，且政府拨付的保险补偿都是直接打到保险公司账户，后续保险金也是由保险公司直接给付，不经任何其他第三方机构涉入，从而能够最大程度地保证保险过程中的公平性与正义性，也有利于增加理赔过程的透明性，防止贪污腐败现象。由于受到政府的大力扶持，俄罗斯农业快速发展，粮食产量也在逐年提高，不仅满足了国内需求，还出口国外。2015 年 7 月—2016 年 6 月，俄罗斯小麦出口量 2450 万吨，超过加拿大和美国，成为全球最大的小麦出口国[②]。2020 年，俄罗斯政府部门重点强调了农业保险对于现阶段国家经济质的飞跃的重要意义，为农户提供了 90 亿卢布[③]作为农作物保险补贴，并按照受灾程度赔偿，受灾严重的农户获得相应的保险赔偿，从而有效地避免了绝对平均主义的弊端，实现了农业保险反贫困的相对公平。

为进一步完善农业保险补贴机制，修正草案《关于农业保险方面的国家支持》已被俄罗斯农业部于 2020 年 8 月完成修订，该草案提高了农业保险

---

① Burgess, Robin and Pande, Rohini, "Can Rural Banks Reduce Poverty? Evidence from the Indian Social Banking Experiment", *American Economic Review*, Vol. 95, No. 3 (2005), pp. 780-795.

② 数据来源：俄罗斯联邦统计委员会网站。

③ 数据来源：俄罗斯联邦统计委员会网站。

的覆盖率，并能够有效地通过国家财政补贴力度增加，从而减轻农民负担。预计 2021 年实行的新法案增加了一条针对紧急情况的保险，该保险能确保农民在政府宣布紧急情况时获得保险补偿。除此之外，俄农业部将进一步加大补贴额度，从原来的 50% 增加到 80%，此举也提高了农民的积极性。

2. 俄罗斯财政补贴机制助推反贫困事业快速发展

俄罗斯经济增速在 2015 年下降了 3.7 个百分点，2019 年持续下降。基于此，俄罗斯政府大力推进农业产业繁荣复苏，有利于带领国民经济走出低迷状态。而俄罗斯农业的复苏离不开农业保险的快速发展，农业保险不仅能有效保障农民粮食安全，而且大大推动农产品产量提高，从而有利于增加出口和外汇，进而增加国家财政收入。由此，俄罗斯大力倡导"政府+企业"的新型保险反贫困机制，相较于传统的农业保险保障，提高了资金使用效率，改善了农民生活水平，使得俄罗斯农业保险平均赔付率增长至 80%①，带动农业进入一个新的发展阶段，农业对国民经济也起着越来越重要的保障和推动作用。所以说，政府对农业保险提供补贴，具有合理性与正义性，从微观上来看，既能有效支持农业保险发展，又能提高农业产业的经济效益；从宏观上来看，行业的发展和壮大同时也能拉动整个国家产业经济的成长，刺激社会经济迅猛发展，从而大大提高反贫困绩效。

（二）俄罗斯农业保险财政补贴仍有不足

1. 补贴种类不全面

现有俄罗斯农业保险补贴品种少，针对性还需进一步加强。首先，截至 2020 年，列入国家财政补贴的农作物品种仅有 15 种；列入国家财政补贴的养殖业品种仅有 7 种。如 2008 年俄罗斯土豆种植面积 420 万亩，产出马铃薯 4600 吨②，但当年却不在俄罗斯农业补贴品种之列，严重抑制了当地农业保

---

① 数据来源：俄罗斯联邦统计委员会网站。
② 数据来源：俄罗斯农业部网站。

险的发展。其次，对于农民来说，种植期间的开支最大，根据现有的财政补贴，会承担一部分农民的自费保险费用，但这个财政补贴一般只有几个月，这一切都使得农业保险过于昂贵，对于大多数农民来说，尽管得到政府的支持，但政府补贴只用作于农作物保险，国家并不支持财产保险，如订立租赁协议，获得银行贷款时，需要自己承担其他风险。

2. 补贴对象不全面

因为市场集中度高的原因，大城市地区的农民会先一步享受上级政府财政的补贴，而那些规模小、经营范围小的农民，更需要政策性农业保险，但限于财力以及农业保险公司的分布情况，可能会导致俄罗斯政府财政补贴的不到位或到位不及时，产生明显的补贴累退效应。同时，财政状况良好的大城市，往往农民的收入水平也相应较高，自身抵御农业风险的能力也相应较强，从而限制了政策性农业保险保障功能效力的发挥。

尽管俄罗斯《联邦农业发展法》规定提供农业保险的国家支持，农民能获得缴纳保险费用的50%补助。但据俄罗斯联邦统计局调查，2006年法律刚颁布时，农业保险补贴率能达到90%，而随着经济的发展，到2019年有将近20%的农民获得的补贴不足50%[①]，而这些农民基本上全部都来自小城市，因为投保的不便加上生产规模小、俄罗斯法律的不稳定，通常不能及时获得俄罗斯政府对其的财政补贴，最终不利于反贫困事业的发展。

二、俄罗斯农业保险赔款支出的损失补偿水平对反贫困绩效影响

农业保险赔付是市场绩效的一个重要指标，农业保险补偿水平的提高能够促进稳定和繁荣农村经济，保障和推动农民收入增长；政府提供的农业保险损失补偿也会带来一些道德风险和降低保险公司风险责任，进而不利于反

---

① 数据来源：俄罗斯联邦统计局。

贫困事业的发展①。本节通过对比分析农业保险损失补偿的利弊来为我国农业保险损失补偿提供有益的建议。

（一）俄罗斯农业保险补偿水平的提高加深了反贫困的力度

1. 俄罗斯农业保险通过增加国民收入提高社会福利

福利经济学家阿赛庇古曾说过："国民收入总量和其分配方式是影响社会经济福利的主要因素。"这句话是指，国民收入总量和国民收入分配水平共同影响着社会福利，三者是相互促进的事情。在国民经济发展过程中，农业作为基石具有稳定和促进国民收入增加的作用。农业保险所具有的风险保障功能保障了农村经济的长期发展，而灾后赔付功能则确保了国民收入在不同灾区和不同部门之间的稳定收入分配。计算并分析俄罗斯 2013—2019 年保费增长率和 GDP 增长率等相关指标可以发现，国内生产总值增长率因保险增长率提高而提高，从而得出结论，保险费保险市场对农业的保护能够提高国民收入水平，产生良好的社会福利绩效。

表 9-3　2013—2019 年俄罗斯保险费在国内生产总值中的份额

年份 指数	2013	2014	2015	2016	2017	2018	2019
保险费 （亿卢布）	1010.6	1163.6	1246.2	1377.5	1441.09	1520.12	1731.04
国内生产总值 （亿卢布）	32903.5	39102.9	39256	40016.1	47491.4	53070.5	54832.9
保险费占 GDP 的份额 （%）	2.27	2.31	2.29	2.51	2.33	2.41	2.67
保险的增长率（%）	123.4	125.1	123.9	103.3	106.5	121.4	143.2
国内生产总值增长率（%）	124.4	123	124.6	94.6	114	134	145

资料来源：俄罗斯联邦统计委员会网站。

---

① 邢鹂、黄昆：《政策性农业保险保费补贴对政府财政支出和农民收入的模拟分析》，《农业技术经济》2007 年第 3 期，第 4—9 页。

2. 俄罗斯农业保险补偿力度加大推动反贫困机制的良性循环

俄罗斯总理梅德韦杰夫在 2017 年拨款 750 亿卢布用于支持农业发展，并声称国家将一直支持农业的发展，努力保持原有的增速，至 2020 年，政府对农业拨款突破了 2000 亿卢布。在国家和农业保险公司对保险补偿力度的加强下，在同一水平内，企业平均支付给农户的补偿提高到保费的 50%①。农业保险补偿力度的加大和水平的提升刺激了农户的参保积极性，从而吸引更多的农户购买保险，使得保险覆盖范围扩大，同时扩大的保险范围也增大了保险基金的累计额，进而不仅满足了保险附加费用的大额支出，还满足了险种再扩大以及保险补偿水平的进一步提高。由此，在农业保险投保人和保险人之间形成了一种良性循环（见图 9-2）。

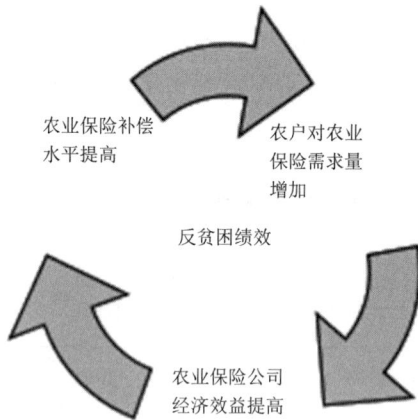

图 9-2　俄罗斯农业保险补偿力度加大产生的良性循环

（二）俄罗斯农业保险损失补偿的风险

1. 俄罗斯法律不稳定引发的道德风险

就目前状况来看，俄罗斯农业保险的损失补偿缺少正确合理的监管，俄

---

① 数据来源：俄罗斯联邦统计委员会网站。

罗斯自苏联解体以来颁布了几部法律法规来监督和保障农业保险赔款支出对损失补偿的稳步发展，但是法律环境极为不稳，就会导致一些道德风险。道德风险问题主要存在于投保人之中，由于农业保险的标的具有特殊性（有生命的植物），农民做出一些欺诈骗保行为，如刻意隐瞒事实、替换保险标的都会引发道德风险。而农业保险由于存在特殊的三方主体关系（如图9-3），道德风险不仅在投保农户中存在，在保险经营人员中也存在，还在基层政府参与农业保险组织和协助工作的人员中存在，使承保、理赔的准确性、真实性无法保证。而且俄罗斯政府不断调整更新却没有从实际出发，没有真正做到对保险业实现全面治理和监管。从而会使得真正需要补贴的农民可能被保险人有机可乘，从而对农业保险反贫困带来沉重打击。

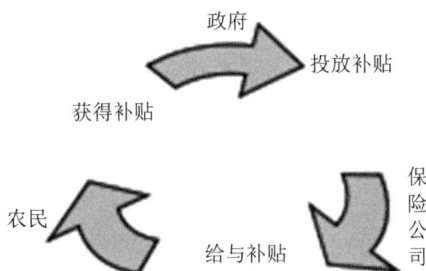

图 9-3 俄罗斯农业保险财政补贴流程

2. 对农业保险公司损失补偿水平的提高会降低其风险责任

一般来说，农业保险公司主要运作目的就是为了给农民提供风险保障、帮助国家执行相关政策，进而促进社会经济发展和人民生活幸福。如果农业保险公司的私人逐利本性，在遇上政府提供具有公共品特征的损失补偿时，就会产生市场失灵。如在 1999 年，俄罗斯关于硬壳小麦的保险合同，由于在计算保险价格时出现了问题，使得每蒲式耳的价格高出将近一卢布，但由于有政府的损失补偿，农业保险公司在面临损失的前提下依然争取该业务，最后的结果就是保险公司的盈利来自政府的损失补偿。

根据俄罗斯中央银行 2020 年的标准，俄罗斯农业保险赔偿起点为 30%，自然灾害导致的农作物受损达到 70% 时，通过计算农作物损失率和生长周期来进行赔付①。所以，政府损失补偿减轻了农业保险公司的生存压力，使其为了得到更多的补偿而单纯追求业务数量，不考虑项目的风险和化解风险的能力，降低了农业保险公司的风险责任，从而使得农民在灾害来临时处于被动位置，扩大了贫困范围，不利于俄罗斯反贫困事业的推进。

第五节　俄罗斯农业保险反贫困的启示

借鉴 SCP 范式，对比研究俄罗斯农业保险市场结构、行为和绩效的优点与不足，可以发现，俄罗斯农业保险的发展符合行业发展的一般规律，即形成了合理的行业结构、供需趋于平衡的市场关系，实现了创新对行业的推动作用和人才的促进作用，以及得到了政府强有力的财政支持、提高了对农业保险的补偿水平，俄罗斯农业保险对农业的保障水平得到快速发展，产生了良好的市场绩效。但自身也存在很多问题，如市场集中度过高，人才短缺和两极分化严重，财政支持的不足和法律的不稳定也容易引起农业保险的道德风险，从而阻碍了农业保险发展，不利于农业保险的反贫困绩效。本节内容基于前文农业保险业市场结构、行为和绩效方面存在的多重矛盾，从 SCP 范式出发，针对俄罗斯农业保险的优势与不足分别从市场结构、市场主体行为和市场绩效方面为巩固和拓展脱贫攻坚成果、全面推进乡村振兴、加速促进农业农村现代化提出具体的、科学的、合理的建议。

一、优化农业保险市场结构是提高保障水平巩固脱贫攻坚成果的基础

（一）降低农业保险的市场集中度

俄罗斯农业保险近十年的市场集中度虽整体下降，给俄罗斯农业保险行

---

①　数据来源：俄罗斯中央银行网站。

业的发展带来了促进作用，但相比世界其他国家，其市场集中度数值仍然较高，整个行业依然属于寡头垄断型市场结构，这也对市场发展水平提高有显著的抑制作用。因此应降低农业保险的市场集中度，促进反贫困效应。

根据俄罗斯农业保险市场集中度过高，我国政府可以采取以下几点措施：一是政府可以降低费率的管制，使得中小型保险公司能够获得与大型保险公司竞争的价格优势；二是政府利用更好的政策引入新型农业保险公司建立，加强农业保险部分险种市场秩序，降低监管成本，从而促进保险公司的创新性和灵活度，加快新险种的开发，从而保障新型保险公司的存活能力；三是政府可以通过发展专业型保险公司，专业化的农业保险公司只承保一种农业保险业务，势必会充分发挥其主观能动性，合理合法地做好此类业务，这样就分散了寡头公司的部分营业额，降低了该行业的市场集中度，从而实现农业保险反贫困效应。

（二）刺激农业保险供给量与需求量

俄罗斯通过政策手段等调节供求关系，充分利用"绿箱补贴"政策，扶持农业科研，对农业保险提供法律咨询服务，激发农户、家庭农场等新型经营主体参保积极性，提高农业保险的有效供给与需求，从而提高农业保险的覆盖面，充分保障农民的收入。但是俄罗斯是一个地域辽阔的大国，不同区域农村经济的发展受到政治、历史、文化和地理等多种因素的影响，具有明显的多样性、差异性、层次性、特殊性，就会形成农业保险需求各异，加上2008 年金融危机的影响，俄罗斯保险市场准入条件大幅度提高，也导致保险数量较少。

所以，针对俄罗斯保险供需结构发展，对我国在发展农业保险市场过程中提供几点建议：一是不能忽略农业保险产品的多样化需求，应该根据地区客观实际，辩证分析区域的发展需求，开发适合当地农业发展的新型农业保险产品，不能只承保一般的自然灾害，而不考虑地区的差异性；二是尊重传统文化的差异性与个性，要以区域间各方面发展存在的普遍性与特殊性为契合点，不断探索让不同区域的传统文化与现代农业保险体制紧密地结合在一起，实现相互融合、相互吸收、相互促进，还要注意从整体出发，全面考虑保险产品的需求量与定价水平。三是我国可以对参加农业保险的农户，通过法律明确规定政府在优惠扶持方面的政策力度，使政府的扶持措施达到规范化、程序化与制度化，从而刺激保险对农户的吸引力，同时，对开展农业保险的企业给予财政与税收优惠，形成激励机制。通过"双管齐下"的办法，形成我国农业保险市场的供需水平的"双热"现象，充分发挥农业保险的保障作用，从而实现农业保险反贫困效应。

二、发挥市场主体行为的效用是提高保障水平巩固脱贫攻坚成果的关键

（一）创新科技与农业保险相结合

创新是一个国家和民族提高经济实力、不断前进的重要驱动力。俄罗斯通过创新保险业务及机制，使得俄罗斯农作物保险的覆盖水平有了质的飞跃，赔偿金额也由 2010 年的 277 亿卢布增加至 2020 年的 748 亿卢布，大大减少了农民的损失，提高了农业保险公司运行效率和农业保障水平。但俄罗斯在保险公司创新方面也有不少缺陷，创新周期过长和法律不完善不利于俄罗斯农业保险的发展。

因此，只有创新性地提供个性化服务和实现产品的不断更新换代，才能增强农业保险行业的竞争力和巩固脱贫攻坚成果。具体来说，一是联合科技，抓住时代发展机遇，结合人工智能、区块链、人脸识别、互联网、基因等技术，创新农业保险的产品类型和服务方式，最大限度地增加农业保险责任范围，同时运用大数据，更高效地确定不同保险产品的客户群，并提高保险产品定价的准确性和精确度；二是针对农业中出现的新现象，结合高科技，设计与农业风险预测和监管有关的保险产品，通过实现保险产品的个性

化、差异化，在保证产品和服务质量的前提下，在价格稍作调整的基础上，适当对投保人的需求进行个性化定制；三是加强企业服务能力，服务也是一个企业发展的重要竞争力之一，农业保险公司的客户群体大多数为农民，可以适当地为其提供定制化服务、情感化服务和人性化服务等特色服务。服务方式的差异化和特色化，为企业在宣传、销售农业保险产品方面具有锦上添花的作用。通过将科技创新、产品创新、服务创新等与保险结合，既为农户带去了便利，减少了损失，又提高了企业经营效益和市场份额，从而在全社会层面提高经济绩效，巩固我国脱贫攻坚成果，实现长期稳定发展。

（二）强化农业保险相关人才培养，降低我国农业保险人才的两极分化

近年来，俄罗斯加大对保险和精算等方面人才的培养，为保险公司运营提供保障，从而推动农业保险业发展速度，使得 2019 年保费增长速度接近 10%，但俄罗斯目前大量农业保险专业人才都在莫斯科和圣彼得堡，而其他中小型城市缺乏甚至没有专业人才，对当地农业保险发展起到了抑制作用，也不利于农业保险的反贫困事业。

有鉴于此，我国应采取多种方式，注重培养关于保险学、金融学、农学和管理学等相关专业学科教育的人才及复合型研究人才，并增强他们对农业保险研究的兴趣，激发对农业保险的热爱，增强他们积极投身农业保险事业的意愿，为我国的农业保险提供理论指导，真正实现我国的农业保险发展水平质的飞跃，从而达到对反贫困的预期绩效。我国可以采取的措施如下：

第一，推进产学研协同创新，保险公司可以通过为相关专业的高校生提供实习机会，并重点培训、引导能力较强的高校生、科研人才，实践能力的培养，避免高校生与农业保险市场脱节，通过了解市场需求，生产出更具有针对性的保险产品，促进农业生产的规模化、现代化，加快促进农业农村现代化。

第二，设立农业保险项目研发支持管理基金，吸引来自全国的与农业保险相关的产业机构、高等院校等参加到农业保险研究中来，完善农业保险理论体系和实践绩效，创新农业保险产品研发，从而实现增加农户福利，达到农村脱贫的目的。同时组织农险单位员工进行更深层次的学习、实践与探索，与时俱进，提高专业技能素养，有利于农业保险行业紧跟时代步伐，提供符合发展趋势的业务，实现行业在不断变化中谋发展，从而符合广大农户的利益诉求，推动乡村振兴事业平稳发展。

第三，我国政府给予政策，鼓励中小型城市创立更多的农业保险公司，并给予丰厚的待遇条件，创造留住人才的环境，并大胆地使用人才，给他们施展才华创造必要的条件，降低人才流向大型城市的机会，同时对大城市农业保险公司实行人数限制制度，限制每年大城市农业保险公司的招聘人数，并不断扩大农业保险人才培训机构，培养出更多的专业高质量人才，从而使得人才过剩而更多地流向中小型城市的农业保险市场。

三、促进农业保险市场绩效是提高保障水平巩固脱贫攻坚成果的根本

（一）政府制定相关法律法规，并加强监管

从 1988 年到如今，俄罗斯已颁布或修订了近 10 部法律法规，对农业保险做出了相关规定与政策倾斜。在政府有力的推动和严格的监管下，俄罗斯农业保险一直处于良性的快速发展，成为新兴保险市场的主导国家之一，但俄罗斯政府对于农业保险财政补贴仍存在法律不完善的缺陷，并对俄罗斯农业带来了不小的损失。因此，对比俄罗斯农业保险的成功和不足，并结合我国农业保险，可以进行以下方面的改进。

一是我国农业保险市场处于供需失衡的困境中，政府在进行宏观调控的同时，既要发挥作用又不能过多地对保险行业进行干涉。对农业保险的财政补贴、福利形式等的出台和制度政策法律做明确规定，提高农业保险的保障

作用与反贫困绩效。

二是我国应加强对保险行业的监管，避免保险人权利受损。比如我国《保险法》中明确了对我国保险公司开具保险条款和制定保险费率的规定及注意事项，一旦违反，情节严重的立即责令停止，并在长期内不能再申报。但实际上，我国工商行政管理部门和中国银行保险监督管理委员会对于保险人与投保人之间的法律责任并不产生最终的约束力，导致监管主体权威受损，从而降低了行政监管的威慑力。所以，我国工商行政管理部门和中国银行保险监督管理委员会作为农业保险行业监管的主体，应该制定出一套完善、合理、有效的监管准则，明确监管主体责任分工，规范监管力度、监管深度和监管方式，科学指导被监管对象的经济行为。

三是中央和地方政府各自权责划分，平衡区域性农业和地方协调发展，优化和健全农业保险补贴机制。对粮食和重要农产品进一步提高补贴比例，重点支持特色农产品和区域性农业支柱产业保险全面发展，加大创新保险补贴险种，保障重要农产品有效供给和国家粮食安全，对农业保险保费不同省的补贴比例进行逐一细化，对当地特色农业进行因地制宜，进一步推动其多样化发展，向贫困地区倾斜补贴额度，更好地体现农业保险补贴差异化特点。

（二）进一步提高我国农业保险补偿水平

俄罗斯农业赔偿力度高达 50%—75%[①]，依靠的正是保险公司的高保额赔偿力度，同时，良好的补偿水平也体现出俄罗斯农业保险对农民生活水平提高的积极影响，以及加快国家反贫困进程的推动力。但俄罗斯政府对于农业保险财政补贴缺乏市场监督和法律不稳定，很容易引发农民和保险公司的道德风险。因此，分析俄罗斯农业保险方面财政补贴的优势和不足，从而对我国农业保险发展提供启发，我国政府应该做到以下几点：

---

① 数据来源：俄罗斯联邦统计委员会网站。

一是管理主体要深化管理机制体制改革，强化对农业保险经营主体的监管，引导并激励企业不断改善经营策略，从而推动完善农业保险的监管和经营体制。其中，管理主体和管理制度通过贯彻农业保险政策保障补偿给付水平，经营主体和经营策略通过开展农业保险业务提高服务质量和补偿水平。比如在保险费率（保险价格）的厘定中，费率的多少受多种因素的制约，同时费率制定的科学性、合理性也会对行业发展的供求关系产生影响，从而造成经济主体的利益失衡。所以保险人和被保险人的权利都需要受到有力保障，利益得到合理兼顾，才能通过稳定和谐的农业保险经济关系，带动行业健康发展，增强农业保险公司的赔偿给付和规避风险能力的同时，还能根据不同农民的劳动投入和前期资金投入成本，重新确定农业保险补偿额度的合理范围，使保障程度与农民的实际损失基本相符，提高我国农业保险补偿水平，从而巩固脱贫攻坚成果。

二是加强农业保险法律建设，我国政府 2013 年颁布的《农业保险条例》是我国第一部正规的农业保险法律，该法案明确了在农业保险经济关系中投保人、被投保人以及保险人三者之间的权利和义务。但该法案在骗取农业保险补贴方面仅明确了法律处理，并没有明确规定虚假承保、虚报灾区及损失等一系列问题的相应处罚措施。因此我国政府应该在承保、理赔等环节应进一步完善法律法规，对农业保险的经营机构进行约束，对农业保险的投保人进行道德宣传教育以此来规避不必要的风险。

三是统一建立农业保险监管体系，农业保险不同于其他险种，其更需要保险机构和政府各部门之间相互协调配合，所以在监管方面会显得更加复杂。因此，要对农业保险进行监管，必须建立一个拥有唯一监管主体和配套的监管规则体系来防范监管失灵造成的道德风险。首先，可以设立一个专业的农业保险机构，该机构负责规定农业保险的参与主体、承保机制、费率制度和理赔等流程。其次，利用大数据搭建一个农业保险信息共享平台，形成专业的数据库，通过信息传递分享来规避道德风险。最后，对农业保险财政支出和补贴程序进行审查监督，防止财政补贴低效运行，进而降低道德风险的发生。

第十章　研究结论和政策建议

前文着重分析了美、日、法、加、巴、印、菲、俄八国的农业保险反贫困事业成功发展的原因以及发展过程中存在的问题与不足。利用不同的分析方法，研究各国农业保险反贫困事业得以快速发展的关键因素，总结和借鉴各国在发展农业保险事业过程中，法律、政策、风险覆盖范围、赔付机制、农民农业保险意识等各方面因素作用农业保险发展的成功经验与不足，为发展我国农业保险推进乡村振兴、加速促进农业农村现代化、解决农民"因灾返贫"的困境、巩固拓展脱贫攻坚成果做贡献。本章依据之前各章对各国农业保险反贫困事业的分析与研究结论，将其进行整合，从农业保险中的政府、保险公司、农民三个保险主体的角度出发，对国外的农业保险反贫困事业发展的成功因素、失败经验进行综合归纳分析，取其精华弃其糟粕，并结合我国的实际国情讨论提升我国农业保险作用以期达到推进乡村振兴、加速农业农村现代化、巩固拓展脱贫攻坚成果的政策性建议。

第一节　研究结论

纵观来看，国外农业保险的实施显然有效推动了国外反贫困事业的进程。中国作为最大的发展中国家早已位列于农业大国行列，根据 2020 年 6

月应急管理部发布的相关数据，5 月中国自然灾害造成的直接经济损失高达 145.8 亿元，其中农作物受灾面积 160.81 万公顷，绝收 8.07 万公顷①，因此，发展农业保险对达到巩固扩展脱贫攻坚成果的目的具有建设性的意义。对经济较为发达的工业国美、日、法、加以及与中国发展情况类似且属于发展中国家行列的国家巴、印、菲、俄，从政府、保险公司、农民、社会四个角度进行分析，根据不同国家法律法规、政策制度、经济文化、国家发展先进程度、居民保险思想意识等的特点，采用与该国国情相适应的经济管理理论，对该国农业保险反贫困事业中政府行为、制度建设、相关法律制度、财政补贴实施情况、农业保险理赔制度、农业保险覆盖范围、农民保险意识水平、市场反馈情况等方面分析，有助于借鉴国外的成功经验与失败教训，对我国农业保险加速促进农业农村现代化、巩固拓展脱贫攻坚成果，以及助推乡村振兴战略提出有益建议。

一、法律制度的完善为农业保险反贫困事业的发展提供了保障

农业保险保障居民利益法规的出台与实施，为农业保险有效实施保障农民的利益提供了支持依据。当灾害发生时，农业保险依据法律制度以及相关条款的规定可以很好地化解农民遭受各种风险的损失，从而达到反贫困的目的。同时相关法规的制定实施为各国农业保险反贫困事业的发展推进提供了保障。健全完善的法规制度，保障农业保险有序推进、保护农民的合法权益，推进农业保险反贫困事业的发展。

发达国家美国于 1938 年颁布《联邦农作物保险法》，针对农作物种植户给予针对性的风险立法保障，通过立法的形式给予农民农作物遭受风险承担的损失提供化解办法，利用农作物保险法的实施，将农业保险与农民紧密联系在一起，发展农业保险的同时，达到了反贫困效果，为其农业保险反贫困的发展创造了良好的开端。发达国家法国自 1900 年开始关注农业保险立法

---

① 数据来源：中华人民共和国应急管理部（https：//www.mem.gov.cn/index.shtml）。

建设，通过从立法入手，不断对农业保险保障农民承受各种风险的能力进行调整，正因法律制度方面有着较为全面的规范，保障着农民的相关利益，其也成为法国农业保险反贫困事业的一大亮点，具有借鉴意义。而发展中国家巴西通过立法形式完善、扩大农业保险保障范围，不断健全农业保险法律体系的同时，提高巴西农业保险的吸引力，使更多的农民受益于农业保险，从而达到农业保险反贫困效益。但相关法规的制定需要注重实施操作性，菲律宾从细节入手，制定操作性强的法规，提高了政府将农业保险作用于农民的效率，从而实现了反贫困的效益，推进了农业保险的发展。相反巴西农业保险在探索过程中因立法缺乏实践可操作性，未能使相关惠民的法规得以实施，农民的权益无法及时得到保障，耽误了其农业保险反贫困事业的进程。

各国农业保险法规的制定与实施，推进了各国农业保险反贫困事业的进程，但也会因不完善、滞后于时代的发展而产生诸多现实矛盾，因此适时更新修改，与时俱进是完善健全的前提，同时我国在发展农业保险时也要注意可操作性与实施性的问题。通过立法的形式规定农业保险的相关要点是必要的，让更多的居民了解农业保险的作用，为农业保险的发展创造良好的发展环境，将有力促进我国农业保险在推进乡村振兴、巩固和拓展脱贫攻坚成果的作用。

二、财政补贴的实施是农业保险反贫困事业可持续发展的动力

农业保险因其特殊的使命目标，国家政策在大力支持农业保险发展时往往通过财政补贴的方式，扩大农业保险市场规模，增强农民对农业保险的信心，使资金在国家、市场、农民三者间有效流动。财政补贴的实施一方面给予农业保险市场持续发展的信心，另一方面化解农民的顾虑，扩大了农业保险市场需求，从而达到发展农业保险，保障农民遭受各种风险的利益，实现反贫困的目的。

首先，财政补贴的实施激发了农业保险市场的潜能。在对农业保险财政

补贴方面，不同类型的国家选择的方式、力度、效果上也存在差异。美国从供给双方发力，一方面对农民方面采用农业产量保障水平来衡量农业保险的保费补贴；另一方面对保险公司提供补贴，按照保险公司农业保费收入的15%发放补贴并利用再保险分散农业保险风险。美国政府通过利用财政补贴实现了其农作物投保率高达90%的目标，大幅度提高农保投保率的同时，活跃了其农保市场，从而保障了农民的风险利益，实现了反贫困效益。与美国相似，法国政府在财政补贴给予农民保费补贴支持，给予农业互助保险税收优惠政策，DPA政策的实施更是有效鼓励了农民投保的积极性。但因其财政补贴执行忽视了公平性，致使农业保险的实施加大了社会贫富差距，不利于农业保险反贫困目的的实现。巴西则利用多种财政补贴手段，通过降低农业保险产品价格、提供信贷等补贴方式，提高农民的投保率，实现2017年、2018年、2019年连续三年降低贫困人口比例、缩减贫富差距的目标，达到了农业保险反贫困的效益。

我国在利用财政补贴推进农业保险事业时，财政补贴在制定时要综合考虑本国具体国情，多方考虑农业保险发展滞后的原因，并适时进行调整，从而建立起合适的财政补贴机制。过重的财政补贴会给政府带来压力，因此财政补贴也要具有针对性，从而提高财政补贴在推进农业保险事业的利用效率，所以借鉴国外财政补贴推进农业保险事业发展的成功经验与不足，有效制定财政补贴作用于农业保险发展的实施方案，刺激我国农业保险市场的发展是必要的。这对于实现财政补贴持续推进农业保险事业持续发展，巩固和扩展我国脱贫攻坚成果具有重要意义。

三、政府干预行为使农业保险反贫困水平进一步提升

政府制定政策法规对农业保险市场进行干预，起到规范农业保险市场行为作用的同时达到监督的目的。防范农业保险目标与实际期望偏离，利用财政政策鼓励农业保险市场有效发展，为各国推进农业保险事业，实现农业保

险反贫困的目标提供保障。

政府对市场反馈做出及时的调整，有利于形成适合本国国情的农业保险发展模式。以政府在农业保险发展过程中充当的角色来看，一是政府承担监管、补充、调整、规划的责任，但不过分干预农业保险相关业务，美国作为发达国家的典型代表，在实施农业保险时经历了多次调整，逐渐形成了如今"私营+政府扶持"的农业保险政策模式。美国在发展农业保险过程中，政府多次大力度干预农业保险业务，但效果不佳。随着政府探索的深入，在美国较为发达的市场经济模式下，商业农业保险加政府政策扶持的发展模式更符合市场需求。美国政府从单纯的国营农业保险到公私合营双轨式再到"私营+政府扶持式"，政府瞅准时机制定规则适时对政策进行调整干预，形成了美国如今较为成熟的农业保险体系，促进了本国农业保险的发展。二是政府除监管、补贴、调整、规划外大力主导农业保险经营。加拿大政府对农业保险市场具有绝对的话语权，政府强制性体现在其在农业保险制度变迁中的主导地位，大力推行公营农业保险，政府直接插手农业保险业务的经营，保证农业保险作为准公共物品惠民的政策目的，从而为农业保险大力发展创造了环境，推进了农业保险反贫困事业的进程。作为发展中国家的印度、菲律宾，与加拿大政府在实行农业保险中担任的角色与经营模式一样，政府绝对主导农业保险市场的发展，以此实现农业保险反贫困的目标，推动了其农业保险反贫困事业的发展。三是政府既发展公营性农业保险也鼓励商业性农业保险的发展，其起着协调推进的作用。日本、法国给予政府财政补贴发展各自政策性农业保险的同时，形成相应的市场组织，鼓励其进行农业保险的相关业务，强制性农民购买与自愿性相结合，分散政府的压力，推动了农业保险反贫困事业的发展。

可见，无论是何种类型的国家，在发展农业保险事业时均注重对农业保险市场的干预，政府适度干预可以推动农业保险反贫困的进程，相反过度的干预则会阻碍农业保险的发展。根据我国目前农业保险发展较缓的情况来看，政府干预是推进农业保险的重要保障，利用政府创造我国农业保险的发展环境，对农业保险实现全面振兴乡村振兴战略具有重要意义。

四、多层级农业保险理赔制度加速农业保险反贫困事业推进

多层级理赔机制的建立一方面减轻政府、保险公司的经济负担，另一方面可以提高赔付效率保障农民的权益。农业保险在进行赔付的过程中可能面临多种多样的风险，如自然灾害风险、市场风险、技术风险以及道德风险和逆向选择风险等，且农业风险的发生又具有范围大的特点，因此面对繁杂的风险，多层级理赔机制的建立，丰富理赔资金来源提高了赔付效率，增强农民对农业保险的信心，对发展农业保险推进反贫困进程具有十分重要的作用。

一方面，多层级农业保险理赔制度的建立丰富了理赔资金的来源，有效分散了政府的财政压力；另一方面，多层级理赔机制的建立增强了农民对农业保险的信心，有利于农业保险稳步发展。工业大国美国在政府主导下，形成联邦农作物管理公司、有经营农业保险资格的私营农险公司和农业保险代理人及核保人三级的赔付模式，若资金仍有空缺，可向财政部申请发行财政债券取得资金以此来保障理赔顺利进行，丰富理赔资金来源的同时，提高农民对农业保险的信心，为农业保险反贫困事业的发展提供保障。农业国菲律宾，通过 PCIC 建立三种农业保险准备金，农业保险公司则将部分责任进行分化，大力推进了菲律宾农业保险反贫困事业。然而多层级赔付机制也要注重提高保险赔付效率，位于亚洲的发达国家日本在发展农业保险过程中，建立三级机构理赔体系，将各级资金有效结合利用于发展农业保险事业，缓解了政府财政压力，在一定程度上获得良好反应，但因日本理赔效率低，影响赔付效果，增大了损失程度和二次损失的可能性，则不利于反贫困事业发展。理赔机制的有效建立减轻了政府财政压力，位于美洲的工业国巴西在农业保险理赔保障方面主要依靠政府财政，政府建立相关保障体系保护农业保险的可持续发展，给财政带来巨大压力的同时，未能解决土地不均带来的贫

富差距问题，不利于反贫困事业的发展。

因此多层级农业保险理赔机制的建立是必要的，外部资金的引入可以促进农业保险市场的发展。我国在发展农业保险过程中，要注意多层级理赔机制的建立，以此丰富资金来源、减轻政府和保险公司压力、增强农民对农业保险信心、提高理赔效率，从而为农业保险更好地服务于全面推进乡村振兴建设、巩固和拓展脱贫攻坚成果。

五、风险覆盖范围与费率的制定决定农业保险反贫困的效果

风险的覆盖范围决定农业保险的作用效果，保险费率的高低决定农业保险反贫困的成果。农业保险作为一种准公共商品，有其特定的受众和保障范围。各国农业保险保障的风险承受对象是农民，较为合理、全面的风险覆盖范围，可以有效提高农民应对各种风险的能力；费率的高低决定了赔付费用与赔付效果，较为合理的赔付率结合较高的赔付效率，可以有效实现保障农民损失的效果，从而达到反贫困的目的。

农业保险覆盖范围反映了居民真实的需求状况，赔付率以及赔付效率有效实现及时地保障农民承担损失的能力，减少二次伤害，不影响新一轮农业生产。因此在制定农业保险覆盖范围与赔付机制时要严格按照本国实际情况来制定相关条例规定。发达国家法国农业保险覆盖范围广泛，不仅包括农作物还包括农产品损失风险，覆盖养殖、种植、农民人身，创新性产品草原保险和森林保险。"低费率高补贴"政策的实施，以及及时扩大风险保障范围，有力地推进了法国农业保险的进程，实现反贫困效果。相反发展中国家菲律宾农业保险发展前期品种少，仅包含水稻、玉米基础农作物，严重影响了菲律宾农业保险发展以及农业保险市场的积极性。但是菲律宾及时对农业保险风险覆盖范围进行扩充修订，截至2021年，90%农作物在其农险覆盖范围之内。同时对相关农作物小麦、水稻的费率不断进行调整，促使菲律宾农业保险发展迈入规范化、多样化、精细化的大力发展时代。同为发展中国家的巴

西也扩大了农险产品保障范围，涉及农业、农业财产并拥有完备的农产品保险项目等，因此在农业保险助推下，巴西农业保险反贫困事业中取得了非凡的成果。印度在不断丰富健全风险覆盖范围的同时，立足于灾后理赔，为农民提供的低保费、高赔付额的农业保险，有力地推动了印度反贫困事业发展。

因此，我国在发展农业保险事业全面推进乡村振兴建设、加快农业农村现代化进程中，要明晰我国农业风险的主要形式，制定出符合我国各地的风险覆盖范围，有效保障不同地区农民的利益。同时费率的制定也要合理化，及时更新，以期更好地服务与巩固和拓展脱贫攻坚事业成果。合理的风险覆盖范围、适宜的费率可以促进农业保险的发展，对我国全面推进乡村振兴建设等具有非凡的意义。

六、农业保险的再保险制度是农民远离贫困的重要保障

农业保险再保险是保险经营主体通过将超过自己承受能力的风险责任以再保险的方式分担出去，从而达到降低农业保险公司的赔付风险，促进其进行更适合当地农业生产发展的农业保险品种创新开发，增强其对于突发重大自然灾害等巨灾的承保水平和赔付能力，使得更多的农户参与农业保险中来。提升农民通过农业保险实现脱贫的信心，是推进各国农业保险反贫困事业持续发展的重要手段。

商业性农业保险盛行的美国大力使用再保险机制转嫁农业保险风险，稳定本国农业保险事业发展。美国通过设置直接保险、农业再保险、农业专项基金和紧急预案建立了其巨灾风险分散体系，利用政府作为最后保障机制，农业再保险承担中高层风险，使得政府与市场在面临巨灾风险时有效连接，建立设计政府、市场、再保险市场的庞大防护网络，实现保障农民利益的同时，保障农业保险市场的稳定发展的目的，从而保障其农业保险反贫困事业的持续推进，是促进农业保险反贫困事业发展的重要手段之一。再保险机制

的建立可以有效分散保险公司和政府承担的农业保险风险。通过再保险机制实现风险转嫁，缓解了政府与保险公司的压力，同时增强了农民对农业保险的信心。再保险方式的有效使用，可以保障农业保险持续发展，是促进农业保险事业实现反贫困效果的重要手段之一。以公营保险为主的加拿大政府，则利用再保险机制和再保险基金实现农业巨灾风险的转嫁，政策性农业保险公司通过向省级政府、联邦政府，或者同时向两者寻求分保合作三种方式来建立再保险机制，从而实现农业巨灾风险的分散，保证农业保险事业稳步发展，实现反贫困效益。与加拿大农业保险经营模式类似的印度也建立了较为全面的再保险体系以及超额赔付再保险制度，以此来保证印度农业保险事业的发展，加快印度农业保险反贫困事业的进程。

再保险机制的有效建立可以有效规避保险公司的风险，为保险公司提供相应的理赔资金，所以较好的再保险机制的建立一方面分散风险，另一方面减轻政府、保险公司的压力。我国在再保险体系的建立上还存在很大的提升空间，单一再保险形式不利于风险的分散，因此我国借鉴国外再保险建立经验的同时，应根据我国具体国情予以实施，对推进我国农业保险推进农业农村现代化建设具有十分重要的意义。

七、农民的保险意识水平影响农业保险反贫困推进效果

就国际视角而言，发达国家相较于发展中国家的农民文化水平以及农业保险意识较高，农民的投保率相对较高。纵观来看发达国家农业保险事业普遍比发展中国家发展得更为完善先进，反贫困效果也更加突出。因此，在推进农业保险反贫困事业过程中要注重农民保险意识的培养。

不同的国家在发展农业保险提升居民农业保险意识时所采用的方式也存在差异。就发展中国家农业大国而言，印度和巴西则从政府政策积极引导加强农业保险效益的宣传教育，提升农民对农业保险的接受度，结合政府财政补贴，提升农民农业保险意识，提高农业保险投保率，从而实现其农业保险

反贫困事业的发展。菲律宾则从农户家庭入手，建立农户家庭组织，形成一个强大且广泛的农民同盟，有针对性地提升农民农业保险素养，促进菲律宾农业保险反贫困事业全面发展。就发达国家工业大国而言，法国则在互助保险社及类似的机构中将农业保险的宣传教务内容渗透到农民的日常活动中，并对青年农民素质提出了较高的要求，从根本上解决农民农业保险的意识，结合财政补贴的实施，有效地提高了投保率，推进了法国农业保险反贫困事业进程。加拿大农业生产集中度高、专业性强，相较于印度、巴西农民大多文化素养较低的老人，加拿大更多地是高素质高文化水平的农民，受过特定的教育，同时因加拿大农场规模大，灾害发生后果严重，其居民拥有较高的农业保险意识，这些因素都在加拿大农业保险反贫困事业中发挥着巨大的作用。

显然，在发展农业保险事业过程中，各国均对居民农业保险意识较为看重，提高宣传广度，加大财政补贴的实施力度，提升农民农业保险意识，提高投保率从而促进农业保险发展。因此，针对我国目前农民文化程度较低、农业保险意识不强的现象，应从多方面制定提升办法，以此提升居民农业保险意识，推动农业保险事业发展，实现推进农村农业现代化，巩固和拓展脱贫攻坚成果。

八、农业保险与科技创新结合为反贫困发展提供动力

科技的进步在潜移默化中改变人民生活行为方式。农业生产与现代信息技术的有效结合，发挥了信息化优势在推动农业的发展与农业创收的应用，农业保险运用科技实现创新，解决农业保险发展过程中遇到的定损难、人力以及财力资源紧张、风险难以预估等各方面的难题，保障农民的切身利益，近而体现出科技创新在农业保险事业中的突出作用，为各国农业保险反贫困事业的推进提供新思路。

发达国家法国将大数据技术广泛运用于农业生产中，以作物遥感估产技

术为例，其通过卫星传感器获取和记录数据，并结合生物的光谱特征进行预估，在辨别标的品种、监测动植物生长情况和估测标的产量方面发挥了重要作用，在科技的作用下预估产品产量实现对市场上价格的有效应对，及时规避了价格风险，同时制定出合理的解决方案，利用科技与保险相结合的思路，有利于法国农业保险反贫困事业的发展。美国通过运用"期货+保险"的手段在一定程度上提高了农业保险的保障水平，有效地对市场进行了调控，避免了物价飞涨，解决了农民遭受价格损失的风险，为美国农业保险反贫困事业的发展提供了新思路。发展中国家俄罗斯政府注重创新对经济效益的乘数效应，利用科技与保险的结合实现农户与保险公司的双向交易，提高农户参与度的同时，激发了保险公司的活力，推动了俄罗斯反贫困事业发展。

可见，各国科学技术水平存在差异，在科学技术运用方面可以借鉴较为成功的实施方案。我国地域辽阔，农业分布范围较广，如果将科技与农业保险相结合，可以有效地解决农业保险中遇到的人力资源少、勘察难度大、耗时长、定损难、相关风险难以预测的难题，从而推进我国农业保险事业发展，为实现全面乡村振兴建设、推进农业农村现代化、巩固和拓展脱贫攻坚成果提供新思路具有十分重要的意义。

九、政府与市场组织有效沟通推动农业保险反贫困事业发展

如果政府是农业保险反贫困事业中的主导者，那么市场组织就是农业保险反贫困事业的实施者、接受者。政府推进农业保险反贫困事业的发展需要市场方面做出及时的反馈，以确保农业保险反贫困事业的顺利进行，市场则需要根据政府的指示，及时地调整发展战略，两者共同实现农业保险事业的推进，从而实现政策的特定目标，推动农业保险市场发展，最终实现反贫困的目的。

在农业保险发展方面，政府主导市场发展促使农业保险应运而生、发展

壮大，政府鼓励市场建立各级组织为农业保险事业服务，政策的下达实施与有效监督缺一不可。日本三级机构的格局，虽然建立了合理的理赔方式，但因农业共济组合、农业水产省、农户之间信息的不对称与传递效率低下，致使日本农户承受损失未能及时获得赔偿，从而产生了二次伤害，使农民对农业保险的作用效果产生怀疑，不利于日本农业保险反贫困事业的发展。因此政府肩负监督农业保险的责任，各级组织在农业保险出现问题时要及时调整。美国按照标的不同对农业保险进行分类，但繁多的分类加大了政府在管理方面的难度，影响美国农业保险反贫困事业的发展，所以美国在这方面加强了政府与市场组织的有效沟通，从而发挥市场优势，分散政府监管压力，推进其在农业保险反贫困事业的发展。菲律宾注重加强政府各部门与市场的有效协作，利用政策将菲律宾农业保险市场活性逐渐激发，通过农业保险的发展推进了其反贫困事业进程。加拿大则直接采用全国性的"三方缔约"，将联邦政府、省会、农户紧密联系在一起，其清晰的农业保险组织机构有利于各部门协调配合，从而实现农业保险政策快速下达，有效提高运行效率，促进农业保险市场的发展壮大，推进了反贫困事业的发展。

目前市场上将农业保险分为政策性农业保险和商业性农业保险，二者主体目的不同，存在明显差异。因此，无论何种性质的国家发展适合的农业保险模式时，都应注重政府各部门与市场组织的有效沟通，我国在发展农业保险事业时，无论是以何种方式发展，都要注重政府和市场的有效沟通，这对我国发展农业保险，巩固和拓展脱贫攻坚成果具有十分重要的意义。

第二节　政策建议

本书通过对八个国家农业保险反贫困事业发展的分析，总结各国农业保险反贫困事业发展推进的关键点，借鉴各国成功经验的同时，思考我国农业保险实现巩固和拓展脱贫攻坚成果、全面推进乡村振兴、加速促进农业农村现代化目标的发展思路，结合我国实际情况以及农业保险发展现状，针对性地提出完善农业保险法律体系、以政策为导向制定农业保险发展规划、规定险种覆盖范围以及相关费率、培养农民农业保险意识，加强人才培养的实施、利用科技实现创新、加强政府与市场的沟通、建立农业保险多层级赔付机制等，进一步加快我国农业保险的发展，从而实现巩固和拓展脱贫攻坚成果。

一、完善农业保险法律保障体系，拓展农业保险反贫困成果

美国不断跟进的法规制度为其农业保险市场发展奠定了法制基础。法国也从法规入手，规范农业保险市场，大力推进了农业保险反贫困的发展。而巴西在制定法规时忽略可操作性，导致相关惠民法规未能及时实施，影响了其农业保险反贫困的发展。

目前我国农业保险法律体系存在不完善、相关立法较为滞后的现象。因此中国在发展农业保险时要借鉴国外的法制经验，进一步完善我国农业保险法律体系。而在建立我国农业保险法律体系过程中，注意以下四点：一是加大对《政策性农业保险条例（草案）》进行深入研究，将其不断细化，加快推行该条例在实践中的运用，推进我国农业保险进一步发展。二是与时俱进对《农业保险条例》进行更新完善，通过立法的形式保证政府政策稳定实施，从而为我国农业保险的发展提供坚实的法律保障。三是通过立法的形式确定农业保险风险覆盖范围以及保障范围，为农业保险市场化的发展提供法律依据，保障农民的权益。四是加强法律环境建设以增强农民保险意识。农业保险法律环境的建设，贴合依法治国理念的同时，有利于提高农民的保险意识，将推进农业保险发展的同时巩固和拓展了脱贫攻坚成果。

二、提高农业保险财政补贴效率，实现脱贫攻坚效果的巩固

美国建立较为完善的财政补贴机制，从多角度展开补贴，注重效益与公

平性，保持农业保险市场的活性，提高投保率。法国虽也给予较大的补贴力度，农业保险发展取得一定成效，但忽略财政补贴公平性问题，反而增大了社会贫富差距。

利用财政补贴政策推进农业保险发展是必然的选择，根据国外发展经验可知，一味地加大财政补贴力度忽略补贴的精准性、效率性、公平性，虽然达到了补贴目的但会浪费财政资金，不利于资源的有效配置。所以，针对我国目前农业保险发展现状，创新优化农业保险补贴方式，提高财政补贴效率，节约财政资金应做到以下三点：一是加大试点开发力度，根据各地农业发展特色进行精准补贴，从而达到优化特色农业保险保费补贴。二是根据补贴省份的区域特色，采用不同比例的"中央、省、县"补贴制度，提高公平性，减轻不发达地区地方政府财政压力。我国有些省份是经济大省，有些是经济发展较为落后的农业大省，如果采取统一由下到上的补贴政策，对经济大省无任何负担，但给对农业大省带来沉重的财政压力，丧失公平性。所以采用不同的补贴有利于公平性的实现。三是加大对政策性农业保险市场的补贴力度。政府先全方位进行财政补贴试点，推进政策性农业保险试行，逐步推动我国农业保险市场发展，激发农业保险需求潜能，是提高我国财政利用效率，推进我国农业保险巩固和拓展脱贫攻坚成果的关键一环。同时对保险公司进行补贴时可以采取投保率、赔付率等作为评价标准，给予相应的财政补贴，保持农业保险供给方的积极性，从而促进我国农业保险发展，为推动我国乡村振兴战略，巩固和拓展脱贫攻坚成果。

三、加强政府对农业保险的干预，保障反贫困绩效持续提升

在发展农业保险事业过程中，美国政府多次出台法规政策干预其农业保险市场的发展。日本采用强制与自愿相结合，鼓励建立民间组织参与，实时监控农业保险市场动态，而印度、菲律宾、加拿大直接将农业保险事业掌控在政府手里。

2019 年政府首次明确我国农业保险是政策性属性的农业保险，农业保险进入高质量发展时期。如何提高我国农业保险市场高质量发展的活性，推进农业保险发展的同时达到巩固脱贫攻坚成果的目的，是我国发展农业保险事业的重点问题之一。因此可从以下三个方面着手：一是政府要深入了解广大农民的需求，使农业保险相关产品的风险覆盖范围以及价格制定更加合理。二是政府要大力推进政策性农业保险，建立多层级理赔机制以及再保险体系，加大对科技在农业保险上的应用，采用信息技术与大数据有效结合，设计出更加符合农民需求的产品，从实现政府对农业保险绝对的掌控权，更好地引导农业保险市场发展服务国家发展战略。三是政府要利用法规政策引导市场的发展，建立监管体系，监督农业保险市场的行为，因趋利性性质的存在，商家在售卖农业保险相关产品时，可能存在欺诈现象，而我国农民文化普遍偏低，因此，监督规范我国农业保险市场行为，对欺骗农民一切行为给予严重打击，从而实现农业保险的高质量发展以期实现巩固扩展脱贫攻坚成果的国家发展战略目标。

四、因地制宜设计险种条款与费率，延续农业保险反贫困效用

美国、法国农业保险市场具有较高投保率，原因在于较高的农业保险覆盖范围、合适的投保费用、较高的赔付率。而以巴西、印度、菲律宾、俄罗斯为代表的发展中国家，农业保险覆盖范围保障程度低、范围小，不利于农业保险的发展；随着逐渐扩大覆盖率，降低费率，才能促进本国农业保险事业的发展。

因此，我国在发展农业保险事业时也要注重农业保险风险覆盖范围以及相关费率的制定。我国政府对农业保险的实施主要交由市场决定，在农业保险事业大力发展后，我国对农业保险的划分也重视起来了，但较国外发展成熟的农保险种体系与相关赔付率的规定，显得略微稚嫩。要改变这种状态，

我国主要从以下三个方面入手：一是设计更为合理的农保产品，制定合适的费率。根据农民需要设计符合我国农业状况的险种，险种的覆盖农业范围要精准，具有针对性，覆盖的风险险种要综合考虑地区情况，以此做到对农业保险险种的把控，从而吸引不同地区的农民进行投保。二是补贴机制建立要到位，一方面从农民利益出发，保障农民拥有购买农业保险的能力，另一方面从市场出发，降低农业保险成本，从而实现合理合适的投保费用，鼓励、吸引农民主动投保。三是建立健全赔付机制，根据农产品状况提高赔付率，要求对农民赔付符合政策要求，保障农民正常农业运转，充分发挥农业保险保障农民切实利益的优点。

五、建立农业保险多层级理赔机制，强化农业保险反贫困效益

美国、菲律宾多层级理赔机制的合理建立以及有效实施促使本国农业保险的发展推进。日本在建立多层级理赔机制时忽略理赔效率性导致农民未能及时得到相应的补偿，造成了对农民的二次伤害，同时巴西在理赔上主要依赖于政府，未充分利用各级资金，增大了财政压力。

因此，我国在发展农业保险建立理赔机制过程中，应注意有效分散政府与保险公司压力，注重理赔效率，建立多层级、高效率、适合我国国情的理赔机制。但目前我国农业保险理赔主要依赖保险公司与政府，在理赔方面相较于国外多层次的理赔机制明显较为单薄。因此，我国应建立多层级农业保险反贫困理赔机制，一是扩大理赔资金来源，放开市场吸引外部资金的注入，将政府、保险公司、社会相关组织作为切入点，将三者有效联系在一起，在灾害发生后，市场组织及时给予理赔，政府部门发放财政补贴，社会组织提供相关资金给予一定的救济，共同保证理赔资金，增强农民对农业保险的信心。二是建立上下一体信息有效传递机制，农业保险理赔因农作物耕种周期的存在具有一定的时效性，因此理赔机制建立应注重信息失效性，及

时进行相应的赔付，避免二次损失或伤害的发生。三是建立农业保险理赔机制试点，在不同的地区建立不同的理赔机制，从而找出最切实有效、符合我国国情的理赔方式，推进农业保险事业的发展，为加速推进农业农村现代化、减轻财政负担的同时巩固和拓展脱贫攻坚成果做贡献。

六、培养农民保险意识，　全面实现脱贫攻坚成果拓展的目标

印度、巴西从宣传教育、财政补贴入手，提高农户的保险意识水平，并取得一定的成效。菲律宾则直接以家庭为单位开展农业保险普及工作，而法国则直接对农民进行资格要求，直接从源头上解决农民农业保险意识问题。

我国目前处于并将长期处于农民文化程度低下，农业保险意识不强的状态。大量农业发达地区新一代年轻劳动力的南下造成农业发展重任落在20世纪五六十年代群体居民的肩上。而这一时期的农民显然普遍文化程度低下，接受新事物较慢，对农业保险认识较为片面。因此，结合国外成功经验，我国提高农民的保险意识应从以下四个方面着手：一是加大政府对农业保险的宣传力度，利用分层级的管理机制对农民进行农业保险优点的宣传，让农民更为全面地认识农业保险。二是将风险防范和农业保险相关知识融入农村小学基础课堂，从教育抓起，从娃娃抓起，做长远提升农民保险意识的打算。三是强制性农业保险产品和自愿性农业保险产品共同发力，对于主要农作物频发风险则要求强制性购买，结合财政补贴落实发放，降低农民的忧虑，使农民切实感受到农业保险的好处。四是从市场入手，政府要加大对农业保险经营组织的监管，规范市场组织行为。我国保险市场不规范现象普遍存在，导致农民对保险产生较多的顾虑，因此政府有效监管规范市场行为有利于增强农民对农业保险的信心，从而提升保险意识，促进农业保险的发展，为巩固拓展脱贫攻坚成果做贡献。

七、推动农业保险与科技创新运用，推进农业农村现代化发展

科技是农业保险高质量发展的核心驱动力，法国、美国利用科技在农业保险上的使用，合理规避相应风险并提高农业保障水平，因此我国在发展科技与农业保险方面也可大力推进。利用科技解决农业保险发展中遇到的可规避的问题，从而促进农业保险的发展。

我国一直较为注重科技的发展与科技的创新应用。20 世纪 90 年代，中国气象局将 GIS 技术运用于气候资源研究及农业气候区划，预判了中国各地的气候，根据区划确定了各地适合种植的作物，为保险公司确定费率提供了极大的方便。推动农业保险与科技的创新运用，推进农业农村现代化发展，一是要协调各方为保险科技创新应用打造浓厚的氛围。加强科技企业、相关高效、科学研究院所的交流，同时举办交流研讨会，全面打造农业保险科技的"产研用"模式，加强推进科技在农业保险方面的运用，为保险科技打造良好的发展平台。二是政府部门要加大对保险科技的重视程度，区分政府与农业保险机构在科技保险发展过程中各自的职责。政府要加强科技在财政补贴、监督监管以及对社会公众服务方面的运用，并建立科技保险基金，培养更多的复合型人才，推动保险科技的发展。三是保险机构要加强对科技的应用程度，保险机构应设立专门的部门来研究保险与科技的结合，打破信息局部化，有效利用大数据共享平台发展保险科技的相关运用，同时注重与相关部门的合作，引进复合型人才，利用科技创新农业保险产品，推动农业保险事业的发展，为早日实现农村农业现代化发展做贡献。

八、加强政府与市场沟通，确保农业保险服务国家发展战略

日本因政府各部门与市场组织沟通偏差，导致农业保险在赔付效率方面丧失农民信任。美国和菲律宾注重政府政策的实施并及时接受市场的反馈，

提高了农业保险政策实施效率，并逐渐完善农业保险市场推进其反贫困事业进程。

信息的偏差不利于政府政策制定，阻碍农业保险市场发展。我国保险市场尚未形成透明化的体制。政府和市场的有效沟通，协调各部门间有效运作，有利于农业保险事业的发展。在这一方面，中国应做到以下三点：一是政府要加强对农业保险进行把控，虽然我国农业保险市场鼓励商业性农业保险的发展，但也不能丧失对农业保险最终目标的把控，政府要起到规范市场行为的作用。二是政府应建立农业保险监管组织，对农业保险市场组织进行有效监管，保证农业保险的有效实施，不偏离惠及农民的目标，同时政府可以通过相关组织及时了解市场动态反馈，从而为相关政策的制定、实施提供依据，针对性地解决相应问题。三是政府要给予市场组织一定的话语权，市场对农业保险的把控在某种程度上较为精确，政府要合理听取接纳市场组织反馈的相关建议。总之，政府与市场组织进行有效合作，从而达到农业保险巩固脱贫攻坚成果效益最大化的目标。

九、完善再保险机制增强赔付能力，　防止农民因灾返贫

发达国家美国、加拿大农业保险再保险机制的有效建立，合理地分散了巨灾风险，保证了农业保险市场的有效发展。印度在政府的牵头下建立了全覆盖的再保险体系，增强了印度农业保险的承压能力，为其农业保险市场的发展打下了坚实的基础。

相较与此，我国农业再保险制度发展相对较为缓慢且不健全。2020 年12 月之前，我国农业再保险则完全由商业性的再保险市场提供，直到 2020年 12 月 30 日中国农业再保险股份有限公司的正式成立，我国农业再保险制度建设才有了重要的发展性突破。从国际经验来看，在发展农业保险事业，保障农业保险事业发展过程中，仅仅依靠政府力量是不够的，再保险机制的建立是农业保险持续发展的持续保障。因此，我国在建立农业保险再保险机

制时应做到以下四点：一是处理好农业再保险的股份制保险公司性质与政策性职能之间可能的冲突，再保险公司不过分强调利益诉求，注重其服务的政策性和公益性。二是加强政府、市场等各方的合作与支持。中国农业再保险制度的建设不是政府或市场某一方的事情，关系方方面面的每一个主体，协作各方的利益，要多方位吸引资金进入再保险体系，并建立再保险体系基金，给予再保险发展空间。三是可以选择将巨灾风险转移到国外，利用国外较为发达的保险体系，分散我国农业保险市场压力。四是加强对巨灾分风险的归纳，选择性地将巨灾风险进行再保险投保，缓解相应的巨灾压力，提高资金利用效率，推进农业保险的发展，从而实现巩固脱贫攻坚成果的目的。

十、注重对农业保险及农业人才培养， 加速推进乡村振兴建设

俄罗斯在保险和精算方面的人才培养，为农业保险事业的发展提供了人才保障，但俄罗斯人才分布不均衡现象的存在，则抑制了农业保险反贫困事业的发展。同时法国注重对农业从业者的人才培养，为其农业保险以及农业的发展积累了雄厚的人才资本。

鉴于此，我国应积极培养农业保险以及农业的专业人才。我国相关保险从业人员一直以来因文化素养不足，常常出现信誉问题。由于部分保险公司员工的虚假宣传行为或部分保险公司的利益至上原则使得农民对于农业保险的认可度较低。我国农业人才大量流失，在农业种植方面较为明显，因此国家在培养保险人才的同时不能忘记对农业人才的培养与鼓励。一是采用联合培养的方式，培养农业保险专业人才。以政府为导向，将公司和高校学生有效结合起来，理论与实践共存，完成保险人才的培养。二是利用国家科研基金项目，开展针对农业保险发展的主题研究，吸引对农业保险感兴趣的高校人才对农业保险进行全面系统的研究，以此来为农业保险人才的储备打下基础。三是利用相关政策与激励机制吸引或培养农业人才，一方面人才的引进与培养可以带来农

业的科学增益，另一方面从基本上解决农民保险意识低下问题，从而实现农业保险反贫困事业的发展。四是鼓励相关人才在农业保险市场缺口较大的城市进行创业，以政策和财政补贴为导向，吸引人才有效流动，协调各地区农业保险市场的发展，为农业保险助推乡村振兴战略发展做准备。

参 考 文 献

Oppenheim C., *Poverty: the facts*, London: Child Poverty Action Group, 1993.

John Fenwick, *Managing Local Government*, London: Chapman and Hall, 1995.

Adams, J. S., *Inequity in social exchange. In L. Berkowitz, Advances in experimental social psychology*, New York: Academic Press, 1965.

Gerry Johnson, Kevan Scholes, *Exploring Corporate Strategy*, London: An imprint of Pearson Education, 1999.

Hege Gulli, *Microfinance and Poverty: Questioning the Conventional Wisdom*, New York: International American Development Bank, 1998.

Sturdy A., Zygmunt Bauman Work, Consumerism and the new Poor, New Poor: Open University Press, 2020, pp. 1470–1474.

Burgess, Pande, "Do Rural Banks Matter? Evidence from Indian Social Banking Experience", *American Economic Review*, Vol. 95, No. 3(2005), pp. 780–795.

Paggi M.S., "The Use of crop Insurance in Specialty Crop Agriculture", *Choices*, Vol. 31, No. 3(2016), pp. 1–6.

Enjolras G., Capitanio F, Adinolfi F, "The demand for crop insurance: combined approaches for France and Italy", *Agricultural economics reviews*, Vol. 13, No. 1(2012), pp. 5–22.

Barnett, B. J. Mahul, O., "Weather index insurance for agriculture and rural areas in lower-income countries", *American Journal of Agricultural Economics*, Vol. 85, No. 5(2007), pp. 1241–1247.

Kwangseon Hwang, "Contracting in local public organizations: the institutional economics perspective", *Journal of Public Affairs*, Vol. 15, No. 3 (2015), pp. 5-6.

Burgess, Robin and Pande, Rohini, "Can Rural Banks Reduce Poverty? Evidence from the Indian Social Banking Experiment", *American Economic Review*, Vol. 95, No. 3 (2005), pp. 780-795.

[古希腊]亚里士多德:《政治学》,吴寿彭译,商务印书馆1965年版。

[法]卢梭:《社会契约论》,李平沤译,商务印书馆2011年版。

[澳]欧文·E. 休斯:《公共管理导论》,张福成等译,中国人民大学出版社2008年版。

[瑞典]冈纳·缪尔达尔:《世界贫困的挑战——世界反贫困大纲》,顾朝阳等译,北京经济学院出版社1991年版。

[印度]阿马蒂亚·森:《贫困与饥荒》,王宇等译,商务出版社2001年版。

[美]诺思:《经济史中的结构与变迁》,陈郁等译,三联书店1994年版。

唐钧:《中国城市居民贫困线研究》,社会科学院出版社1998年版。

黄承伟:《中国反贫困:理论、方法、战略》,中国财政经济出版社2002年版。

陆汉文:《中国精准扶贫发展报告(2016)》,社会科学文献出版社2016年版。

中国农业保险保障水平研究课题组:《中国农业保险保障水平研究报告》,中国金融出版社2020年版。

康晓光:《中国贫困与反贫困理论》,广西人民出版社1995年版。

庹国柱:《中国农业保险发展报告2012》,中国农业出版社2012年版。

张峭:《中国农作物生产风险评估及区划理论与实践》,中国农业科学技术出版社2013年版。

张继权、李宁:《主要气象灾害风险评价与管理的数量化方法及其应用》,北京师范大学出版社2007年版。

庹国柱、王国军:《中国农业保险与农村社会保障制度研究》,首都经济贸易大学出版社2002年版。

陈文辉:《中国农业保险发展改革理论与实践研究》,中国金融出版社2015年版。

屈锡华、左齐:《贫困与反贫困——定义、度量与目标》,《社会学研究》1997年第

3 期。

周长城、陈云：《对全球化时代中国贫困问题的再思考》，《甘肃社会科学》2002 年第 5 期。

赵汇：《经济全球化与两极分化》，《思想理论教育导刊》2004 年第 11 期。

钟超：《经济全球化对发展中国家贫困的影响分析》，《贵州财经学院学报》2005 年第 1 期。

赵妍：《全球化背景下的"新贫困"及其对策》，《社会福利》2011 年第 5 期。

梁树广：《基于贫困含义及测定的演进视角看我国的贫困》，《云南财经大学学报》2011 年第 1 期。

郭熙保：《论贫困概念的内涵》，《山东社会科学》2005 年第 12 期。

杨立雄、谢丹丹：《"绝对的相对"，抑或"相对的绝对"——汤森和森的贫困理论比较》，《财经科学》2007 年第 1 期。

叶普万：《贫困经济学研究：一个文献综述》，《世界经济》2005 年第 9 期。

陈振明：《评西方的"新公共管理"范式》，《中国社会科学》2000 年第 6 期。

蔡立辉：《西方国家政府绩效评估的理念及其启示》，《清华大学学报》（人文社会科学版）2003 年第 1 期。

吴建南：《政府绩效：理论诠释、实践分析与行动策略》，《西安交通大学学报》（社会科学版）2004 年第 3 期。

庹国柱：《我国农业保险制度的改革与发展》，《保险研究》2017 年第 9 期。

郝演苏：《关于建立我国巨灾农业保险体系的思考》，《农村金融研究》2010 年第 6 期。

孙蓉、朱梁：《世界各国农业保险发展模式的比较及启示》，《财经科学》2004 年第 5 期。

张峭、王克：《我国农业自然灾害风险评估与区划》，《中国农业资源与区划》2011 年第 6 期。

冯文丽、杨雪美、薄悦：《基于 Tobit 模型的我国农业保险覆盖率实证分析》，《金融与经济》2014 年第 4 期。

肖卫东、张宝辉、贺畅、杜志雄：《公共财政补贴农业保险：国际经验与中国实践》，

《中国农村经济》2013 年第 3 期。

赵长保、李伟毅:《美国农业保险政策新动向及启示》,《农业经济问题》2014 年第 6 期。

孙晓杨、郑军:《农业互助保险制度环境的"三重维度"——中国与法国的比较及启示》,《中国农村经济》2017 年第 6 期。

林乐芬、陈燕:《农户对政策性农业保险理赔评价及影响因素分析——以江苏省养殖业为例》,《南京农业大学学报》(社会科学版)2017 年第 17 期。

龙文军:《法国农业保险制度及经验》,《世界农业》2003 年第 5 期。

张伟、黄颖、易沛、李长春:《政策性农业保险的精准扶贫效应与扶贫机制设计》,《保险研究》2017 年第 11 期。

钱振伟、张燕、高冬雪:《基于三阶段 DEA 模型的政策性农业保险补贴效率评估》,《商业研究》2014 年第 10 期。

郑军、杜佳欣:《农业保险的精准扶贫效率:基于三阶段 DEA 模型》,《贵州财经大学学报》2019 年第 1 期。

刘汉成、陶建平:《倾斜性农业保险扶贫政策的减贫效应及其差异》,《湖南农业大学学报》(社会科学版)2020 年第 6 期。

黄英君:《中国农业保险制度的变迁与创新》,《保险研究》2009 年第 2 期。

王韧、邹西西、刘司晗:《基于 AHP 方法的湖南省农业保险补贴政策扶贫效率评价研究》,《湖南商学院学报》2016 年第 2 期。

叶明华:《中国农业保险的赔付风险:风险测度与应对策略——基于 1984—2012 年农业保险与财产保险赔付率的滤波分解与比较》,《经济问题》2015 年第 4 期。

余洋:《基于保障水平的农业保险保费补贴差异化政策研究——美国的经验与中国的选择》,《农业经济问题》2013 年第 10 期。

邓道才、郑蓓:《中国"合作社式"农业保险模式探究——基于日本农业共济制度的经验》,《经济体制改革》2015 年第 4 期。

樊凡:《农村社会学研究存在的问题及反思》,《中国农村观察》2017 年第 2 期。

徐振宇、王海燕:《巴西农业支持政策的演进及对我国的启示》,《商业经济研究》2016 年第 5 期。

叶南客:《发达的另一面——发达国家中的贫困与反贫困》,《中国党政干部论坛》2002 年第 5 期。

孙咏梅:《马克思反贫困思想及其对中国减贫脱贫的启示》,《马克思主义研究》2020 年第 7 期。

宋志辉:《印度农村反贫困的经验、教训与启示》,《南亚研究季刊》2009 年第 1 期。

郑军、张航:《美国农业保险的利益相关者分析与成功经验》,《华中农业大学学报》2018 年第 2 期。

周文娟、徐黎明:《我国农业保险监管中的利益冲突与平衡》,《中州学刊》2016 年第 5 期。

黄亚林、李明贤:《协同学视角下农业保险各主体利益实现的理论分析》,《农村经济》2014 年第 3 期。

卜庆国:《农业巨灾保险国际典型模式的比较研究》,《世界农业》2017 年第 5 期。

谭正航:《精准扶贫视角下的我国农业保险扶贫困境与法律保障机制完善》,《兰州学刊》2016 年第 9 期。

邵全权、柏龙飞、张孟娇:《农业保险对农户消费和效用的影响——兼论农业保险对反贫困的意义》,《保险研究》2017 年第 10 期。

戚文海:《创新经济:经济转轨国家经济发展道路的新取向——以俄罗斯为研究重点》,《俄罗斯中亚东欧研究》2007 年第 6 期。

陈建成、刘进宝、方少勇、李强:《30 年来中国农业经济政策及其效果分析》,《中国人口·资源与环境》2008 年第 1 期。

张涛:《我国农业保险立法的制度构建》,《西北农林科技大学学报》(社会科学版)2016 年第 2 期。